AF499610

QUESTIONS
D'ENSEIGNEMENT SECONDAIRE
DES GARÇONS ET DES FILLES
EN ALLEMAGNE ET EN AUTRICHE

BIBLIOTHÈQUE PÉDAGOGIQUE

(EXTRAIT DU CATALOGUE GÉNÉRAL)

Lectures de pédagogie pratique, par F. Brémond, directeur d'Ecole normale, in-12, br. 4 »; cart. 4 25

Causeries pédagogiques, recueillies par G. Lefèvre, doyen de la Faculté de Lille, in-12, br. 2 50

Pour les instituteurs. Conférences d'Auteuil, par MM. Gasquet, directeur de l'Enseignement primaire au ministère de l'Instruction publique, Ch. Wagner, G. Lanson, A. Croiset, de la Faculté des lettres de Paris, Liard, de l'Institut, in-12, br. . . . . 2 »

Quinze Ans d'éducation, notes prises au jour le jour, par Félix Pécaut, in-16, br. 2 50; toile . . . . 3 »

La Pédagogie dans l'Allemagne du Nord, par G. Dumesnil, agrégé de l'Université, br. 1 50

L'Enseignement secondaire en Allemagne, par Pinloche, br. 1 25

Questions de morale et d'éducation, conférences faites à l'école de Fontenay-aux-Roses, par E. Boutroux, br. 1 25

Histoire universelle de la pédagogie, par E. Paroz, directeur d'Ecole normale, br. 4 »; cart. 4 50

Pédagogie historique, d'après les principaux pédagogues, philosophes et moralistes, par Paul Rousselot, br. 2 25

Les Pédagogues de Port-Royal : Saint-Cyran, de Sacy, Lancelot, Gayot, Coustel, Le Maitre, Nicole, Arnaud, etc., Jacqueline Pascal, par Carré, inspecteur général de l'Instruction publique, br. . . . . 3 »

Les Écrivains pédagogues de l'antiquité. Extraits des œuvres de Xénophon, Platon, Aristote, Quintilien, Plutarque, par Mlle Saffroy, directrice de l'Ecole normale supérieure d'institutrices, et Georges Noel, br. . 2 »

QUESTIONS
D'ENSEIGNEMENT SECONDAIRE
DES GARÇONS ET DES FILLES
EN ALLEMAGNE ET EN AUTRICHE

PAR

Henri BORNECQUE
Professeur à l'Université de Lille.

PARIS
LIBRAIRIE CH. DELAGRAVE
15, RUE SOUFFLOT, 15

A Monsieur Ch.-V. LANGLOIS

HOMMAGE DE RESPECTUEUSE RECONNAISSANCE

PRÉFACE

Que l'enseignement secondaire allemand et autrichien soit connu en France superficiellement ou pas du tout, personne, je crois, ne le contestera : c'est ce qui a déterminé l'auteur de ce livre à écrire le présent ouvrage. Qu'il ne soit d'ailleurs pas artificiel de rapprocher l'Allemagne et l'Autriche, c'est ce que ne songeront pas à nier ceux qui connaissent l'échange perpétuel de professeurs et d'étudiants entre toutes les Facultés des Universités des deux pays, échange qui serait impossible, si la formation des jeunes gens, en Allemagne et en Autriche, était par trop dissemblable.

Mais l'on se tromperait si l'on pensait trouver ici des renseignements sur toutes les questions qui se rattachent à l'enseignement secondaire allemand ou autrichien. J'ai laissé de côté, complètement ou partiellement, ce qui touche à la pédagogie des matières pour lesquelles je suis moins compétent ou tout à fait incompétent. Il ne faut pas non plus chercher en cet ouvrage, sauf exception, ce qu'on peut lire dans les plans d'étude publiés : ce que j'ai voulu indiquer dans ces pages, c'est précisément ce que les documents officiels ne donnent pas et ne peuvent pas donner, à savoir, la façon dont les programmes sont compris et appliqués.

Je m'appuie donc surtout sur mes expériences personnelles. Entre 1900 et 1909, j'ai vu les écoles allemandes six fois, dont une à titre officiel; les écoles autrichiennes deux fois, dont une également à titre officiel. Mes voyages m'ont conduit dans presque toutes les parties des deux pays, dans de grands établissements de capitales comme dans les gymnases minuscules de petits bourgs. Ainsi j'ai pu contrôler mes opinions les unes par les autres, dans le temps et dans l'espace, et corriger par la comparaison les erreurs ou les exagérations d'une première vue.

D'ailleurs je n'ai pas vidé ici, purement et simplement, mes carnets de notes. Mes visites en Allemagne et en Autriche, je ne les ai pas faites en spectateur désintéressé, qui se borne à voir et à marquer ce qu'il a vu; j'ai essayé de juger la valeur de ce qui passait devant mes yeux, afin d'en tirer ce qui pouvait être introduit dans notre enseignement secondaire renouvelé, sans en briser les cadres, et au mieux des futurs élèves de nos lycées et de nos collèges.

Comme on le devine, je n'aurais pu me livrer à ces études dans les conditions favorables où je les ai faites, sans les missions qui m'ont été confiées; on me permettra de remercier publiquement ceux à qui je les dois, MM. Liard et Ch.-V. Langlois. Même avec le titre de chargé de mission, *même avec des lettres d'introduction des hautes autorités universitaires d'Allemagne et d'Autriche, il m'aurait été impossible de bien voir et de tout voir, sans l'amabilité des directeurs et la bonne volonté des professeurs*[1], *qui, pour faciliter ma tâche, ont, les uns proposé, les autres accepté des permutations de service qui me permissent d'entendre les classes auxquelles je désirais assister. Enfin, je m'en voudrais de passer sous silence les encouragements que je dois à M. Gautier, directeur de l'enseignement secondaire, si désireux de faire passer dans nos lycées et collèges tout ce que renferment de meilleur les institutions scolaires des autres pays.*

Avant de laisser la parole aux faits, me permettra-t-on de prévenir quelques objections possibles? Je parle seulement de l'Autriche, et non de la Hongrie, nettement séparée de l'Autriche. D'autre part, en Allemagne, on distingue vingt-sept administrations différentes de l'instruction publique, et, pour tracer un tableau d'ensemble, j'ai dû souvent faire abstraction de détails sans importance. Enfin, des parties de ce livre ont déjà paru, soit dans le rapport sur ma mission de 1902[2],

1. *Je me reprocherais de ne pas remercier nommément, pour leur grande obligeance, MM. Martinak, professeur de pédagogie à l'Université de Graz; Meier, professeur au Gymnase de Bautzen; Müller, professeur au Réalgymnase de Stuttgart; Nicklas, Oberstudienrat, directeur du Theresien-Gymnasium à Munich, et Sternberg, professeur au Réalgymnase de Francfort-sur-l'Oder.*

2. L'Enseignement des langues anciennes et modernes dans l'enseignement secondaire des garçons en Allemagne, *Publications de l'Office d'informations et d'études*, I.

soit en articles de revue, surtout dans la Revue universitaire. *On pourra relever des contradictions entre mes jugements de 1900 ou 1903 et ceux que j'émets aujourd'hui. C'est qu'un ou deux lustres se sont écoulés : les choses ont changé en Allemagne et en Autriche; ma façon de juger s'est modifiée, elle aussi, sous l'influence du temps et, plus encore, des comparaisons nouvelles qu'il m'a été donné de faire. Dans tous les cas, j'appuie toujours mes appréciations sur des faits : il est donc toujours possible de rectifier ce qui, malgré mes efforts, ne serait pas tout à fait objectif et impartial.*

QUESTIONS
D'ENSEIGNEMENT SECONDAIRE
EN ALLEMAGNE ET EN AUTRICHE

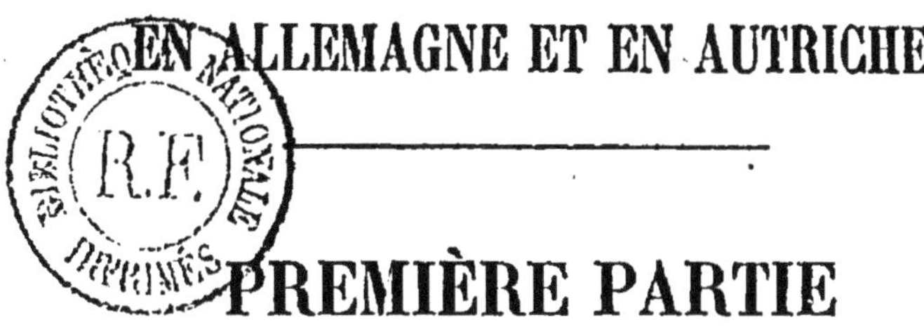

PREMIÈRE PARTIE
L'ENSEIGNEMENT SECONDAIRE DES GARÇONS

LIVRE PREMIER
L'organisation générale de l'enseignement secondaire en Allemagne et en Autriche.

CHAPITRE PREMIER
L'UNITÉ

Au contraire de ce qui existe chez nous, l'enseignement secondaire, en Allemagne et en Autriche, appartient exclusivement à l'Etat; nulle école ne peut être ouverte sans sa permission ni soustraite à sa surveillance. Aussi trouve-t-on dans ces deux pays trois catégories d'écoles :

1° Les écoles de l'Etat, dont l'examen final donne accès à l'Université.

2° Les écoles privées, qui ont reçu le droit de faire passer cet examen. Elles peuvent dépendre des provinces, des villes, d'ordres ecclésiastiques, des évêchés, de fondations, ou même être aux mains de simples particuliers; il faut qu'elles remplissent les conditions suivantes : suivre le même programme que les écoles de l'Etat; posséder les mêmes collections ou bibliothèques; recruter des maîtres ayant les mêmes titres; se soumettre à l'inspection des mêmes chefs; surtout avoir leur existence assurée au point de vue pécuniaire.

3° Les écoles où le directeur seul a passé l'examen d'Etat conférant le droit d'enseigner; mais les élèves doivent aller subir dans un autre établissement les épreuves qui donnent droit au diplôme correspondant à notre baccalauréat.

Les écoles de la seconde catégorie sont relativement nombreuses; quelques-unes sont de simples « boîtes à bachot » qui auraient toutes les classes; un certain nombre d'autres correspondent à nos petits séminaires. Dans la troisième catégorie, il y a peu d'établissements.

En d'autres termes, tous les établissements ne sont pas aux mains de l'Etat, des provinces et des communes. L'Eglise ou des particuliers sont admis à en diriger. Mais, pour que les établissements aient les mêmes privilèges, il faut qu'ils offrent des garanties d'existence durable et que l'Etat soit assuré de la valeur de l'enseignement donné.

Mais ces mesures ne serviraient de rien si les établissements secondaires se divisaient, comme chez nous, en deux groupes nettement opposés, imprégnant leur enseignement d'idées contraires et s'efforçant de les faire pénétrer dans l'esprit des élèves. Il n'en est rien. En effet, pas de philosophie en Allemagne; en Autriche, de la psychologie seulement[1]. Dans les établissements de l'Etat, des provinces ou des villes, la religion est à la base de l'enseignement; dans les établissements religieux, l'idée de patrie forme presque un second culte. Tous les établissements sont donc

1. *Cf.* le programme, p. 18.

animés d'un seul et même esprit; il n'y a pas entre eux de concurrence, au sens où nous sommes forcés d'entendre le mot, qui résume la chose.

De cette conception et de cette situation découlent un certain nombre de conséquences : je les exposerai brièvement, quoique je doive être forcé d'y revenir, parce qu'elles dominent, en Allemagne et en Autriche, l'organisation de l'enseignement secondaire tout entier.

*
* *

Tout d'abord, l'on trouve dans de toutes petites villes, même dans des bourgs, des établissements d'enseignement secondaire correspondant à nos lycées ou à nos collèges. Point n'est besoin qu'ils comprennent toutes les sections ou tous les cycles, pour parler notre langue scolaire, du moment qu'en face de l'établissement officiel ne viendra pas intentionnellement se dresser une maison rivale, comprenant les classes ou enseignant les matières que n'offre ou n'enseigne pas le lycée ou le collège. Telle ville de 10,000 habitants possédera un *gymnase* (notre section latin-grec), un *réalgymnase* (quelque chose d'intermédiaire entre notre section latin-langues et notre section latin-sciences) ou une *école réale supérieure* (notre section sciences-langues), et ne possédera qu'un de ces types. Si la ville et ses environs immédiats ne peuvent pas fournir assez d'élèves pour alimenter les hautes classes, toujours beaucoup moins peuplées que les autres, au lieu des établissements mentionnés plus haut, on trouvera leurs diminutifs : en Allemagne, le *progymnase,* le *réalprogymnase* ou l'*école réale,* qui ne comprennent que six années d'études au lieu de neuf; en Autriche, le gymnase inférieur (*Untergymnasium*), à quatre classes seulement. Le nombre des établissements augmente, cela va sans dire, avec l'importance de la ville, et il est rare qu'une cité de 50,000 ou

60,000 habitants ne possède pas tous les types, sous leur forme complète. Quant aux grandes villes, elles possèdent plusieurs exemplaires des trois types. Lille (plus de 200,000 habitants) possède en tout et pour tout un lycée; une ville allemande d'égale importance renfermerait trois gymnases, un réalgymnase et deux écoles réales supérieures. Cette dissémination des établissements d'enseignement secondaire permet à 85 p. 100 des élèves de faire toutes leurs études soit dans la ville même qu'ils habitent, soit dans le voisinage immédiat. Pour les 15 p. 100 restants, des pensions se trouvent aisément. Donc pas d'internes[1]; ainsi la discipline devient plus facile, et le problème du répétitorat ne se pose pas.

Il y a là un avantage inappréciable, non seulement pour les familles, qui, dans la majorité des cas, peuvent garder leurs enfants près d'elles, mais aussi pour l'Etat, dégagé d'une lourde responsabilité et débarrassé de la solution délicate d'une question épineuse. Ce n'est pas le seul bon côté que ce régime offre pour lui. L'absence de concurrence, en effet, et, par suite, le grand nombre d'établissements dans les grandes villes, permet à l'Etat, lorsqu'on lui soumet une réforme pédagogique qui lui paraît utile et intéressante, d'en faire ou d'en autoriser l'essai dans les grandes villes, puisque les parents qui ne l'approuveront pas auront toujours à leur disposition les établissements d'ancien type, auxquels ils pourront confier leurs enfants. Par réforme pédagogique j'entends non pas des modifications du régime intérieur, comme celles que l'on a appliquées, chez nous, dans un lycée par académie, avant de généraliser l'autonomie; je parle d'une refonte complète des programmes, celle qui est réalisée, par exemple, dans les écoles de réforme, sur lesquelles je reviendrai plus loin. De cette manière,

1. *Cf.* p. 86.

l'Etat ne fait jamais un saut brusque, complet et dangereux dans l'inconnu.

Mais ce grand nombre d'établissements impose à l'Etat une lourde charge. Le traitement des professeurs est au moins égal au nôtre, et il faut y joindre presque toujours une indemnité de logement, plus que suffisante dans les petites villes, et très appréciable dans les grandes, sans parler, en cas de déplacement, de frais de voyages largement rémunérateurs. Quant aux retraites, elles sont données avec une libéralité qui doit nous faire honte. Par contre, les frais d'études (on se souvient qu'il n'y a généralement pas d'internes) sont très modiques. En Autriche, ils s'élèvent annuellement pour Vienne à 100 couronnes (105 francs), et pour les localités autres que Vienne à 80 ou 60 couronnes (84 ou 63 fr.), selon qu'elles ont plus ou moins de 25,000 habitants. En Allemagne, ils varient suivant les Etats : très élevés à Hambourg, très faibles en Bavière; en moyenne, ils ne dépassent guère 150 marks (185 fr.) pour les classes les plus élevées. Encore l'exonération peut-elle être accordée à 10 p. 100 des élèves, et les familles dont plusieurs enfants fréquentent les écoles à la fois bénéficient-elles d'une réduction sensible. Il y a bien quelques recettes accessoires, droit d'entrée pour les élèves qui n'ont pas toujours fréquenté un établissement de plein exercice, versement pour les collections, certificats, etc., mais le total est assez mince. Donc peu de recettes et beaucoup de dépenses, voilà le bilan.

Pour diminuer le déficit, l'administration force bien autant qu'elle peut l'effectif des classes : il y a toujours un maximum, 50 élèves, qu'elle ne saurait dépasser, et qu'en fait elle ne dépasse guère, d'autant que la plus grosse partie du travail se place en classe. Or, elle ne tient pas à créer de nouvelles divisions, qui nécessitent la titularisation de nouveaux professeurs, c'est-à-dire une augmentation de charges pour le budget. Aussi procède-t-elle à une élimination des non-valeurs beaucoup plus stricte que chez nous : j'entends que sur le résultat des examens de passage n'influe aucune considération en dehors du travail même des élèves; je ne fais exception que pour les rares établissements obligés de courir après les élèves. Nul ne sera admis au lycée s'il ne possède les connaissances nécessaires pour en suivre les cours, et les candidats refusés ne peuvent se représenter la même année dans aucun établissement. Aucun élève ne passera d'une classe dans la classe supérieure si les maîtres le jugent hors d'état de profiter de l'enseignement qu'il y recevra (c'est déjà une grande faveur que de redoubler!). En France, que de pères posent au proviseur cet *ultimatum* : « Si mon fils ne passe pas en... (mettons troisième), je le retire et l'envoie à Saint-Joseph (ou à Saint-Sigisbert). » Notre proviseur, épouvanté, cède huit fois sur dix. En Allemagne ou en Autriche, il n'y a pas de concurrence, au sens où nous prenons le mot; d'ailleurs l'enfant refusé à l'examen de passage d'un établissement de l'Etat ne serait pas admis davantage dans la classe supérieure d'un établissement libre de plein exercice. Quelquefois nos proviseurs sont émus de pitié par les larmes d'une mère ou les prières d'un brave gendarme père de sept enfants. Là-bas, en cédant, ils iraient contre les intérêts des enfants, cela va sans dire, et aussi contre les intentions de leurs chefs, qui se préoccupent de la valeur des élèves plus que de leur nombre. De cette façon, les professeurs sont à peu près débarrassés des *queues de classe*, qui sont réduites aux quatre ou cinq élèves auxquels on a permis de redoubler la classe, avant de les prier de quitter l'établissement; naturellement tous les élèves allemands ne sont pas des aigles, mais il n'y a guère de ces épais crétins, comme chacune de nos classes en offre deux ou trois spécimens bien caractérisés, personnages spécialement nés pour faire perdre le temps de leurs camarades et de leur professeur, à moins que celui-ci ne prenne le sage parti de les traiter en quantités négligeables.

Avantages pour les professeurs, dont le travail en classe, si important, est rendu plus facile, plus intéressant et plus fructueux; pour les familles, qui peuvent, 85 fois sur 100, garder leurs enfants auprès d'elles; pour l'Etat, qui dépense moins pour des résultats meilleurs; pour l'enseignement secondaire, dont le niveau est plus élevé, voilà les bénéfices qu'entraîne, en Allemagne et en Autriche, l'unité de l'enseignement secondaire. Ne comporte-t-elle pas aussi certains inconvénients? C'est ce que je n'oserais affirmer. Sans parler de la tendance à forcer les effectifs des classes, contre laquelle on s'élève en Allemagne et surtout en Autriche, la responsabilité de l'Etat dans la confection des programmes est plus grande, puisque les familles sont forcées de confier leurs enfants à des maîtres formés de la même façon et appliquant tous de la même manière les mêmes plans d'études.

Ces inconvénients existeraient pour nous aussi, au cas où nous proclamerions le monopole de l'Etat, même aussi libéralement conçu qu'en Allemagne et en Autriche; par contre, je ne sais pas si de cette mesure nous tirerions les mêmes avantages que ces deux pays. Il faudrait que les programmes pussent être les mêmes dans tous les établissements, et que toutes les matières pussent être enseignées partout dans le même esprit. Il faudrait, en outre, pouvoir supprimer l'internat, et pour cela que l'existence de lycées, réputés supérieurs aux collèges, ne vînt pas engager les parents français à préférer les premiers, qui peuvent être loin, aux autres, qui sont généralement à leur porte. Si même l'on prenait cette mesure, il reste, en Allemagne et en Autriche, 15 p. 100 de l'effectif scolaire qui doivent vivre loin de leurs parents. Là-bas, dans les villes où ils étudient, ils trouvent assez facilement des pensions convenables à tous les points de vue; pourrait-on les leur assurer en France? L'adage : *Quid leges sine moribus,* rencontre ici son application. Et je ne suis pas certain qu'il ne convienne pas de l'invoquer aussi à propos des examens de passage, sur lesquels, je le crains, continueraient à s'exercer des influences déjà très sensibles aujourd'hui. Que de difficultés à écarter,... en supposant qu'on puisse y réussir! Si l'on n'en triomphait pas, le monopole n'établirait qu'une unité toute fictive et ne saurait offrir, pour l'enseignement secondaire, les avantages inappréciables et les résultats féconds qu'en tirent l'Allemagne et l'Autriche.

CHAPITRE II

LES DIFFÉRENTS TYPES D'ÉTABLISSEMENTS

A. — Gymnases, réalgymnases et écoles réales.

Ainsi que nous l'avons indiqué, on ne trouve rien, en Allemagne et en Autriche, qui corresponde à notre distinction entre lycées et collèges. Il y a bien des établissements administrés par les provinces (en Autriche), par les villes (en Allemagne et en Autriche), à côté de ceux qui dépendent directement de l'Etat. Mais, au contraire de ce qui se passe chez nous, partout l'on exige des professeurs les mêmes titres; partout aussi, les villes donnent aux maîtres de leurs établissements le même traitement que l'Etat; parfois elles sont plus généreuses. Il est vrai que souvent aussi elles sont plus difficiles pour le recrutement de leurs professeurs : quand une place est vacante et que les candidatures se sont produites, le directeur de l'établissement intéressé va, aux frais de la ville, visiter sur place les divers candidats; il assiste inopinément à des classes, recueille tous les renseignements sur le talent, les aptitudes et le caractère de son futur collègue; celui-ci est-il marié, il se fait présenter à sa femme, car on aura forcément avec elle des relations de visite, de réunions et de soirées, sinon d'intimité; puis, la tournée faite, il adresse des propositions motivées au corps municipal, qui statue.

Entre les établissements de l'Etat et les établissements municipaux, la grande différence réside dans les tarifs d'écolage. Pour l'année, dans un établissement municipal, on payera à Berlin 140 marks, à Francfort-sur-l'Oder 130, tandis qu'un élève d'un établissement de l'Etat aura, dans cette dernière ville, à verser 150 marks. J'ai noté, dans une ville industrielle de la région du Rhin, une manière démocratique de calculer la redevance scolaire d'après l'impôt sur le revenu (*Staatseinkommensteuer*) : au-dessous de 45 francs d'impôt, 90 francs par an ; de 46 à 115 francs, 120 francs; de 121 à 200 francs, 160 francs; de 220 à 375 francs, 180 francs; de 412 à 675 francs, 210 francs; de 676 à 937 francs, 250 francs; au-dessus de 937 fr., 300 francs. Les élèves qui ne sont pas de la ville payent un supplément de 50 francs, car dans les établissements municipaux il y a deux tarifs, pour les enfants d'habitants de la ville et pour les autres : ces derniers payent à Berlin 180 marks au lieu de 140, à Francfort 150 au lieu de 130. A Gera, ils subissent une augmentation de 33 1/3 pour 100, à moins qu'ils ne soient en pension complète dans la ville, auquel cas l'augmentation est réduite à 25 p. 100. D'ailleurs les villes, comme l'Etat, accordent des avantages appréciables aux familles qui leur confient plusieurs enfants. A Gera, lorsque trois frères ou sœurs fréquentent les divers établissements d'enseignement secondaire de la ville, la réduction des frais d'étude est du quart; elle s'élève au tiers, aux cinq douzièmes et va même jusqu'à la moitié pour quatre, cinq ou six enfants.

La grande différence entre les établissements réside dans la nature de l'enseignement qu'ils donnent. Nos lycées ou collèges se piquent d'avoir le plus de sections possible. En Allemagne ou en Autriche, notre section latin-grec est représentée par les gymnases, la section latin-sciences ou latin-langues par les réalgymnases, créés en Autriche cette année seulement, la section sciences-langues par les écoles réales supérieures en Allemagne, par les écoles réales en Autriche. Il arrive qu'une école réale soit accolée à un réalgymnase ou un réalgymnase à un gymnase; mais, dans cette union, on cherche simplement une économie de place et d'argent, puisqu'il n'y a qu'une salle des fêtes (*aula*), qu'une bibliothèque des maîtres et une des élèves, qu'un cabinet de physique, qu'une collection de dessin ou d'histoire naturelle, et qu'un directeur; mais, sous l'administration de ce directeur unique, les deux groupes de classes demeurent, autant que possible, indépendants.

Cette organisation a des avantages : par exemple, elle ne rapproche jamais, pour les mêmes leçons, des élèves dont la culture est différente, comme chez nous ceux de A, de B, de C[1]. Elle présente aussi des inconvénients. Elle amène des rivalités entre les maîtres et les élèves; l'opinion publique s'en mêle et, suivant les villes, accorde ses sympathies tantôt aux « Gymnasiasten », tantôt aux « Oberrealschüler ». De plus, ces établissements forment des compartiments étanches : durant les trois premières années, le passage du gymnase au réalgymnase ou inversement est assez facile, celui du gymnase ou du réalgymnase à l'école réale possible, à la rigueur; mais, à partir de la quatrième année, les programmes des divers établissements sont trop différents pour qu'un élève puisse changer d'école. De plus, même pendant les trois premières années, un enfant ne saurait penser à quitter l'école réale, où l'on n'enseigne pas le latin, pour le gymnase ou le réalgymnase. On a tenté de remédier à cette difficulté; l'on a créé en Allemagne les écoles de réforme[2], et fondé en Autriche les réalgymnases de réforme, qui accueillent, au bout de quatre ans d'é-

1. D'ailleurs on ne réunit guère non plus, pour une classe quelconque, des élèves de 4e et de 3e, par exemple.
2. V. p. 35 sqq.

tudes, les élèves des écoles réales; ils font du latin au lieu d'aborder une seconde langue vivante. Dans d'autres établissements autrichiens, où sont réunis un gymnase et un réalgymnase, les élèves, au commencement de la quatrième année, peuvent choisir entre le français et le grec.

La nécessité de ces bifurcations possibles est d'autant plus urgente que les études durent plus longtemps : neuf ans en Allemagne dans les établissements de plein exercice, six dans leurs diminutifs; huit ans en Autriche dans les gymnases et réalgymnases, sept dans les écoles réales. L'âge moyen, pour l'entrée dans la classe de début, est dix ans en Allemagne, onze en Autriche, l'âge de notre sixième ou de notre cinquième. Les enfants doivent avoir fait un certain nombre d'années, trois ou quatre, d'études primaires, l'enseignement secondaire allemand ou autrichien n'étant pas indépendant de l'enseignement primaire ou de l'enseignement supérieur : au contraire, nos lycées et collèges forment un tout qui se suffit; ils donnent aux élèves les notions primaires et se piquent de former leur esprit et de meubler leur intelligence assez complètement pour que les jeunes bacheliers n'aient pas besoin de compléter leurs études par un passage dans l'enseignement supérieur. Il arrive bien que, en Allemagne, un certain nombre d'établissements secondaires aient trois classes préparatoires (*Vorklassen*), qui donnent la culture primaire; en Autriche, il n'y en a jamais. Les parents autrichiens qui répugnent à mettre leurs enfants dans les écoles primaires les envoient dans des écoles privées, et surtout dans les écoles annexes aux écoles normales, qui, par un phénomène curieux, sont, partout où elles existent, les écoles primaires « bien fréquentées ».

B. — Les matières enseignées.

En gros, les matières enseignées dans les gymnases, réalgymnases et écoles réales correspondent à celles des sections françaises auxquelles ressemblent ces établissements. Au programme de toutes les classes de tous les établissements figure la langue maternelle. Mais, en Autriche, cette langue n'est pas toujours l'allemand; suivant les provinces, ce sera l'allemand, le tchèque, le polonais, le ruthène, l'italien, le serbo-croate, le roumain, le slovène. Il y a même des écoles où l'enseignement, pour les divisions A et B, n'est pas donné dans la même langue (allemand et slovène, allemand et italien, allemand et tchèque, allemand et roumain, allemand et ruthène, polonais et ruthène). L'idiome maternel est employé pour l'enseignement; lorsque ce n'est pas l'allemand, — et c'est le cas une fois sur deux, — les élèves doivent étudier cette langue, langue véhiculaire. On devine la complication.

Les autres langues étudiées sont, au gymnase, le latin durant toutes les études, le grec six ans, en outre, en Allemagne, le français[1] sept ans. En Autriche, pour les élèves des gymnases, les langues étrangères ne sont pas obligatoires : généralement ils sont déjà obligés d'étudier l'allemand à côté de la langue parlée dans la province, l'italien, par exemple, à Innsbruck. Le français ou l'anglais est facultatif, ou *relativement obligatoire* (*relativ-obligat*), c'est-à-dire que les jeunes gens, lorsqu'ils ont commencé à assister au cours, doivent le suivre jusqu'à la fin des études. Dans les réalgymnases, le latin est étudié dès le début; deux ans plus tard commence l'étude du français, suivie, un an après, en Allemagne, par celle de

1. Quelquefois, au Nord et à l'Est, remplacé par l'anglais.

l'anglais : en Autriche, on n'étudie pas l'anglais dans les réalgymnases. Dans les écoles réales, le français figure au programme de toutes les classes, suivi de l'anglais, au bout de trois ans en Allemagne, au bout de quatre en Autriche[1]. De plus, dans ce pays, comme nous l'avons dit, les élèves des écoles réales peuvent, au lieu d'étudier une deuxième langue vivante, apprendre une langue morte : ils passent alors dans les réalgymnases de réforme, où les études durent huit ans, comme dans les réalgymnases normaux. Le réalgymnase est donc, en Allemagne, une école réale avec latin.

*
* *

Mais, dans le détail, on relève des différences profondes entre l'Allemagne et l'Autriche d'un côté, et la France d'autre part. En Allemagne, l'étude de la philosophie est réservée à l'Université. En Autriche, cette science figure au programme des deux dernières classes des gymnases et réalgymnases, mais sous une forme combien restreinte! En VIIe classe, les élèves reçoivent une orientation générale sur la vie psychique et sont introduits dans le monde de la logique; en VIIIe, le professeur traite de la psychologie empirique. En somme, on veut surtout donner aux jeunes gens la connaissance des formes les plus communes de la pensée, comme conclusion de l'enseignement reçu jusque-là et comme préparation à des études scientifiques plus strictes, celles de l'Université. Dans aucun des deux pays, rien non plus qui corresponde nettement à l'enseignement de la comptabilité ou de la morale.

Pour cette dernière science, elle fait évidemment partie de l'enseignement religieux, donné obligatoi-

1. Si la langue d'enseignement n'est pas l'allemand, l'étude de l'anglais est supprimée, et celle du français ne commence que la deuxième année.

rement à tous les élèves, dans toutes les classes, où, sur l'ensemble des heures non facultatives, il en occupe environ 7 p. 100, presque toujours deux heures par classe et par semaine. Il est donné aux israélites par des rabbins, aux protestants par des professeurs ordinaires qui ont passé un examen spécial, aux catholiques par des prêtres, payés comme les autres maîtres et nommés comme eux, mais avec l'approbation de l'évêque. En ce qui touche l'enseignement religieux, ils ont affaire à un inspecteur spécial. Pour tout le reste, ils sont assimilés à leurs collègues. J'ajoute que les conflits entre l'autorité universitaire et l'autorité ecclésiastique sont peu fréquents : on m'en a cité des cas, en Autriche, à propos de la messe obligatoire ou du nombre des communions, mais rarement et dans une ou deux provinces seulement. Qu'on ne s'étonne pas de cette place attribuée à la religion : un des caractères fondamentaux de l'enseignement secondaire allemand et autrichien est d'être moral et religieux (*sittlich-religiös*). Tandis que nos instructions demandent aux maîtres de former des esprits « réfléchis, droits, sincères, qui aient le goût et le sens de notre vie moderne et française », les instructions autrichiennes — et l'Allemagne pense de même — mettent au premier plan la formation d'un caractère élevé (*einen gebildeten, edlen Charakter*) : on pense que la religion contribuera au résultat cherché. D'ailleurs la religion ne travaille-t-elle pas dans le sens du principe d'autorité, sur lequel est fondée l'organisation, secondée par les mœurs, et, inversement, l'esprit de discipline, inné chez les Allemands, plus encore que chez les Autrichiens, ne les prépare-t-il pas, pour ainsi dire, à l'action de la religion?

C'est aussi le caractère moralisateur du chant qui, en Allemagne, lui donne place dans les plans d'étude comme matière obligatoire, au moins durant les premières années; ensuite on forme des chœurs avec les élèves les mieux doués. De plus, c'est un instrument de formation esthétique. Enfin (et je dirais volontiers surtout) le chant enseigne à tous les jeunes Allemands — et même aux jeunes Allemandes — un certain nombre de *lieds*, patriotiques ou autres, qui établissent entre eux un lien. Aussi bien, dans un banquet donné à la suite d'un congrès, un savant autrichien ayant prononcé une harangue vibrante de pangermanisme, n'ai-je pas vu tous les convives, hommes et femmes, se lever aussitôt et, d'une commune voix, comme par une inspiration spontanée, entonner précisément le chant : « L'Allemagne, l'Allemagne au-dessus de tout? » Les Allemands font difficulté pour admettre que, dans leurs écoles, le chant serve surtout comme stimulant du patriotisme ou même du chauvinisme : ce n'est peut-être pas le but poursuivi en théorie, mais c'est le résultat obtenu dans la pratique. D'ailleurs il suffit, pour s'en convaincre, de feuilleter un recueil de chants mis entre les mains des élèves[1].

Ce caractère patriotique de l'enseignement secondaire allemand explique aussi la part de la gymnastique. Elle est obligatoire à raison de trois heures par semaine; les enfants ne peuvent en être dispensés que sur certificat médical, lorsque la gymnastique cause des douleurs réelles; encore l'exemption n'est-elle accordée que pour un temps déterminé, après lequel elle doit être renouvelée[2]. Les établissements d'enseignement secondaire, dans leurs comptes rendus annuels (*Programme*), consacrent à la gymnastique une rubrique spéciale, où ils donnent, sur la force physique de leurs élèves, des renseignement précis et détaillés. Il n'est pas sans intérêt, pour des compa-

1. *Cf.* l'opinion d'un juge non prévenu, M. Combarieu, dans le *Temps* du 30 septembre 1909.

2. A l'école réale de Bautzen, sur 272 élèves, 13 seulement étaient dispensés, soit environ 5 p. 100; c'est la proportion ordinaire.

raisons éventuelles, de savoir que, dans une classe de seconde inférieure, où l'âge des élèves correspond à celui de nos rhétoriciens, tous les élèves, sauf deux, étant présents, la moyenne obtenue par le saut en longueur et en hauteur a été 4m,10 et 1m,22, le « record » étant, dans chacun des deux cas, 4m,80 et 1m,45[1], que 130 mètres sont parcourus en 22 secondes par le vainqueur à la course, et qu'une pierre de 5 kilos est lancée respectivement à 10 mètres, 5m,65 et 4m,50 par les enfants de 14 ans et au-dessus, de 12 et 13 ans et de 11 ans. La natation fait partie de la gymnastique ; elle a lieu, souvent, sous la direction de sous-officiers empruntés au régiment de la garnison, qui figurent, dans ce cas, au catalogue des maîtres ; dans certains établissements, il y a jusqu'à 75 p. 100 des élèves capables de nager plus d'une demi-heure (*Freischwimmer*) ; la proportion habituelle est de 20 à 35 p. 100, dont 60 p. 100 environ pour les classes supérieures, 40 p. 100 pour les classes moyennes et 10 p. 100 pour les petites classes : aussi les *Primäner* peuvent-ils, sans danger, constituer des équipes de canotiers et des sociétés de canotage, sous la direction de professeurs. On attache même un tel prix à tous les exercices physiques que, en hiver, certains directeurs accordent deux ou trois après-midi de vacances supplémentaires, pour permettre à tout le monde de goûter en liberté les fortifiants plaisirs du patinage. Enfin, souvent, après l'examen final, on insiste auprès des *Abiturienten* sur l'importance de la culture physique.

En Autriche, deux heures seulement sont accordées chaque semaine à la gymnastique. Mais le goût pour les exercices du corps n'en est pas moins encouragé par les autorités universitaires et répandu parmi les élèves : ici, le sentiment patriotique n'est plus, au

1. Dans la classe correspondante d'un établissement autrichien, le record en hauteur a été 1m,70.

même point, le mobile déterminant, bien qu'il joue son rôle; on veut surtout réaliser l'adage latin *mens sana in corpore sano.* Au gymnase d'Innsbruck, sur 369 élèves, 350 font du patin, du ski ou de la bicyclette, 236 sont nageurs, 298 prennent part aux excursions, 199 s'associent aux jeux organisés chaque mercredi après-midi (différents jeux de balle, disque, etc.). Mais, dira-t-on, comment pourrait-il en être autrement dans cette ville, où la montagne attire, malgré qu'on en ait? A Vienne, le gymnase François-Joseph compte 307 élèves : 208 patinent, 98 sont bicyclistes, 258 nagent, 146 jouent au tennis, et un nombre égal prend part aux jeux hebdomadaires. Encore ces résultats ne semblent-ils pas satisfaisants : on réclame plus de temps pour les exercices physiques; on veut que les matinées soient données à l'esprit, mais les après-midi au corps; on demande la création de médecins scolaires, chargés de surveiller le développement physique des élèves[1]. Les autorités universitaires ne combattent pas ces tendances, mais sont arrêtées quelquefois par des difficultés financières, plus souvent encore par certains parents qui, dans les exercices physiques, voient le danger plus que l'effet salutaire.

Enfin, le souci de la propreté matérielle, si frappant dans les deux pays qui nous occupent, en ce qui touche les classes, les objets d'enseignement, les livres, les cahiers, les devoirs, a fait maintenir dans les programmes, pour la première année d'études en Autriche, pour les deux ou trois premières en Allemagne, des leçons d'écriture, d'ailleurs peu nombreuses (une ou deux par semaine) : il s'y ajoute un cours facultatif d'écriture pour les élèves de toutes les classes qui ont une mauvaise écriture ou pour ceux qui désirent se

1. Dans quelques établissements, on mesure, au commencement et à la fin de l'année scolaire, la taille et le tour de poitrine des élèves.

perfectionner dans cet art. D'ailleurs, en même temps, des cours facultatifs de sténographie empêchent les élèves de se gâter la main en prenant des notes : ils sont suivis par 90 p. 100 au moins de l'effectif. Toutes les fois que, dans les hautes classes, un élève me prêtait son livre pour suivre l'explication, j'y trouvais des notes sténographiques, et lorsque je rendais visite à mes collègues des Universités, je constatais que la plupart d'entre eux écrivaient sténographiquement le plan de leurs leçons, ou ces leçons mêmes. En ce qui touche la gymnastique, l'écriture et la sténographie, je ne crois pas être contredit en avançant que nous aurions avantage à imiter l'Allemagne et l'Autriche.

Je n'en dirai pas autant de toutes les autres matières facultatives, entre lesquelles il y aurait un choix à faire. Ce sont, dans tous les établissements autrichiens, le chant, l'histoire locale et les langues locales (slovène, par exemple); en outre, dans les gymnases allemands, l'hébreu, préparation au ministère pastoral, l'anglais et quelquefois la peinture; dans les gymnases autrichiens, le français ou l'anglais, les élèves étant divisés en deux ou trois cours, ce qui n'est pas une condition très favorable à l'enseignement, surtout que le professeur ne dispose que de trois heures par semaine. Dans les réalgymnases allemands, j'ai noté, pour les classes supérieures, des cours facultatifs de dessin linéaire et des séances de conversation française; de même dans les écoles réales allemandes, où j'ai trouvé aussi, en outre, des leçons de chimie analytique, botanique, zoologie, trigonométrie, calcul commercial, des manipulations de physique, de chimie et d'histoire naturelle, enfin des cours de latin. En Autriche, dans les écoles réales on trouve aussi des cours facultatifs de chimie analytique et de latin. Dans un ou deux établissements d'Allemagne, j'ai assisté à des séances de secours aux blessés, réservées aux grands élèves.

*
* *

Lorsque les mêmes matières sont enseignées dans les trois pays, on ne leur accorde pas une égale importance. D'abord, le dessin chez nous est privilégié dans toutes les sections; seules les écoles réales d'Autriche le traitent aussi bien que nous. L'histoire et la géographie, elles non plus, ne reçoivent jamais en Allemagne, ni dans les gymnases autrichiens, un nombre d'heures comparable à celui que nous leur accordons; dans les autres établissements autrichiens elles sont traitées sensiblement de la même manière qu'en France. A la langue maternelle nous attribuons 11 p. 100 des heures dans les sections A, B, C, plus de 14 p. 100 dans la section D; encore le nombre d'heures vient-il d'être augmenté. La proportion est à peu près la même en Autriche et dans les écoles réales supérieures d'Allemagne; mais elle est sensiblement plus faible dans les gymnases et réalgymnases allemands (8,5 p. 100 et 9,1 p. 100). Il est à noter que, dans les nouveaux programmes autrichiens, comme dans les programmes prussiens et dans les nôtres, la langue maternelle, cette fois, se trouve avant les langues anciennes. Quant au latin, dans tous les établissements des trois pays il est traité de la même manière (21 p. 100), sauf dans les réalgymnases allemands (16 p. 100); de même, pour le grec, il n'y a pas de différences sensibles entre notre section A et les gymnases allemands et autrichiens.

Si maintenant nous considérons isolément les différentes catégories d'établissements, nous sommes frappés de voir que les gymnases, surtout les gymnases autrichiens, accordent aux sciences mathématiques, physiques et naturelles, une place plus considérable que notre section A (16,9 p. 100 et 19,9 p. 100, contre

15,4 pour 100)[1]; c'est ce qui a permis au gouvernement autrichien de ne créer de réalgymnases que cette année; c'est ce qui permettra aux gymnases de ce pays de soutenir moins difficilement la concurrence des nouveaux réalgymnases. Les réalgymnases d'Allemagne et d'Autriche donnent aux langues vivantes relativement moins d'heures que nos sections B ou C[2], aux sciences moins que notre section C[3]. Enfin, les écoles réales supérieures allemandes sont plus langues (25 p. 100 contre 21,3 p. 100) et moins sciences (28,6 p. 100 contre 36 p. 100) que notre section D, tandis que les écoles réales autrichiennes sont autant sciences (34,2 p. 100), mais beaucoup moins langues (17 p. 100). En résumé, ce qui, en Autriche et en Allemagne, correspond à notre section A, a des plans d'études tracés de manière à ne pas écarter les élèves qui, à côté de la culture classique, veulent posséder des notions scientifiques approfondies. Les réalgymnases sont relativement plus latin et moins langues que notre section B, plus latin et moins sciences que notre section C. Quant aux écoles réales allemandes, elles mériteraient de s'appeler langues-sciences, tandis que les autrichiennes se nommeraient sciences-langues.

C. — Le temps consacré à l'enseignement.

D'ailleurs, même quand les matières sont, relativement, moins bien traitées qu'en France, elles disposent néanmoins, en valeur absolue, d'un nombre d'heures supérieur. En France, les études secondai-

1. Parmi les matières considérées comme essentielles (*Hauptfächer*) figurent les mathématiques dans les gymnases et réalgymnases allemands.

2. France, en B 23,6 p. 100, en C 16,4 p. 100; en Allemagne, 18 p. 100; Autriche, 10 p. 100.

3. France, 29,1 p. 100; Allemagne, 23,2 p. 100; Autriche, 25,2 p. 100.

res durent sept ans; en Autriche, le cycle normal comprend sept ans dans les écoles réales, huit dans les gymnases et les réalgymnases[1]; en Allemagne, les élèves restent neuf ans au lycée ou au collège[2]. De plus, le nombre total d'heures obligatoires chaque semaine pour toutes les classes varie chez nous de 157 heures et demie (section B) à 174 heures et demie (section D), c'est-à-dire qu'il est, au plus, de 25 heures en moyenne par semaine et par classe. En Allemagne, il y a, dans les gymnases, jusqu'à 310 heures obligatoires par semaine dans toute la série des classes, et, en Autriche, jusqu'à 224. La moyenne par classe et par semaine est de 28 heures dans les gymnases et réalgymnases autrichiens, de 30 dans les écoles réales autrichiennes, de 32 dans les écoles réales supérieures allemandes, de 34 et de 34,5 dans les réalgymnases et gymnases allemands. Dans notre section A, nous trouvons chaque semaine, pour nos sept classes, 35 heures de latin; il y en a 49 dans les gymnases autrichiens, et 68 dans les gymnases allemands. Le grec dispose chez nous de 16 heures contre 28 1/2 en Autriche et 36 en Allemagne. Dans notre section C, les deux langues vivantes occupent 26 heures; elles disposent de 47 heures dans les réalgymnases allemands. Les élèves de notre section D font relativement plus de sciences que leurs camarades des écoles réales allemandes ou autrichiennes; cependant, à nos 63 heures par semaine

1. Les classes sont numérotées de un à huit, la classe inférieure étant la première. Même numérotation en Bavière, qui, sur beaucoup de points, se rapproche encore de l'Autriche.

2. Les classes, dans tous les Etats d'Allemagne, exception faite surtout pour la Bavière et le Wurtemberg, s'appellent : sixième, cinquième, quatrième, troisième inférieure, troisième supérieure, seconde inférieure, seconde supérieure, première inférieure, première supérieure. Les deux première ne forment théoriquement qu'une classe, où l'on reste deux ans; de même les deux seconde et les deux troisième. Mais il faut que les établissements soient bien petits pour que ces classes ne soient pas nettement séparées.

correspondent 71 heures en Autriche et 83 en Allemagne.

Cette organisation suppose une moyenne de 5 heures de classe en Autriche par jour ouvrable, et de 6 en Allemagne, contre 5 chez nous pour chacun des cinq jours de classe. De plus, il ne faut pas oublier que les élèves allemands et autrichiens ont un grand nombre d'heures facultatives. Les classes ont lieu, d'abord le matin pendant cinq heures en Allemagne[1], pendant quatre en Autriche. Cette longue suite de classes est déjà fatigante pour les élèves, malgré l'habileté avec laquelle les directeurs, surtout pour les petites classes, séparent les leçons de langues ou d'histoire par des cours moins difficiles à suivre, histoire naturelle, géographie, dessin. Mais ces quatre ou cinq heures ne suffisent pas, et un élève saxon de première supérieure doit revenir le lundi, de trois à six, les mardi, jeudi et vendredi, de deux à six; le mercredi, de deux à quatre, se placent des heures facultatives. Donc la seule après-midi du samedi est à la disposition du jeune homme, sauf quand il fait très chaud, car alors les classes vaquent, en Allemagne, après onze heures du matin. Je sais que les leçons à apprendre sont assez rares et les devoirs moins longs que chez nous. Cependant, pour laisser aux élèves quelques après-midi libres, on en vient peu à peu, en Allemagne et en Autriche, à mettre le matin le plus grand nombre possible de classes, surtout dans les grandes villes, où les distances sont plus longues pour venir à l'école. En Autriche, presque partout les leçons obligatoires se donnent le matin, et les matières facultatives sont réunies en deux après midi.

Toutes les classes durent une heure. Aucune objection n'est faite contre ce système. D'ailleurs, dans les classes supérieures on trouve souvent deux heures con-

1. De sept à midi de Pâques à septembre, de huit à une heure le reste de l'année.

sécutives consacrées au latin, au grec, ou même au dessin, dans les établissements qui enseignent cet art d'une manière intelligente et moderne. Les classes sont d'ailleurs séparées par des récréations de dix minutes, d'un quart d'heure, et même, au milieu de la matinée, de 20 minutes. En Allemagne, lorsque toutes les classes ont lieu le matin, chaque leçon est réduite à 45 minutes; les récréations d'interclasse sont alternativement de 10 et de 15 minutes, si bien que, en définitive, les élèves arrivent à l'école à 8 heures et sont libres à midi 35. Comme il n'y a pas de répétiteurs, les récréations sont surveillées par les professeurs; des élèves de première les assistent quelquefois.

Les vacances sont également assez différentes des nôtres; elles présentent deux caractères communs : dans l'ensemble, elles ont à peu près la même longueur; de plus, elles sont absolument exemptes de tout ce qui peut ressembler à un devoir : les enfants doivent jouir d'un repos absolu. En Autriche, les grandes vacances durent environ deux mois, du 15 juillet au 15 septembre; les élèves ont en outre dix jours de liberté à Noël, trois jours en février, après le premier semestre, six jours à Pâques, et d'innombrables jours isolés pour des fêtes religieuses. La Bavière se rapproche sensiblement de l'Autriche. C'est évidemment une disposition défectueuse pour les élèves, qui, du 2 au 3 janvier jusqu'au 15 juillet, n'ont à peu près aucun repos digne de ce nom. Meilleur pour les élèves, sinon pour les professeurs, qui ont juste le temps de se reposer sans pouvoir renouveler leur provision de connaissances, est le système de Prusse (sauf la province rhénane) et de Saxe : les grandes vacances, en juillet ou en août, au milieu de l'année scolaire, ne durent que quatre semaines; les élèves ont environ quinze jours de liberté fin septembre (vacances de la Saint-Michel), à Noël, à Pâques, quelques jours à la Pentecôte.

En Prusse et en Saxe, il y a donc en quelque sorte deux rentrées, l'une à Pâques, l'autre à la Saint-Michel : aussi, lorsqu'il y a deux divisions, l'une des deux commence souvent ses cours à Pâques, l'autre à la Saint-Michel. Les enfants qui n'ont pas encore dix ans à Pâques ne perdent donc que six mois; de même ceux qui sont obligés de redoubler. C'est un avantage à considérer.

Si l'on passe d'une province de Prusse à la province voisine, les dates des congés ne coïncident plus. En France, malgré les différences de climat, très sensibles, elles sont à peu près uniformes; en Prusse, elles varient selon des considérations locales, de climat ou autres. En voici un exemple, pris de l'année scolaire 1900-1901 :

	HESSE-NASSAU	SILÉSIE	BRANDEBOURG
Pâques	7 IV—24 IV	4 IV—19 IV	4 IV—19 IV
Pentecôte......	2 VI— 7 VI	31 V— 7 VI	1 VI— 7 VI
Gr. vacances...	30 VI—31 VII	6 VII— 9 VIII	6 VII— 7 VIII
Automne	22 XI— 9 X	28 IV— 9 X	29 IX—16 X
Noël	22 XII— 8 I	19 XII— 3 I	22 XII— 8 I

Dans la province du Rhin, en Wurtemberg et dans le grand-duché de Bade, on a adopté une solution intermédiaire, qui n'est peut-être pas la moins judicieuse : il y a des grandes vacances de six à sept semaines, du 31 juillet jusque vers le 15 septembre; les autres congés se placent à Noël, à Pâques et à la Pentecôte.

La façon dont les vacances sont réparties n'est pas, dans cette organisation, la seule partie qui soulève les critiques. La trop longue durée des études n'a pas que des partisans. Si nous jetons dans la vie ou si nous envoyons à l'Université des bacheliers trop jeunes, en Allemagne et en Autriche on fait valoir que les études sont trop longues, étant donné la rigidité des programmes : malgré les expériences tentées[1], c'est l'exception qu'un enfant passe d'un établissement dans un autre; d'autre part, même les élèves des hautes classes sont obligés d'accorder une égale importance à toutes les matières; enfin, surtout en Allemagne, ils n'ont presque pas un moment où leur activité d'esprit puisse jouer librement. Or, tous les psychologues tombent d'accord que, à partir de seize ans, le jeune homme éprouve le besoin de se fixer à lui-même des buts, tout au moins de penser à l'avenir et de s'occuper surtout des branches d'enseignement qui répondent à ses aptitudes ou le préparent à sa carrière future. Aussi, en Autriche et en Allemagne, où les élèves quittent l'école vers 18 ou 19 ans en moyenne, bien des hommes intelligents réclament-ils que, tout au moins dans les deux ou trois dernières années, les maîtres tiennent compte davantage des « individus », et n'exigent pas de tous les élèves la même application pour toutes les matières inscrites au programme. Aussi bien, en Allemagne, a-t-on permis, dans plusieurs gymnases, à titre d'expérience, de dispenser d'une partie d'un enseignement moins important, les mathématiques, par exemple, un élève qui désire étudier avec plus de soin le grec, je suppose, le latin ou l'allemand; dans certains gymnases saxons il y a deux sections, langues et sciences. Quant à l'Autriche, comme on le verra, le nouveau programme du baccalauréat tient compte de ces desiderata.

L'on pense également que la tendance à réunir le matin le plus grand nombre possible de classes n'est pas éminemment favorable à la santé ou au travail. « S'il est commode pour les élèves d'avoir les après-midi complètes à leur disposition, la série des leçons avant midi n'en est pas moins trop longue pour beau-

1. V. p. 15.

coup; la tension et la fatigue sont trop grandes; l'attention doit être soutenue par des moyens artificiels. Des profanes et même des médecins ont beau affirmer que l'enseignement de l'après-midi est sans valeur ni profit, cependant, au moins pour les élèves plus jeunes, il était moins contraire à la nature que cette trop longue série d'heures du matin, qui souvent amènent maux de tête, malaises et autres symptômes du même genre. » Ainsi s'exprime M. Münch[1], l'un des pédagogues allemands les plus précis et les plus pratiques. Que si l'on adopte le nouveau système et que l'on réduise à 45 minutes la durée de toutes les classes, on se heurte à de nouvelles objections. La perte de temps est sensible, plus de douze heures par an pour une matière enseignée quatre heures par semaine. Si l'on veut rattraper ce temps perdu, il faut imposer aux élèves plus d'attention en classe, ou plus de travail à la maison. Puis le changement des maîtres toutes les heures peut reposer; mais un changement trop fréquent a chance d'énerver. Il y a donc là, pour l'avenir, une source de difficultés dont la solution ne laissera pas d'être délicate.

D. — L'égalité des divers établissements.

De plus, il est certain que se posera, quelque jour, la question de l'égalité absolue des divers établissements. En 1908, il y avait en Allemagne 588 gymnases ou progymnases contre 665 autres établissements d'enseignement secondaire, soit 219 réalgymnases ou réalprogymnases, et 446 écoles réales ordinaires ou supérieures ; de plus, l'année précédente, les gymnases ne s'étaient accrus que de 4 unités, les autres établissements de 28. Et nous ne faisons pas entrer

1. *Eltern, Lehrer und Schulen in der Gegenwart*, p. 48. — J'ai fait, à plusieurs reprises, les mêmes constatations.

en ligne de compte les écoles de réforme[1]! En Autriche, les gymnases l'emportent de beaucoup par le nombre (237) sur les réalgymnases (22, dont 13 joints à des gymnases et 2 joints à des écoles réales) et sur les écoles réales (139). Mais la généralisation des réalgymnases ne date que de cette année : selon toute vraisemblance, ce type intermédiaire réussira surtout dans les villes qui ne peuvent avoir à la fois un gymnase et une école réale; mais elles sont assez nombreuses pour qu'on doive s'attendre à trouver, chaque année, un nombre plus grand de réalgymnases, au détriment des gymnases. Quant aux écoles réales autrichiennes, le seul fait de compter une année d'études de moins que les autres semble les classer comme inférieures : de plus, jusqu'au mois de mai dernier, elles ne donnaient pas l'entrée à l'Université.

Ce n'est pas que, désormais, le certificat de sortie des divers établissements autrichiens ait absolument la même valeur. Les élèves du gymnase peuvent étudier dans toutes les facultés lettres-sciences (réunies en faculté de philosophie), droit, médecine, bien que leurs études scientifiques ne soient pas aussi relevées que celles de leurs camarades des réalgymnases et des écoles réales, et que leur connaissance des langues modernes puisse, en Autriche, se réduire à zéro. En sortant du réalgymnase normal ou de réforme, on a libre accès aux diverses facultés; mais pour être professeur de philosophie, de philologie classique, d'histoire et de français, au cas où l'on voudrait enseigner le latin concurremment avec le français, il faut, deux ans au plus avant la fin des études, passer un examen complémentaire de grec. Ce même examen doit être subi dans les mêmes conditions par les étudiants qui ont fréquenté les écoles réales; en outre, ils doivent, avant d'entrer à l'Université, attendre un an et passer

1. V. p. 35 et 36.

un examen complémentaire de latin et de philosophie, s'ils veulent étudier le droit, la médecine, les sciences ou les parties littéraires pour lesquelles la connaissance du grec n'est pas réputée indispensable. En supprimant la nécessité du grec pour presque toutes les études, un progrès capital a été réalisé; mais en ouvrant toutes les carrières sans distinction aux élèves du gymnase, on a maintenu le privilège de cet établissement. Il l'a conservé également en Allemagne, et même plus fortement : là aussi, les gymnasiastes peuvent étudier dans toutes les facultés, tandis que beaucoup d'Etats, non les plus importants, écartent des études juridiques, philologiques, néophilologiques ou même scientifiques les élèves des réalgymnases et surtout des écoles réales supérieures, leur refusant même l'autorisation de passer un examen complémentaire. D'ailleurs les Universités se sont montrées plus libérales et ont créé des cours spéciaux de latin à l'usage des élèves des écoles réales supérieures. Il semble impossible que la situation ne se modifie pas pour se rapprocher du système français, qui est bien le plus judicieux.

Sans doute, en Autriche, à cause du nombre inégal d'années d'études, les écoles réales ne seront pas, dans le public, tenues comme égales aux autres établissements d'enseignement secondaire : il est difficile de modifier leurs plans d'études, parce que leur organisation dépend non du Parlement autrichien, mais des assemblées (*Landtage*) des différentes provinces, qui se mettraient difficilement d'accord. Toutefois, au point de vue pratique, en Allemagne comme en Autriche, un certain nombre d'écoles réales ou réales supérieures organisent des cours complémentaires de latin[1], pour permettre aux élèves de passer, dans un

1. Ils durent ordinairement deux ans en Autriche, et trois en Allemagne. A Heidelberg, il y a trois leçons par semaine. La première année, les élèves, après avoir étudié la morphologie, abordent l'ex-

réalgymnase, un nouvel examen de maturité complémentaire qui leur servira de clef pour s'ouvrir de nombreuses carrières. Au point de vue théorique, les défenseurs mêmes des écoles classiques sont amenés à des aveux intéressants : d'une part, le gymnase peut difficilement suffire à sa double tâche, familiariser les jeunes gens avec la langue et la pensée des anciens, au point qu'ils comprennent le présent au moyen de leur connaissance du passé, et, en même temps, leur donner les notions qu'un homme du vingtième siècle doit posséder; d'autre part, ils conviennent « qu'un élève d'une école réale qui résout un problème de géométrie, et qui, avec plaisir, considère les rapports délicats de la grandeur et de l'espace, sera emporté au-dessus de notre monde terrestre et concevra l'idée des jouissances esthétiques, plutôt que l'élève du gymnase qui prépare à contre-cœur un passage d'Homère, serait-ce les adieux d'Hector à Andromaque[1]. » Qu'est-ce à dire, sinon que le mouvement vers l'égalité absolue de tous les genres d'établissement ne fera que s'accentuer, à moins que, pour l'Allemagne, gymnases, réalgymnases et écoles réales ne se fondent dans les écoles de réfo[illegible]ne?

plication des premiers livres du *de Bello Gallico;* ils étudient la syntaxe à propos de l'explication. La deuxième année, ils complètent leurs connaissances en grammaire, continuent César et commencent Tite-Live. La troisième année, ils terminent l'étude de la grammaire, expliquent Tite-Live et un peu de Virgile.

1. Paul Cauer, *Siebzehn Jahre im Kampf um die Schulreform,* p. 20.

CHAPITRE III

LES ÉCOLES DE RÉFORME

Depuis vingt ans, à côté des types normaux (gymnase, réalgymnase, école réale supérieure), l'Allemagne a vu se développer chez elle, avec une rapidité prodigieuse, ces écoles dites de réforme, dont nous avons eu l'occasion de dire qu'elles remédiaient à certains défauts de l'enseignement secondaire allemand. En 1892, on en comptait trois seulement; cinq ans après il y en avait vingt-quatre; en 1902, le nombre en dépassait quarante; maintenant il s'élève à plus de cent vingt et augmente tous les jours.

Ce qui caractérise les écoles réformistes, c'est d'être constituées de telle sorte que, pendant les premières années, tous les élèves suivent les mêmes cours, la séparation entre les enfants qui se destinent aux gymnases, réalgymnases ou écoles réales supérieures ne s'établissant que plus tard. Dès lors, le français étant la seule langue moderne qui soit enseignée dans tous les établissements d'enseignement secondaire, c'est cet idiome qui est étudié le premier dans toutes les écoles réformistes et, je le répète, par tous les élèves. En ce qui concerne l'application de ce principe dans les plans d'études, deux systèmes sont en présence, celui d'Altona et celui de Francfort. Suivant le plan d'Altona, deux ans après le français, les élèves abordent l'anglais. Puis, à la fin de la troisième année d'études, s'établit la séparation : les élèves qui veulent faire des études purement modernes se bornent à continuer le français et l'anglais; ceux à qui ces deux langues ne suffisent pas y ajoutent le latin. Ce plan ne permet donc que trois types d'établissements : réalgymnase et école réale supérieure séparés ou accolés. En outre, au point de vue pédagogique, il offre cet inconvénient que les langues se succèdent rapidement; on commence l'étude de l'anglais quand les éléments du français sont à peine sus, et l'étude du latin quand l'enfant n'est pas encore en état de prononcer correctement l'anglais. Enfin l'anglais occupe une place relativement beaucoup plus importante que dans les autres programmes, ce qui tient à la partie de l'Allemagne où le système a été élaboré et appliqué d'abord. Pour toutes ces raisons, les établissements qui ont adopté ce plan d'études, en vigueur à Altona depuis 1878, sont-ils encore onze aujourd'hui, comme en 1896[1] : c'est dire qu'il n'est pas en faveur, et je n'y insisterai pas.

Il a été abandonné pour le système de Francfort; celui-ci dérive du plan d'études d'Altona, mais il a su éliminer les mauvais côtés de ce dernier, et ses progrès ont été particulièrement rapides : mis en pratique pour la première fois en 1892 dans trois établissements de Francfort-sur-le-Mein, il a conquis dix établissements dans les cinq années suivantes, seize de 1897 à 1902, et *soixante-dix-sept* dans la période depuis 1902; il y en a 89 en Prusse, 6 dans le grand-duché de Bade, 5 en Saxe, 2 à Brême, 1 dans chacun des Etats suivants : Bavière, Brünswick, Saxe-Cobourg-Gotha, Reuss branche cadette. Il s'est donc répandu un peu partout, dans les grandes villes comme dans les petites (Biebrich, Ettlingen, Ohrdruf, etc.), ce qui ruine les objections de ceux qui, vers 1895, disaient que ce système ne pouvait convenir qu'à de grandes villes. Au contraire, il s'adapte merveilleusement à toutes les contingences.

1. 6 en Prusse et 1 dans chacun des Etats suivants : Bade, Hambourg, Lübeck, Mecklemburg-Schwerin, Saxe-Altenburg.

Comme dans le programme d'Altona, on commence par le français, mais cette langue est étudiée seule pendant trois ans, au lieu de deux. Au début de la quatrième année seulement (3e inférieure), le latin est abordé par les futurs élèves des gymnases et réalgymnases, tandis que l'anglais est commencé à l'école réale : deux ans durant se poursuit cet enseignement de deux langues étrangères, français et latin d'un côté, français et anglais de l'autre. Enfin, au bout de ces deux ans, nouvelle bifurcation : le réalgymnase se sépare nettement du gymnase, celui-ci abordant le grec, celui-là l'anglais. Ici, on le voit, un plus long intervalle est ménagé entre le début de l'enseignement des diverses langues étrangères, si bien que les élèves possèdent très suffisamment les éléments de chacune d'elles avant de passer à la suivante. D'autre part, infiniment souple, ce système permet toutes les combinaisons possibles entre les différents types d'établissements qui existent aujourd'hui, et, si l'on parcourt la liste des établissements où il est suivi, on y trouve des gymnases, des réalgymnases, des gymnases accolés, soit à des réalgymnases, soit à des écoles réales, et des réalgymnases unis à des écoles réales.

Je crois utile de donner ici, pour les matières essentielles, le plan d'études d'un gymnase et celui d'un réalgymnase de Prusse, suivant le système de Francfort : pour les écoles réales, il n'y a aucun changement ; même le nombre d'heures attribué aux différentes matières, par le programme de Francfort, pendant les trois premières années d'études, est, à peu près toujours, celui-là même qui leur est départi dans les écoles réales ordinaires. On se rappellera d'ailleurs que ce plan est sujet à varier suivant les pays où il doit être appliqué[1], car on veut qu'il s'écarte

1. Pour la Bavière, par exemple, V. le projet du docteur Herberich dans les *Mitteilungen des Vereine für Schulreform in Bayern,* n° 9, p. 26 sqq.

le moins possible de l'état de choses qu'il est destiné à remplacer; même en Prusse, il a été déjà plusieurs fois modifié dans le détail, d'après les leçons de l'expérience. Afin de permettre immédiatement la comparaison, j'ai indiqué, entre parenthèses, le nombre d'heures attribué aux matières d'enseignement par les programmes prussiens de 1901.

A. — Base commune.

	RELIGION	ALLEMAND	FRANÇAIS	HISTOIRE ET GÉOGRAPHIE	CALCUL	SCIENCES PHYSIQUES ET NATURELLES
Sixième	3	5	6	2	5	2
Cinquième	2	4	6	2	5	2
Quatrième	2	4	6	5	5	2
Total	7	13	18	9	15	6

Dans ce plan, comme on le voit, certaines matières sont plus favorisées que dans le programme général, l'allemand et surtout le français; par contre, le latin perd un nombre d'heures assez considérable; pour tout le reste, sur l'ensemble il n'y a pas de différences ou des différences insensibles. Mais la répartition entre les classes des heures attribuées aux diverses branches de l'enseignement n'est pas la même dans le plan d'études de Francfort et dans le plan d'études général, si bien que les programmes n'arrivent à se recouvrir exactement qu'à partir de la première inférieure[1].

1. Pour le grec et le latin en particulier, V. mon article dans le *Bulletin de l'Université de Lille,* 1902, p. 19-21 et 26-27.

B. — Gymnase.

	RELIGION	ALLEMAND	LATIN	GREC	FRANÇAIS	HISTOIRE ET GÉOGRAPHIE	ARITHMÉTIQUE ET MATHÉMATIQUES	SCIENCES PHYSIQUES ET NATURELLES
Base commune aux trois premières années.	7[7]	13[10]	[24]		18[4]	9[8]	15[12]	6[6]
Troisième inférieure	2[2]	3[2]	10[8]	[]	2[2]	3[3]	4[3]	2[2]
Troisième supérieure	2[2]	3[2]	10[8]	[6]	2[2]	3[3]	4[3]	2[2]
Seconde inférieure	2[2]	3[3]	8[7]	8[6]	2[3]	2[3]	3[4]	2[2]
Seconde supérieure	2[2]	3[3]	8[7]	8[6]	2[3]	2[3]	4[4]	2[2]
Première inférieure	2[2]	3[3]	8[7]	8[6]	2[3]	3[3]	4[4]	2[2]
Première supérieure	2[2]	3[3]	8[7]	8[6]	2[3]	3[3]	3[4]	2[2]
Total	19[19]	31[26]	52[68]	32[36]	30[20]	25[26]	37[34]	18[18]

C. — Réalgymnase.

A PEU PRÈS SEMBLABLE POUR LES DEUX TROISIÈMES, SAUF EN CE QUI TOUCHE LE LATIN ET LE FRANÇAIS

	RELIGION	ALLEMAND	LATIN	FRANÇAIS	ANGLAIS	HISTOIRE ET GÉOGRAPHIE	ARITHMÉTIQUE ET MATHÉMATIQUES	SCIENCES PHYSIQUES ET NATURELLES
Base commune aux trois premières années.	7[7]	13[10]	[23]	18[5]		9[8]	15[12]	6[6]
Troisième inférieure	2[2]	3[3]	8[5]	4[4]	[3]	3[4]	4[5]	2[2]
Troisième supérieure	2[2]	3[3]	8[5]	4[4]	[3]	3[4]	4[5]	2[2]
Seconde inférieure	2[2]	3[3]	6[4]	2[4]	6[3]	3[3]	4[5]	5[4]
Seconde supérieure	2[2]	3[3]	6[4]	2[4]	4[3]	3[3]	5[5]	4[5]
Première inférieure	2[2]	3[3]	6[4]	2[4]	4[3]	3[2]	5[5]	4[5]
Première supérieure	2[2]	3[3]	6[4]	2[4]	4[3]	3[3]	5[5]	4[5]
Total	19[19]	31[28]	40[49]	34[29]	18[18]	27[28]	42[42]	27[29]

*
* *

Ces plans bien connus, on pourra mieux comprendre les raisons qui ont déterminé leurs auteurs à les publier, et apprécier plus sûrement la valeur des critiques dirigées contre le système. Les hommes qui sont à la tête de ce mouvement invoquent des précédents, s'appuient sur des considérations théoriques et font valoir des avantages pratiques. Ils rappellent que, dès le dix-septième siècle, le célèbre pédagogue Coménius écrivait, dans ses *Didactica magna* (*Grosse Unterrichtslehre*) : « Il faut apprendre aux enfants d'abord leur langue maternelle, puis celle qui, après elle, rendra le plus de services, la langue du peuple voisin (car, suivant moi, il faut faire passer les langues vivantes avant les langues savantes), puis le latin, le grec, l'hébreu, etc., et toujours l'une après l'autre, jamais deux ensemble, car alors la connaissance de l'une embrouille la connaissance de l'autre. » Des vues analogues furent exposées au dix-huitième siècle par Gesner, Chr.-Gottlob Heyne, Fr. Gedicke; au dix-neuvième siècle, par Herder, Frédéric-Auguste Wolf, et enfin par Ostendorf dans sa brochure de 1873 : « Par quelle langue vaut-il mieux commencer l'enseignement des langues étrangères? » C'est lui qui décida le docteur Schlee à appliquer pour la première fois, à Altona, le système qui porte le nom de cette ville. Cependant les Etats du Nord adoptaient, entre 1880 et 1896, un plan d'études assez voisin de celui dont nous nous occupons ici. Au Danemark, pendant les trois premières années, les élèves n'apprennent que l'allemand et le français; puis vient le latin, deux ans après le grec, et deux ans après l'anglais, s'il y a lieu. De même en Suède, pour l'anglais et le grec : mais les jeunes Suédois étudient avant tout l'allemand, auquel s'ajoute, au bout de trois ans, le latin, et au bout de quatre le français. Quant à la Norwège, elle a supprimé le grec et relégué le latin dans les trois dernières années d'études; c'est dire que, là aussi, on commence par une langue vivante, l'allemand. Enfin, les défenseurs des écoles de réforme auraient pu s'appuyer également — ce qu'ils ont omis de faire, on ne sait pourquoi — sur l'exemple de la France, où, avec la langue maternelle, et pendant trois ans, le seul idiome étudié est une langue vivante, anglais ou allemand. Ce sont là des faits auxquels il n'y a rien à répondre; on se borne à répliquer que les théories de Coménius étaient faites pour le dix-septième siècle et ne peuvent plus s'appliquer maintenant; l'on insinue que, vers la fin de sa vie, Ostendorf avait changé de sentiment; aussi bien s'efforce-t-on surtout de trouver des arguments pour réfuter ceux que les partisans du programme de Francfort apportent à l'appui de leur thèse.

Au point de vue théorique, les avantages des écoles de réforme sont de deux ordres, pédagogiques et sociaux. Le français, disent ceux qui veulent commencer par lui, est plus facile que le latin, et l'enfant de neuf ou dix ans arrive beaucoup plus vite à être d'une certaine force en français. Dans le latin, étant donné la variété de ses déclinaisons et de ses conjugaisons, ses trois genres et ses règles d'accord compliquées, l'enfant est perdu; tandis que le français, avec ses déclinaisons si simples, ses formes verbales si faciles à retenir dans l'ensemble, ses deux genres seulement et son ordre des mots constant, le met en mesure de saisir aisément, rapidement et sûrement les rapports grammaticaux. A cela s'ajoute que les mots français permettent d'exprimer dès l'abord un plus grand nombre d'idées facilement accessibles à une intelligence de dix ans, car elles sont tirées de la vie de chaque jour, et, en outre, concrètes, au lieu d'être presque forcément abstraites, comme il arrive avec le latin : de là ressort que l'école réformiste est la suite naturelle de l'école primaire. Enfin il m'a été donné de constater plus d'une fois, dans les nombreuses classes auxquelles il m'a été permis d'assister, que, avec la richesse et la souplesse de la langue allemande, on peut calquer une phrase allemande sur une phrase latine et traduire celle-ci sans l'avoir bien comprise, ce qui n'arrive guère dans notre langue, relativement pauvre et à l'ordre de mots immuable[1]. De ces trois avantages, le dernier est, à ma connaissance, exposé pour la première fois; le second, il est facile d'en contester la valeur, mais difficile d'en nier l'existence : aussi ne l'a-t-on pas fait. Mais il est moins certain que le latin soit plus difficile pour l'enfant que le français. La prononciation du français fait perdre beaucoup de temps, celle du latin s'apprend très vite, même en Allemagne, où l'on insiste sur cette question. Ce qui est sûr, c'est que le latin n'offre pas de difficultés insurmontables à la grande majorité des élèves, car, sur 419 élèves qui, dans un gymnase déterminé, avaient passé par la sixième, 30 seulement n'avaient pu franchir le seuil de la cinquième ; encore un certain nombre avaient-ils été arrêtés par leur faiblesse en allemand ou en calcul plutôt qu'en latin. Il n'en reste pas moins que certains arguments pédagogiques invoqués en faveur du système de Francfort conservent toute leur valeur.

D'ailleurs, en ce qui touche le point de vue pédago-

1. Quoique cette opinion soit absolument objective, fondée sur de nombreuses expériences et indépendante de tout parti pris, elle a trouvé d'assez nombreux incrédules en Allemagne. Je suis donc heureux de l'avoir retrouvée dans un ouvrage allemand (Lexis, *die Reform des höheren Schulwesens in Preuszen*, p. 110) : « Die Gedanken der Schüler gleiten an dem deutschen Texte ab, wie das Rad an der glatten Schiene, lediglich deshalb, weil sie gänglich in Anspruch genommen sind durch die Besinnungsarbeit auf Formen, Regeln, Phrasen, und weil sie an Erfahrung wissen, dasz weitaus die meisten dieser Schablonensätze sich richtig übersetzen lassen, ohne Sinn und Zusammenhang zu beachten. »

gique, les défenseurs du *statu quo* prennent l'offensive. Ils allèguent qu'il est trop tard, à douze ou treize ans, pour commencer le latin; mais aux pédagogues d'aujourd'hui, les partisans des écoles réformistes opposent ceux d'autrefois, le vieux Ratke (1571-1635) ou Coménius. Prétendent-ils que les langues anciennes sont le meilleur instrument pour la formation de l'esprit, parce que l'étude qu'on en fait est exempte de toute préoccupation désintéressée, qu'elles fournissent l'occasion d'une gymnastique grammaticale et logique, que les anciens ont exprimé, dans le style le plus clair et le plus achevé, les sentiments les plus généraux et les plus humains, et que, par suite, l'explication des auteurs grecs et latins enrichit l'intelligence et élargit le champ de sa vue, les défenseurs du programme de Francfort ripostent qu'ils en conviennent, que dans les classes supérieures ils consacrent aux langues anciennes un nombre d'heures si considérable, que ces matières y forment nettement le centre de l'enseignement; mais ils font doucement observer que l'on apprend les langues vivantes pour les parler, et que l'on n'exige même plus des élèves des gymnases qu'ils sachent écrire en latin, puisque la composition latine a été supprimée en 1892; dès lors, demandent-ils, ne vaut-il pas mieux laisser aux langues que l'on doit parler les premières années d'études, où la mémoire est plus fraîche, la bouche plus souple et le gosier plus flexible, où les jeunes Allemands réussissent plus vite et plus facilement à prononcer des sons tout différents de ceux qu'ils profèrent d'habitude, et commencer l'étude du latin à un âge où la réflexion s'est ouverte en acquérant la connaissance d'une langue vivante et où elle saisit déjà les rapports abstraits? De plus, l'enfant reconnaît dans les mots latins un certain nombre de termes qu'il a déjà vus en français, et n'est plus dépaysé par cette civilisation antique que, pendant trois ans, l'enseignement de l'histoire ou la lecture d'auteurs allemands ou français appropriés lui ont appris à connaître au moins en gros. En réalité, la seule objection sérieuse qu'ait appelée cette importance attribuée au français, c'est que, en 1900, l'Allemagne n'avait pas assez de professeurs de français, surtout pas assez de maîtres ayant séjourné en France et connaissant à fond notre langue et notre civilisation. Mais, depuis lors, la situation a bien changé.

Moins prouvés sont tous les bénéfices que, d'après les promoteurs du système, l'Etat retirerait de son application généralisée. Il réaliserait une économie d'un million, paraît-il, et c'est pour cela, dit-on, que feu Miquel, ministre des finances, s'en montrait si chaud partisan. D'autre part, un simple coup d'œil sur les tableaux des pages 38-40 suffit à faire voir la part beaucoup plus importante accordée à la langue maternelle, et il est évident que l'étude plus approfondie de la langue et de la littérature allemandes, un peu trop négligées l'une et l'autre jusqu'à présent, ne peut que fortifier le sentiment national, à supposer qu'il ait besoin de l'être. Il me semble également certain que ce système amènera un gain de culture générale, puisque, dans l'éducation, les éléments « classiques » et les éléments « modernes » ne s'excluront plus. En outre, on ne peut nier que, du jour où tous les élèves des établissements d'enseignement secondaire auront dû, pendant trois ans, se livrer exactement aux mêmes études, la rivalité entre les gymnases et les écoles réales supérieures aura presque disparu, et, du même coup, le dédain des *Gymnasiasten*, nourris de latin et de grec, pour leurs camarades qui avaient dû se contenter des langues modernes. Par contre, c'est aller trop loin que de voir, dans l'institution de ces écoles réformistes, la solution de la question sociale ou la suppression de la haine des classes; de même il est faux d'en préconiser la fondation comme un moyen de diminuer l'exode vers les grandes villes, sous prétexte qu'elles permettent aux petites villes, comme nous aurons l'occasion de le montrer plus loin, de conserver les enfants plus longtemps, ou enfin de prétendre y trouver un moyen de diminuer le nombre des étudiants, les fameux « prolétaires intellectuels », alors qu'il a augmenté dans les pays scandinaves, depuis les réformes dont nous avons parlé plus haut et qui, nous l'avons vu, ressemblent de très près à celle dont nous nous occupons ici.

Mais les adversaires des écoles de réforme ne se sont pas bornés à tenter de réfuter, point par point, les arguments que nous venons d'exposer; ils ont eux-mêmes dirigé contre le système un certain nombre d'objections théoriques et générales. C'est d'abord, suivant eux, un enseignement antipatriotique au premier chef, puisque, s'il était adopté partout, tous les jeunes Allemands, comme première langue vivante, apprendraient le français : on n'a pas eu beaucoup de mal à répondre à cette critique, qui, faite sérieusement, n'a jamais été prise au sérieux. Puis, c'est la mort des études classiques, le « commencement de la fin », suivant le mot de M. de Landmann, car toucher aux études classiques, c'est non seulement « saper les fondements de la religion chrétienne[1] », mais affaiblir « le sens de l'idéal » que, seuls, les gymnases savent éveiller. L'on répond que, suivant de nombreux pédagogues, les études classiques, dans les classes les plus élevées, prennent trop de temps, au détriment des autres matières; que l'on ne voit pas en quoi les gymnases posséderaient ce privilège qu'on leur confère, puisque Moltke ou Gottfried Keller, qui ne savaient ni grec ni latin, ou Gœthe et Schiller, qui avaient appris le grec de seconde main, possédaient, à ce qu'il semble, ce « sens de l'idéal »; et enfin que, en admettant

1. Mot du cardinal-archevêque Kopp, cité par M. Ch.-V. Langlois.

que les études classiques dussent fléchir (ce qui n'est pas prouvé), il conviendrait d'admettre cet affaiblissement s'il était compensé par une culture générale plus forte. D'aucuns dénoncent comme un non-sens pédagogique que, dans les plus hautes classes, « à l'âge où l'esprit demande un aliment plus solide, surtout des idées et des faits, on le nourrisse presque exclusivement de formes grammaticales et qu'on l'occupe de conjugaisons et de déclinaisons, de syntaxe et de métrique[1] ». Or, pour l'enseignement des langues anciennes (car c'est d'elles qu'il s'agit) on donne à la syntaxe ou à la métrique une place secondaire, comme j'ai pu le noter moi-même, et l'on consacre la plus grande partie du temps à l'explication des auteurs.

*
* *

Mais eût-on prouvé, ce qui n'est pas, que, au point de vue pédagogique et social, les plans d'études de Francfort ne réalisent aucun progrès sur l'organisation actuelle de l'enseignement, ils n'en mériteraient pas moins d'être pris en sérieuse considération, à cause des avantages pratiques qu'ils offrent aux élèves, aux familles et aux villes. D'abord, en raison même des principes pédagogiques appliqués et qui mènent l'esprit du plus facile au plus difficile, ou, si l'on n'admet pas cette assertion, du plus proche au plus éloigné, et du concret à l'abstrait, l'enfant, bien qu'il soit astreint à un nombre d'heures à peu près égal, éprouve moins de fatigue intellectuelle. D'ailleurs les adversaires du système le reconnaissent, de mauvaise grâce à la vérité, pour les quatre premières années d'enseignement. En outre, avec le système actuel, l'enfant est obligé, dès sa dixième année, de connaître sa vocation, puisqu'il est difficile ou impos-

1. Pinloche, *Revue pédagogique*, avril 1899, p. 382-383.

sible, suivant les cas, de passer d'un établissement dans un autre[1]. Or, s'il y a quelque exagération à dire que l'étude du français, faite pendant les trois premières années, permettra de déterminer à quels élèves conviennent le mieux les langues classiques ou les sciences, il n'en est pas moins certain que, à douze ou treize ans, l'on peut juger de la vocation d'un enfant plus sûrement qu'à neuf ans. De plus, dans les écoles réformistes, durant les trois ans qui suivent la séparation des gymnases ou des réalgymnases, le passage d'un établissement à l'autre est facile, de sorte que l'on éviterait une perte de temps, sinon aux deux mille élèves qui, en moyenne, passent chaque année des gymnases ou des réalgymnases dans les écoles réales, du moins à la plupart d'entre eux[2]. Encore, auparavant, les avantages, ou, comme on disait, le « monopole » reconnu aux sanctions données par les gymnases leur amenait-il forcément un grand nombre d'élèves; maintenant, au contraire, qu'il a été légèrement entamé, le *Triennium*, au cours duquel les élèves éprouveront *quid ferre valeant, quid recusent humeri*, apparaîtra chaque jour comme plus utile et plus indispensable. Ce n'est pas tout : actuellement, sur 100 élèves, les statistiques prouvent que 40 p. 100 environ quittent les établissements d'enseignement secondaire après la sixième année d'études, et 40 p. 100 avant même d'avoir atteint ce terme. C'est donc pour 20 p. 100 que l'enseignement est organisé. C'est pour un élève sur cinq que l'Etat et les communes s'imposent tant de sacrifices! Les quatre cinquièmes auront passé quatre, cinq, six ans à l'école pour acquérir des notions qui leur seront absolument inutiles; car, s'il

1. *Cf.* p. 15.
2. Les partisans du grec et du latin avouent qu'il est bon de retarder la séparation, mais prétendent que le latin est la meilleure pierre de touche pour l'intelligence, sans d'ailleurs apporter de preuves suffisantes. *Cf.* Cauer, *op. cit.*, p. 187.

est incontestable que les langues classiques sont le meilleur instrument pour la formation de l'intelligence et du goût, il n'en est pas moins vrai que ce résultat, pour être acquis, demande que ces études aient été menées jusqu'au bout, sinon le nourrisson des lettres antiques est jeté désarmé dans la vie, tandis que le programme de Francfort, au bout de trois ans, fournit à son adepte une connaissance approfondie de sa langue maternelle, les éléments approfondis du français et des *Realien :* histoire, géographie, calcul, etc. A ce point de vue, il seconde les intentions du gouvernement, qui, sans méconnaître les avantages des écoles réales, ne voyait pas les moyens pratiques de les développer en les substituant aux gymnases et aux réalgymnases.

D'ailleurs permettre à l'enfant de mieux connaître sa vocation, et lui fournir tout de suite des connaissances qui, en même temps qu'elles élargissent la portée de son intelligence, sont immédiatement utilisables, c'est rendre service, d'abord à lui, puis à ses parents, dont les scrupules deviennent ainsi moins vifs et les préoccupations moins urgentes. En outre, avec le système de Francfort, les familles peuvent garder leurs fils près d'elles trois ans au moins, à partir du moment où ils commencent leurs études secondaires, et, comme nous le verrons bientôt, six ans dans la plupart des cas. De là, pour elles, une double économie, celle de l'abonnement au chemin de fer qu'elles avaient dû prendre afin de permettre à l'enfant de suivre, dans une ville voisine, les cours de l'établissement qu'elles avaient choisi, et, en second lieu, celle de la pension pour le repas de midi, qu'il leur fallait généralement payer dans cette même ville, sans parler de l'avantage, auquel elles ne doivent pas être moins sensibles, de pouvoir surveiller leur enfant de plus près. C'est là, vraisemblablement, une des raisons qui, dans toutes les villes où il est question d'ouvrir une école de réforme, provoque sur-le-champ un nombre d'inscriptions triple ou quadruple de celui des places dont on peut disposer.

Au surplus, les conseils municipaux, eux aussi, voient d'un bon œil l'ouverture de ces établissements. D'abord ils peuvent garder les enfants de la ville plus longtemps, source de recettes et augmentation de revenus. Puis, s'il s'agit d'une grande ville qui, à côté d'un gymnase ou d'un réalgymnase, possède une école réale, de deux bâtiments, de deux collections de physique ou d'histoire naturelle, de deux bibliothèques, de deux directeurs, elle peut en supprimer un, et le bénéfice, d'après les calculs faits, est d'environ 25 p. 100[1]. Quant aux petites villes, qui doivent se contenter d'un établissement à six années d'études, progymnase, proréalgymnase ou école réale, et qui hésitent sur le type qu'elles ont intérêt à adopter, elles voient leurs perplexités disparaître, si elles se décident à suivre le système de Francfort, qui permet, sans frais supplémentaires, de préparer en six ans les élèves, sinon pour les gymnases, du moins pour les réalgymnases et les écoles réales supérieures. Aussi trouve-t-on des écoles de réforme dans les plus grandes villes comme dans les moins importantes.

En résumé, parmi les avantages invoqués par les partisans des écoles réformistes, quelques-uns sont illusoires, mais la plupart, malgré les attaques des adversaires, demeurent irréfutables et constants. D'ailleurs, la plupart des objections ont perdu de leur valeur depuis que des élèves formés suivant ces programmes ont subi l'examen de maturité dans des gymnases ou des réalgymnases; en effet, les résultats ont été excellents, comme le proclamait, dès 1901, à la conférence scolaire de Cassel, le docteur Lahmeyer; or, c'est lui qui, au Gœthe-Gymnasium et aux réal-

1. De 30 pour 100 suivant Lentz (*die Vorzuge des gemeinsamen Unterbaues*, p. 7); mais il faut faire la part de l'exagération.

gymnases de la Musterschule et de la Wöhlerschule, tous établissements de réforme, venait de présider les susdites épreuves, auxquelles assistaient également le premier président (gouverneur) de la province et un délégué du ministre de l'instruction publique.

D'ailleurs, ce témoignage peut être corroboré par un certain nombre de preuves positives et négatives. Les textes des versions latines ou grecques proposées aux examens sont sensiblement de même longueur ou de difficulté analogue dans les réalgymnases ou gymnases qui suivent le plan d'études de Francfort ou le programme général; si l'on me permet d'apporter mon témoignage, les élèves du Gœthe-Gymnasium ou de la Musterschule, que j'ai eu l'occasion d'entendre et d'interroger, et dont j'ai examiné les copies, plus forts en français que ceux des classes correspondantes des établissements ordinaires, arrivaient, dans la dernière classe, à posséder aussi bien le latin ou le grec : cela n'a rien d'étonnant, car ils abordent l'étude des langues anciennes à un âge plus avancé, où leur esprit est plus mûr et où la comparaison des langues vivantes qu'ils ont étudiées les aide à mieux retenir les formes qu'ils apprennent. D'ailleurs, si les résultats obtenus n'étaient pas si favorables, les adversaires du système auraient-ils si longtemps répété que les professeurs et les élèves des écoles réformistes sont choisis spécialement, alors que les enfants, à Francfort, sont répartis d'après leur âge entre les écoles réformistes ou non réformistes, et que certaines classes se sont même trouvées dans des conditions particulièrement défavorables, ayant changé de maîtres plusieurs fois en un an? Au surplus, étant donné le grand nombre d'établissements de ce type qui existe maintenant, l'objection n'a plus de valeur. Si le système de réforme n'avait pas tenu ce qu'il promet, trouverait-on des écoles de réforme inscrites au budget de différents Etats? Je laisse de côté les encouragements que l'empereur donnait à ces écoles dans son rescrit du 25 novembre 1900, car, en cette matière, Guillaume II est un juge prévenu.

Aussi bien j'ose espérer que ceux qui m'auront fait l'honneur de me lire emporteront de cette étude, écrite après examen sur place des différents types d'établissements et lecture attentive dans mon cabinet des principales brochures publiées en faveur des deux thèses, la conviction que l'école réformiste est l'école de l'avenir pour les villes d'Allemagne dont les ressources ne leur permettent pas de faire les frais à la fois d'un gymnase, d'un réalgymnase et d'une école réale supérieure. Le seul inconvénient qu'elle présente, c'est qu'il est à peu près impossible, lorsqu'on doit la quitter, d'entrer dans un réalgymnase ou un gymnase ordinaires; à vrai dire, la gravité de cet inconvénient diminuera à mesure qu'augmentera le nombre des écoles réformistes, qui, nous en avons donné la preuve, se multiplient pour ainsi dire à vue d'œil, pour le plus grand bien des parents, des villes et des élèves.

* * *

Mais, dira-t-on, si les avantages de ce système sont aussi importants qu'il semble, on a dû l'adopter ou l'imiter en Autriche, car les mêmes raisons à peu près auraient dû les y faire introduire. On y a très bien vu les avantages des écoles de réforme. On réclame avec énergie, de différents côtés, que, dans les établissements d'enseignement secondaire, les élèves, deux ou quatre ans durant, étudient tous les mêmes langues, soit le français et le latin, soit le français et l'anglais, soit le français seul, soit même la langue maternelle seule. Le gouvernement a donné satisfaction à ces desiderata, en créant les réalgymnases de réforme, qui reçoivent les élèves des écoles réales, lorsque, au bout de quatre ans, au lieu de l'anglais, ils préfèrent commencer le latin. A Teschen, sur l'Elbe, on a été plus loin dans un établissement municipal. Les quatre premières années suivent le programme des réalgymnases; ensuite la religion, l'allemand, l'histoire, la géographie, la philosophie, sont enseignés à tous les élèves en commun; la physique, les mathématiques et l'histoire naturelle, autant que possible en commun; pour les autres branches seules, il y a partage des élèves en deux sections, gymnase et école réale. D'où vient que le mouvement se soit arrêté là? C'est que, d'abord, le français n'est pas obligatoire dans tous les établissements, au contraire de l'Allemagne, et il ne saurait être rendu obligatoire partout, puisque, généralement, les élèves, à côté de l'allemand, doivent étudier la langue parlée dans le pays. En second lieu, le cycle d'études, qui en Allemagne dure le même nombre d'années dans tous les établissements d'enseignement secondaire de garçons, n'est pas égal, en Autriche, pour les gymnases, les réalgymnases et les écoles réales. Supprimer l'inégalité est à peu près impossible, puisque c'est le parlement d'Autriche qui fixe les plans d'étude des gymnases, et les diètes des provinces qui arrêtent ceux des écoles réales. Cependant je crois pouvoir affirmer que l'on cherchera les moyens d'organiser en Autriche des écoles de réforme; j'espère qu'on les trouvera, et que l'étude des langues vivantes prendra, en Autriche, la même ampleur qu'en Allemagne.

*
* *

Dans un chapitre sur les écoles de réforme, il est impossible de ne pas mentionner un établissement privé, que j'ai eu l'occasion de visiter à Vienne. En quatre années de neuf mois, avec six jours de classe par semaine et une moyenne de quatre heures et demie par jour, il fait réussir à l'examen de maturité des gymnases ou écoles réales des enfants de treize à quatorze ans, quisortent des écoles primaires supérieures ou exceptionnellement des écoles primaires[1]. Si des jeunes gens de quinze ans s'adressent à lui dans les mêmes conditions, il les mène à l'examen en deux années scolaires et une année de douze mois complets, le nombre de jours et d'heures de classe étant le même que dans les deux premiers cas. Si les jeunes gens ou jeunes filles ont seize ans accomplis, il les conduit au but en vingt-quatre mois de cours sans interruption, le nombre des jours et heures de classe restant le même[2]. Les résultats sont satisfaisants et prouvent bien en faveur de la thèse, admise en principe et démontrée en France, en Allemagne et en Autriche par l'exemple des jeunes filles[3], à savoir que le but fixé par les programmes pour les langues anciennes peut être atteint plus rapidement, si les personnes qui apprennent le latin ou le grec sont plus âgées. Mais, ici, la preuve est encore plus convaincante, puisque la plupart des élèves n'ont jamais passé par l'enseignement secondaire : c'est vraisemblablement pour cette raison que, dans les programmes de latin ou de grec, on donne tant d'importance à la grammaire[4], au lieu d'aborder rapidement les textes, comme on le fait ail-

1. Il y a cours le matin pour les jeunes gens, l'après-midi pour les jeunes filles. — Parmi les élèves, il faut noter la très forte proportion des Juifs (plus du quart).

2. On trouve aussi des cours de douze mois consécutifs, en deux semestres, pour les sous-officiers, employés, etc., qui veulent passer l'examen de sortie de la 4e classe du gymnase ou de l'école réale. Ces cours ont lieu le soir de 7 à 9. L'année dernière, les cours ont été fréquentés, entre autres, par 24 employés de l'Etat, de la province ou de la ville, et par 6 sous-officiers.

3. *Cf.* ici p. 296-297.

4. Latin, 1re année. Morphologie régulière et les irrégularités les plus fréquemment rencontrées. — 2e année. Fin de la morphologie. Syntaxe des cas, des temps et des modes. Népos, César. — 3e année. Complément de la syntaxe des modes. Ovide, Tite-Live, Salluste. — 4e année. Cicéron, Virgile, Horace, Tacite.

Grec. 1re année. Morphologie tout entière. — 2e année. Syntaxe, Xénophon, Hérodote, Homère. — 3e année. Revision de la grammaire. Platon, Démosthène et Sophocle.

leurs. C'est dire que, sous ce rapport, les conditions ne sont pas des plus favorables. En outre, l'installation matérielle laisse à désirer. Les classes ont un effectif peu élevé (huit élèves en moyenne), mais elles ne sont pas homogènes. Le corps professoral est bon, mais je n'oserais pas soutenir qu'il ait la même valeur que celui d'un établissement normal; il y a trop de professeurs âgés (ils ont déjà leur retraite!) ou jeunes (suppléants, candidats professeurs ou simplement docteurs). Aussi bien l'établissement a-t-il de fortes dépenses (près de 60,000 francs par an pour les seuls professeurs) et dispose-t-il de ressources pécuniaires modestes : la somme demandée aux élèves s'élève environ à 1,500 francs pour le cours de quatre ans, à 1,000 francs pour le cours de deux ans; mais un grand nombre d'élèves ont droit à des bourses ou à des réductions. C'est dire ce que l'on pourrait se promettre de ce système appliqué par l'Etat, une province ou une ville!

LIVRE II

Une école.

CHAPITRE PREMIER

LES BATIMENTS

Lorsqu'un professeur français voit pour la première fois un établissement d'enseignement secondaire allemand ou autrichien, tout l'étonne. D'abord, au lieu d'immenses bâtisses qui développent souvent une façade de cent mètres et plus sur la rue, dont elles sont quelquefois le plus bel ornement, au lieu de multiples corps de bâtiments, encadrant des cours plus ou moins spacieuses, mais jamais assez, il voit, sauf exception, rare en Allemagne[1], rarissime en Autriche, une maison simple, à peine plus grande que ses voisines et que rien ne distingue d'elles : de fait, elle contient seulement les classes (pas besoin de dortoirs, de réfectoires ou d'études, puisqu'il n'y a ni internes, ni demi-pensionnaires, ni externes surveillés); — un cabinet pour le directeur et quelquefois une salle d'attente; — une salle de réunion pour les professeurs, qui peuvent, vers dix heures, y boire paisiblement un bon verre de lait chaud, qui les aide à attendre l'heure du dîner (de midi et demi à 2 h., suivant les parties de l'Allemagne ou de l'Autriche), et, à n'importe quel

1. Elle sera de plus en plus rare en Allemagne; lorsqu'un établissement n'est plus assez grand, on se contente maintenant de transformations de détail; on ne reconstruit pas tout l'édifice.

moment, y corriger les cahiers où les élèves écrivent leurs devoirs, et qu'il est difficile, en raison de leur volume et de leur poids, d'emporter à la maison; — une salle de réunion pour les maîtres et les élèves (*Aula*), plus ou moins luxueusement ornée, suivant la date où elle a été bâtie et suivant que les frais en ont été faits par l'Etat ou la ville (encore y a-t-il des établissements, surtout en Autriche, qui n'en ont pas); — une bibliothèque des professeurs et une des élèves, d'importance variable suivant les établissements[1]; — quelquefois, pas très souvent, une salle où les professeurs reçoivent les parents des élèves qui ont à les entretenir; — enfin, un petit cabinet pour un garçon, qui, suivant les pays, répond au nom de *Pedell* (notre « bedeau »), *Kastellan, Custos, Famulus*, etc.; — le logement dudit *Pedell*; — enfin, souvent, le logement du directeur, à moins que celui-ci n'habite dans un pavillon séparé, ou qu'il ne reçoive une indemnité de logement, ce qui est presque toujours le cas en Autriche.

D'une manière générale, les édifices sont plus neufs, plus vastes et plus pratiques en Allemagne qu'en Autriche, où, trop souvent, l'on a utilisé d'anciens couvents : heureux quand l'école réale n'occupe pas le deuxième et le troisième étages d'un bâtiment! En ce cas, les récréations se passent uniformément dans un vaste couloir, où les élèves se promènent « dans le sens des aiguilles d'une montre », surveillés par un ou deux professeurs et le *Pedell*. Ailleurs, les cours sont bien souvent petites, minuscules ou absentes : alors les élèves jouent dans la rue sur laquelle donne l'établissement. Pleut-il? Comme les préaux couverts ou

1. Le jugement favorable porté dans la *Revue Universitaire*, 1905 2, p. 26, ne saurait être généralisé. — On notera que, en Autriche tous les élèves payent annuellement pour les livres et collections de 2 à 4 couronnes (de 2 fr. 10 à 4 fr. 20); dans les établissements à faible effectif, l'Etat ajoute des subventions médiocrement larges.

les halls vitrés n'existent pas dans tous les établissements, ce sont les couloirs — toujours ! — qui recueillent les élèves, auxquels, avec raison, l'on interdit de rester dans les classes, qu'on aère. Il arrive même que tel gymnase ou tel réalgymnase — particulièrement en Autriche — n'a pas de salle de gymnastique et doit conduire les enfants dans un établissement voisin.

Entrons dans ces établissements, qui ne sont pas toujours des modèles, on le voit. Le seuil une fois franchi, on trouve presque toujours, après un vestibule, aussi vaste que possible, un escalier large et clair, généralement à double révolution, qui dessert toute la maison : naturellement, des écriteaux : « prendre la droite » et « ne pas s'arrêter », permettent d'éviter la confusion dans les mouvements qui ont lieu toutes les heures pour descendre dans la cour ou remonter dans les classes. A chaque étage s'ouvre, à droite et à gauche, un spacieux couloir sur lequel donnent les portes des classes. Les murs sont souvent ornés de maximes morales, plus souvent couverts de gravures et de photographies, changées fréquemment. Ils sont aussi garnis de portemanteaux, quelquefois numérotés, et l'on ne voit pas les élèves réduits, comme nos externes, à mettre leur coiffure dans leur poche ou à s'asseoir dessus ; la plupart du temps, on trouve aussi de quoi se laver les mains. Une classe est vide : pénétrons-y. En Autriche, dans les anciens couvents transformés en gymnases, on peut trouver encore les quatre murs nus de France, avec des bancs incommodes, des tables fatiguées et la chaire étroite. Plus généralement, la salle est vaste et claire, le jour à gauche ; au plafond, de nombreuses lampes électriques, qu'un ingénieux système de commutateurs permet de ne pas allumer toutes à la fois. La chaire est un grand bureau ; le tableau monte et descend aisément, pour que tous les élèves puissent y écrire à la hauteur convenable ; quelquefois il est formé de deux parties indépendantes, de manière à ce qu'un corrigé, par exemple, reste sous les yeux des élèves, pendant qu'on couvre la deuxième partie d'exercices d'application. Les tables et les bancs sont adaptés à la taille des enfants ou jeunes gens, et conformes à toutes les règles de l'hygiène moderne. Les amphithéâtres sont réservés pour les classes de physique et de chimie, où il y a des appareils et des expériences à voir. Les bancs sont généralement à deux places, afin de permettre une circulation rapide dans la classe[1]. Comme les élèves se lèvent presque toujours lorsqu'ils sont interpellés, les tables ont des pupitres mobiles qui glissent dans les rainures à mesure que l'enfant se dresse debout et lui permettent de rester dans cette position sans gêne ni contorsion. Quant aux parois, elles sont ornées de bustes, particulièrement de Gœthe ou de Schiller, et couvertes non seulement de cartes, mais de portraits de souverains, empereurs ou chefs d'Etat, de photographies de monuments ou d'œuvres d'art antiques, de reproductions de tableaux modernes, de vues et plans de Paris ou de Londres, ou de groupes représentant les élèves qui se sont succédé dans la classe. Je dois dire que, si les salles et collections de physique et de chimie sont généralement riches et très pratiquement installées, je n'ai jamais rencontré en Allemagne ou en Autriche (est-ce l'effet du hasard?) de classes spéciales réservées à l'enseignement de l'histoire ou de la géographie, ni de bibliothèques de classes à l'usage des élèves de ladite classe.

1. *Cf.* p. 158.

CHAPITRE II

LE DIRECTEUR

Dans un établissement d'enseignement secondaire allemand ou autrichien, ce que nous appelons l'*administration* est représenté, en tout et pour tout, par le directeur assisté d'un *bedeau* (*Pedell*), ancien sous-officier, qui souvent est aidé par un *domestique de l'école* (*Schuldiener*). Le *Pedell* est un collaborateur très respecté et très zélé du directeur. Ses fonctions sont multiples, et quelquefois fructueuses (vendre, à la récréation de dix heures, du lait, des tartines et des fruits) ; c'est le maître Jacques de l'établissement. Les professeurs d'enseignement secondaire allemand et autrichien se moquent plus d'une fois de ce personnage, de l'importance qu'il s'attribue; on prétend l'avoir entendu confier à des élèves : « Moi et le directeur nous avons décidé telle et telle chose. » Il y a, dans ces railleries, une part, une légère part de vérité. Mais, ce qu'on ne dit pas, et ce qu'il ne faut pas oublier de dire, c'est que le directeur peut généralement s'en reposer sur son *Pedell* pour tout ce qui concerne la propreté de la maison. Dans certains établissements, matin et soir, lors de l'entrée des élèves, il se tient à la porte d'entrée, sévère et inexorable, comme un sergent de garde à la grille d'une caserne.

On voit maintenant la multiplicité de fonctions qui incombent au directeur : il doit remplir à la fois celles de nos proviseurs et de nos censeurs, et en partie des économes (le *Pedell* remplaçant en quelque sorte les surveillants généraux) : dans peu d'États allemands, le directeur a un adjoint, le *Konrektor*. Ses occupations sont donc très considérables : diriger l'instruction, veiller à la discipline, donner un certain nombre d'heures de classe (de cinq à dix), assister le plus souvent possible aux divers enseignements, contrôler strictement la correction des devoirs et être en mesure de renseigner sur les enfants les familles, qu'il reçoit tous les jours et encourage à venir le trouver De plus, il est le suppléant-né du professeur qui, au dernier moment, avertit qu'il lui est impossible de venir faire sa classe.

A cela s'ajoutent les discours à préparer pour les différentes fêtes, les harangues pour souhaiter la bienvenue aux professeurs qui arrivent et pour exprimer des regrets à ceux qui s'en vont, les assemblées de professeurs qui décident, entre autres, du passage des élèves d'une division dans une autre, enfin l'examen de maturité, notre baccalauréat. Sur eux pèse lourdement le fardeau des paperasses, listes des livres et des élèves, certificats, horaires, correspondance officielle (de 600 à 800 pièces annuellement pour un établissement de moyenne importance), circulaires pour communiquer aux professeurs les décisions de l'administration supérieure ou du directeur (100 par an dans un établissement moyen), conseils manuscrits ou imprimés aux professeurs ou aux élèves.

Si l'on se souvient, en effet, qu'un directeur allemand ou autrichien est beaucoup plus indépendant que nos proviseurs, et beaucoup plus qu'eux, aussi, responsable de la prospérité de son établissement; qu'il n'a généralement auprès de lui, pour le seconder, ni censeur, ni secrétaire, ni maître d'études tenant lieu de secrétaire, on comprendra qu'il adresse des conseils hygiéniques aux élèves pour diminuer le nombre des absents et donner aux présents plus de forces et de ressort pour la besogne quotidienne. On s'expliquera que tel directeur ait dressé et fait adopter dans son établissement, pour la correction des devoirs, une liste de signes conventionnels, correspondant aux diverses fautes possibles; comme il est obligé de revoir les corrections, il aperçoit rapidement si tout a été relevé; j'ajoute que, par ce moyen, le travail du professeur est abrégé; enfin l'élève même sait immédiatement et d'une façon précise, sans avoir besoin chaque année de se mettre au courant d'un nouveau système d'abréviations, où est sa faute et en quoi elle consiste. En effet, les signes employés se comprennent d'eux-mêmes, sauf un, le plus important : car la lettre B, écrite en marge, fait connaître à l'élève que le professeur a besoin de lui donner, à propos de ce passage, des explications trop longues pour être marquées sur la copie; après avoir examiné les corrections mises en marge, il doit, sur le vu de cette lettre, prier le maître de lui fournir ces éclaircissements.

Les directeurs allemands et autrichiens sont donc beaucoup plus puissants que nos proviseurs. La distance entre professeurs et directeurs, en Allemagne et en Autriche, est bien plus nettement marquée que chez nous; le directeur a beau appeler ses professeurs « collègue » (*Herr Kollege*), on sent nettement qu'il est le chef. Si, par exemple, tous les professeurs de langues vivantes veulent organiser une récitation française ou anglaise, et que cela ne plaise pas au directeur, ils devront renoncer à leur idée. Ces directeurs possèdent même, sur un certain nombre de points, les pouvoirs de nos recteurs : c'est à eux, par exemple, que les professeurs s'adressent pour les congés, quand ils ne dépassent pas quatre jours en Saxe et sept jours en Prusse. On tient le plus grand compte de leurs notes sur les professeurs, surtout en Allemagne : en Autriche, en effet, on semble craindre que leurs relations constantes avec les maîtres de leur établissement ne nuisent tant soit peu à l'impartialité de leur jugement.

Mais ce monarque, si puissant, si absolu même dans

certains Etats, n'est pas un tyran. Son pouvoir n'est pas sans contrepoids. Qu'on ne les cherche pas dans l'inspection générale, comme la pensée nous en viendrait. Les *Schulräte* allemands et les *Landesschulinspektoren* autrichiens, qui correspondent à nos inspecteurs généraux, sont des pédagogues consommés, quelques-uns éminents, des consciences droites, des intelligences sûres et claires. Mais ils ne sont pas spécialisés aussi nettement que chez nous : dans telle province d'Autriche, il n'y en a que deux pour toutes les matières. Puis, la multiplicité de leurs occupations les empêche de venir inspecter souvent les établissements et les professeurs; ils étudient soigneusement le nouveau professeur, puis restent souvent des années sans le revoir. Les établissements d'enseignement secondaire doivent, en Autriche, être inspectés à fond tous les trois ans, mais je n'affirmerais pas que les *Landesschulinspektoren* se conforment exactement à cette prescription lorsqu'ils sont sûrs du directeur.

C'est ailleurs qu'il faut chercher les raisons qui enlèvent à la situation de nos collègues allemands et autrichiens ce qu'elle aurait d'intenable ou tout au moins de désagréable, si, dans la pratique, les directeurs de ces deux pays étaient aussi puissants qu'ils le semblent en théorie. D'abord, tous les directeurs sont toujours chargés d'un enseignement; ils ne vivent pas d'une vie autre que leurs collègues et subordonnés; ils partagent, en beaucoup de points, leurs idées, parce qu'ils ont les mêmes raisons de les avoir, ou s'associent à leurs vœux; ils font souvent partie de la même association. En outre, ils sont forcés de convoquer l'assemblée des professeurs pour fixer l'horaire; ils doivent la réunir un certain nombre de fois déterminé, pour la consulter sur les affaires intéressant l'enseignement ou la discipline : de cette façon les professeurs sont, plus réellement et plus efficacement que chez nous, les collaborateurs du directeur.

Enfin, les professeurs, une fois titulaires, sont, par un certain biais, soustraits à une influence malveillante de leurs directeurs. Je dis : une fois titulaires; qu'on lise en effet une comédie jouée en Allemagne, il y a quelques années, avec grand succès : *le Stagiaire* (*der Probekandidat*). On se rendra compte, même en faisant la part de l'exagération scénique, que ces candidats au titre de professeur, dont on étudie les aptitudes pédagogiques pendant une année d'épreuves, sont dans la main du directeur : un rapport défavorable de ce personnage peut, sinon leur fermer à jamais la carrière à laquelle ils se sont dès longtemps préparés, pour laquelle ils sont scientifiquement prêts, du moins y retarder leur entrée. Il n'en est pas de même pour les professeurs titulaires : sauf exception, leur avancement est automatique, tous les trois ou cinq ans; il faut des circonstances particulièrement graves pour qu'il soit retardé ou supprimé; je ne sais pas si le cas se produit une fois sur mille. C'est là une conquête dont nos collègues allemands et autrichiens ne sont pas médiocrement fiers : cette règle évite les blessures d'amour-propre, les froissements et les rancunes, et supprime complètement ou à peu près la cour faite aux chefs, le sacrifice aux idées du chef, en un mot tous les avilissements du caractère, si petits soient-ils.

Mais les directeurs n'en possèdent pas moins une autorité considérable et réelle, sans compter qu'ils ne sont pas, comme en France, pris entre le marteau du recteur et l'enclume des familles. Leur situation matérielle correspond-elle à leur rôle social? Pas toujours. A Berlin, les directeurs débutent à 6,000 marks (environ 7,500 francs) et vont jusqu'à 7,200 marks (environ 9,000 francs); les augmentations sont de 600 marks tous les trois ans. Dans toutes les autres villes prussiennes, ils sont moins payés. Un directeur bavarois débute à 7,200 marks (environ 9,000 francs) et, au bout de seize ans, atteint 9,000 marks (12,000 fr.);

s'il est logé, on lui retient une somme relativement faible. Les directeurs saxons sont encore mieux traités : ils vont de 6,600 à 9,300 marks ; ils obtiennent le maximum en douze ans. Il faut ajouter, en Prusse et en Saxe, le logement ou une indemnité qui, en Prusse, va jusqu'à 1,500 marks, mais, en Saxe, est sensiblement moins élevée. En Autriche, un directeur reçoit simplement son traitement de professeur, plus une indemnité de 1,000 couronnes (environ 1,050 francs). Il n'est pas toujours logé, et, dans ce cas, son indemnité de logement ne lui permet pas, surtout dans les grandes villes, d'avoir un appartement convenable à son rang et voisin de son établissement. A ce point de vue, les directeurs autrichiens de gymnases ou d'écoles réales sont moins bien traités que les directeurs des écoles de commerce (*Gewerbeschulen*), dont l'indemnité de fonctions est plus forte de 600 couronnes (environ 630 francs), quoique leurs titres universitaires soient souvent très inférieurs. Pour la retraite, ils sont régis par les mêmes lois que les professeurs[1] ; mais comme, dans la hiérarchie, ils appartiennent à la septième classe des fonctionnaires, et, après 25 ans de service au moins, à la sixième, leur veuve reçoit, suivant la classe, une pension de 1,800 ou de 2,400 couronnes (environ 1,900 et 2,500 francs), plus un cinquième par enfant, sans que le chiffre alloué pour les enfants puisse dépasser celui de la pension même.

En résumé, situation matérielle plus favorable en Allemagne qu'en Autriche, situation hiérarchique et sociale assez élevée, autorité considérable, mais fonctions très absorbantes, qui exigent un travail de bureau assidu et chargent les titulaires d'une lourde responsabilité, ainsi pourrait-on résumer ce que nous venons d'exposer. Cependant les professeurs, à ce qu'il me semble, auraient plus de motifs de plainte.

1. *Cf.* p. 80-81.

CHAPITRE III

LES PROFESSEURS

En ce qui touche la situation des professeurs dans un pays quelconque, il faut bien distinguer les règlements et la réalité; ils diffèrent profondément. C'est la réalité que j'ai voulu essayer de peindre. Pendant mes voyages en Allemagne et en Autriche, j'étais, cela va sans dire, en relations constantes avec mes collègues, et en relations amicales plutôt qu'officielles : j'étais presque toujours attendu à la gare par un ou plusieurs d'entre eux; ils me servaient de *cicerone* à travers la ville, me tenaient souvent compagnie durant mes repas, lorsqu'ils ne me faisaient pas l'honneur de m'inviter à la table de famille. Quand la chaleur de juin donnait vacance à partir de onze heures, nous remplacions les classes par des entretiens *gemütlich* dans quelque « cave » bien fraîche. Plus d'une fois, le soir, les Néophilologues, auxquels se joignaient souvent un certain nombre de leurs collègues, m'offraient le plaisir de passer la soirée en leur compagnie. Naturellement, la conversation portait souvent sur les choses du métier : on m'interrogeait sur la situation matérielle et morale des professeurs de l'enseignement secondaire en France; de mon côté, je ne laissais pas que de questionner sur leur vie et leurs obligations les maîtres distingués qui m'entouraient. C'est l'écho de ces conversations que l'on trouvera dans maint passage de ce chapitre. Je me suis efforcé d'y tracer un tableau d'ensemble; toutefois, je dois rappeler derechef qu'il y a, en Allemagne, vingt-sept administrations différentes de l'instruction publique, et que, par suite, il peut y avoir quelques différences de détail, mais assez légères, entre les institutions des divers Etats; j'ai souvent dû en faire abstraction, sous peine de me perdre dans les particularités.

A. — Recrutement et formation.

Pour devenir professeur de lycée en France, on connaît la marche normale : licence, diplôme d'études supérieures, puis agrégation, immédiatement suivie de la nomination. Rien de semblable en Allemagne. Pas de concours; un examen, l'examen d'Etat (*Staatsprüfung*), plus exactement examen donnant le droit d'enseigner (*examen pro facultate docendi*). Au lieu d'un jury unique pour la France, autant de jurys que d'Universités. Au lieu d'être interrogés par des inspecteurs généraux, des recteurs, des professeurs d'université et des professeurs de lycée, les futurs professeurs, en Allemagne et en Autriche, passent devant des commissions composées exclusivement ou presque exclusivement de membres de l'enseignement supérieur. L'examen est donc purement scientifique, d'autant que les professeurs allemands ou autrichiens des facultés de philosophie (lettres ou sciences) ont très rarement passé eux-mêmes par l'enseignement secondaire.

Le futur professeur allemand ou autrichien étudie donc à l'Université, dans une seule Université si les règlements le lui imposent, dans plusieurs s'il est libre de suivre ses goûts. Il écoute les leçons publiques, et, dans les séminaires, s'habitue au travail scientifique. Au bout d'un temps minimum qui varie de six à huit semestres, suivant les Etats, il se présente directement à l'examen d'Etat. Une fois sur deux, il a commencé par prendre le grade de docteur, moins difficile.

Il y a là un régime très différent du nôtre. A la place de nos agrégations rigides, un certain nombre de combinaisons; en Allemagne, les plus fréquentes sont :

Histoire et géographie;
Latin et grec;
Français et anglais ou latin;
Religion et hébreu ou grec;
Mathématiques et physique;
Chimie et histoire naturelle.

A côté de ces matières, que le candidat peut enseigner dans toute la série des classes, il lui sera loisible de passer l'examen pour avoir le droit d'enseigner telle ou telle langue, telle ou telle science, dans une partie des classes seulement.

En Autriche, les combinaisons adoptées sont :

Latin et grec comme matières principales, et, comme matière accessoire, une des langues servant à donner l'enseignement (allemand, tchèque, ruthène, etc.);

Comme matière principale, une des langues servant à donner l'enseignement, et, comme matières accessoires, le grec et le latin;

Histoire et géographie comme matières principales;

Mathématiques et physique comme matières principales;

Histoire naturelle comme matière principale, mathématiques et physique comme matières accessoires;

Philosophie et grec comme matières principales, latin comme matière accessoire;

Philosophie et mathématiques comme matières principales, physique comme matière accessoire.

Il y a encore pour les maîtres des écoles réales trois autres combinaisons, dont deux nous intéressent surtout : une langue vivante et l'allemand comme matières principales; l'anglais comme matière principale, avec le français et l'allemand comme matières accessoires.

Ce n'est pas tout : l'examen montre que le candidat est capable d'enseigner les matières sur lesquelles les épreuves ont porté; il ne l'empêche pas d'en enseigner d'autres. Les aptitudes ultérieurement révélées, les circonstances, les besoins du service, peuvent autoriser le directeur à charger un maître d'enseignements pour lesquels il n'a pas subi l'examen. C'est un cas assez fréquent dans les gymnases : un professeur de latin et de grec, un *Altphilolog*, n'a pas son maximum de service; qui sait le latin sait le français, qui vient du latin (je rapporte l'opinion des *Altphilologen*); le directeur charge l'Altphilolog de deux ou trois heures de français, et tout est dit. Ainsi s'expliquent les services vraiment « panachés » de certains professeurs : dans tel gymnase de Vienne, l'un des maîtres enseigne le latin dans deux classes, le grec dans une autre, et... la calligraphie dans deux autres encore; dans un réalgymnase d'une petite principauté allemande, le même professeur est chargé d'initier les élèves aux mathématiques, aux sciences naturelles et à la géographie; M. F., dans un gymnase du Brandebourg, donne des leçons de grec, de latin, de religion et de gymnastique; son collègue M. B., des leçons de français, de géographie et de religion; dans un réalgymnase de la même ville, son collègue L. cumule le français, l'anglais, l'allemand et la géographie!

Ce rapprochement de matières sans lien apparent risque de nous sembler parfois un peu étrange; les épreuves des examens nous surprennent aussi. Dans presque tous les Etats allemands ils comprennent deux parties, partie générale (*allgemeine Prüfung*), partie spéciale (*Fachprüfung*). La partie générale comprend la formation philosophique et pédagogique, indispensable à tous les maîtres de l'enseignement secondaire, la connaissance de la littérature allemande, et, dans certains Etats, la religion : un travail écrit des candidats, fait par eux à loisir, dans un délai de six à trente semaines, et des épreuves orales témoignent qu'ils possèdent ces notions. L'Autriche attache la même importance à la culture générale, notamment à la connaissance de l'allemand, langue véhiculaire; elle n'en fait pas l'objet d'une épreuve à part. Pour la partie spéciale, nous trouvons un second travail écrit, fait dans les mêmes conditions que le premier, et permettant au candidat de donner toute sa mesure sur la spécialité choisie par lui; il s'y ajoute généralement des compositions écrites analogues aux nôtres, plus une ou deux séries d'épreuves orales, le tout durant plus longtemps encore que notre agrégation.

L'examen d'État subi avec succès commence le stage pédagogique, fait dans certains établissements par les candidats répartis en groupes. Il dure un ou deux ans, un an en Autriche, deux en Prusse. Il comprend toujours deux parties, études théoriques, applications pratiques : elles sont nettement séparées en Prusse, où la première est l'objet de l'année d'école normale (*Seminarjahr*), la seconde étant réservée au stage ou année d'épreuve (*Probejahr*); elles sont un peu confondues en Autriche, d'autant que la disette de professeurs force le gouvernement à charger d'enseignements magistraux les candidats professeurs. Je n'insisterai pas sur la question, traitée en détail dans la *Pédagogie à l'école* de M. Chabot, et surtout dans l'ouvrage de M. Ch.-V. Langlois sur *la Préparation professionnelle à l'enseignement secondaire*.

Je voudrais seulement dire un mot des résultats de cette formation pédagogique. Il faut l'avouer : les jeunes professeurs allemands ou autrichiens possèdent, je crois, moins à fond que nos agrégés les matières qu'ils doivent enseigner; mais ils savent mieux les enseigner. Ils ont tous appris ce que c'est qu'une classe, ce que demande l'intelligence des élèves de tel ou tel âge, comment on fait apprendre plus vite ou retenir plus sûrement les formes ou les règles, de quelle manière, en rendant les classes intéressantes et vivantes, on supprime la nécessité de surveiller la discipline; ils connaissent les livres scolaires de leur spécialité et ont appris la manière de juger ceux qui paraissent. D'ailleurs l'art de tenir une classe en main et en haleine, nos jeunes collègues l'ont acquis moins dans le *Seminarjahr* que pendant le *Probejahr*[1]. Les Allemands eux-mêmes reconnaissent que les professeurs les mieux obéis ne sont pas ceux qui ont étudié la pédagogie avec le plus de soin, et l'enseignement secondaire français sait, pour son malheur, à quel point peut se tromper, lorsqu'il s'agit de passer à la pratique, un pédagogue éminent dans les discussions théoriques. Mais à écouter des classes faites par les meilleurs maîtres, à faire eux-mêmes devant les élèves des leçons dont l'on explique et corrige ensuite les erreurs de méthode, à examiner et à discuter des questions pédagogiques relatives à la manière d'enseigner telle ou telle matière, cela pendant six mois ou plus, les jeunes gens ne peuvent manquer d'acquérir une habileté que ne possèdent pas toujours, même maintenant, nos agrégés qui débutent.

Cette habileté, d'ailleurs, est relative. J'ai vu quelques classes allemandes ou autrichiennes où la discipline était relâchée, et qui se traînaient dans l'ennui. J'ai rencontré des professeurs, amis de leur tranquillité, qui, malgré toutes les leçons reçues, posaient la même question d'un bout à l'autre de tous les bancs, dussent-ils n'entendre la bonne réponse qu'à la fin de leur tournée : le temps passait ! Au surplus, pourquoi le directeur du *Theresiengymnasium*, à Münich, donnerait-il à ses maîtres débutants les conseils les plus sages et les plus pratiques, s'il n'avait reconnu la

1. En Allemagne, pour les Néophilologues, le stage se fait quelquefois en France, comme assistants.

nécessité de les leur faire entendre[1]? Aussi bien, l'un des pédagogues les plus avisés de tous les pays de langue allemande écrit-il : « Il y a encore des gymnases où jamais un ouvrage pédagogique n'est introduit dans la bibliothèque des maîtres, et où, à côté des nombreuses revues spéciales, l'on ne reçoit aucun journal pédagogique[2]. »

C'est que, pour le séminaire ou le stage, on n'envoie pas toujours les candidats dans les établissements où ils peuvent recevoir les meilleurs conseils : mille considérations interviennent, sur lesquelles je n'ai pas besoin d'insister. Puis, même dans les meilleurs *Séminaires*, je n'affirmerai pas que l'enseignement théorique de la pédagogie soit donné d'une manière vraiment intéressante[3]. Enfin le *Seminarjahr* comme

1. Ces conseils m'ont semblé pouvoir être si utiles aux jeunes professeurs, que j'ai cru devoir en donner ici la traduction, à peine résumée :

« 1. Que la tenue du maître, dans son costume, ses manières et sa démarche, soit de bonne compagnie et réservée.

« 2. Possède à la fois l'énergie et le calme, c'est-à-dire sois décidé à user de toute la hiérarchie des punitions scolaires, jusqu'à la plus sévère, mais ne te laisse jamais emporter par la colère et les mots injurieux.

« 3. Emploie la plaisanterie, rarement l'ironie, jamais le sarcasme blessant.

« 4. Au début de l'année, pas de discours-programme; ne pas commencer par écrire les noms des élèves et autres paperasses semblables; mais, après avoir marqué sur le livre de classe les noms des absents, se mettre aussitôt à l'enseignement.

« 5. Montre, surtout pendant les premières semaines, une sévérité continue.

« 6. Ne répète jamais, ou rarement, les réponses faites par les élèves.

« 7. Tiens toujours la classe entière sous tes regards.

« 8. Sois particulièrement économe de punitions et de blâme.

« 9. Ne te laisse jamais, durant les heures de classe, entraîner à des discussions avec tes élèves; renvoie-les après l'enseignement; ils t'exposeront alors leurs doutes seul à seul.

« 10. Garde-toi d'un enseignement ennuyeux. Le meilleur moyen de maintenir la discipline, c'est la variété raisonnable des exercices et la vivacité du maître. »

2. W. Münch, *op. cit.*, p. 94.

3. *Cf.* dans le *Zeitschrift f. die österr. Gymnasien*, 1904, p. 1034-1059, les vues justes et pénétrantes de M. Martinak, professeur de

le *Probejahr* n'ont, en somme, pas de sanction : il n'y a pour ainsi dire pas d'exemple de candidat professeur écarté des fonctions pour manque d'habileté pédagogique; d'ailleurs comment rejeter à une autre carrière un jeune homme de vingt-cinq ans au moins, qui vient d'étudier cinq ou six ans pour se rendre apte aux fonctions dont on lui refuserait l'entrée? Les meilleurs stagiaires obtiennent immédiatement une place définitive et reçoivent de meilleurs postes; les moins bons restent longtemps suppléants et sont envoyés dans de petits établissements de petites villes, mais ils arrivent aussi à les quitter. Donc, au point de vue pédagogique, les maîtres de l'enseignement secondaire allemand et autrichien sont, lorsqu'ils débutent, plus avancés que les nôtres; mais il m'a semblé que leur goût pour la pédagogie n'était pas très profond[1] et que la supériorité pédagogique sur nos agrégés disparaissait bientôt. Nous devrions d'ailleurs souhaiter qu'elle n'existât à aucun moment de la carrière!

B. — La situation matérielle des professeurs.

De même, au point de vue matériel, la situation des professeurs de l'enseignement secondaire allemand[2] et autrichien est, sous maints rapports, plus avantageuse que celle de nos collègues. On voudra bien, en lisant les pages suivantes, se souvenir que la capacité d'achat du mark (1 fr. 23) ou de la couronne (1 fr. 05) est à peu près celle du franc, sauf en Bavière, où, pour des villes d'importance égale, la vie est d'un quart meilleur marché qu'en France.

pédagogie à l'Université de Graz et ancien directeur de gymnase, sur la formation pédagogique des futurs professeurs.

1. J'ai pu constater moi-même que les cours de pédagogie des Universités allemandes et autrichiennes ne sont pas suivis aussi assidûment qu'on le croirait.

2. Pour l'Allemagne, je me borne aux Etats les plus importants, Prusse et Alsace-Lorraine, Bavière, Wurtemberg et Saxe.

Si l'on considère les traitements en eux-mêmes, on constate qu'ils ne sont guère supérieurs à ceux que touchent les professeurs de Paris; mais ils sont plus considérables que dans nos villes de province. Ils comprennent deux parties : l'une le traitement proprement dit, le même pour tous les professeurs de même ancienneté; l'autre une indemnité de logement, plus ou moins considérable selon le prix de la vie dans les différentes villes. La Bavière seule ne distingue pas ces deux portions. On voit immédiatement les avantages de ce système. Nos collègues allemands — pour l'Autriche, nous noterons qu'il en est autrement — restent longtemps dans la même ville, quelquefois pendant toute leur carrière; ils ne se bornent pas à passer, comme un météore en route vers la capitale, et qui, si j'ose ainsi parler, éblouit et scandalise un peu, pendant un an ou deux, ses élèves et leurs parents. Pourquoi souhaiteraient-ils la capitale, j'entends celle de leur Etat? Tout y est plus cher, et seule leur indemnité de logement serait augmentée; encore suffit-elle dans les villes petites ou moyennes, et est-elle insuffisante dans les grandes. Est-ce à cause des instruments de travail qu'elle fournit? C'est la raison qui pourrait déterminer nos collègues, car un assez grand nombre d'entre eux travaillent surtout pour les sociétés dont ils font partie et pour les revues spéciales. Mais les instruments de travail ne se trouvent pas tous réunis dans la capitale; souvent même ils sont ailleurs, dans des bibliothèques universitaires, qui sont très libérales pour le prêt. En Prusse, particulièrement, existe depuis 1897 une organisation très pratique qui facilite le travail scientifique même dans les plus petits endroits; qu'il suffise de savoir que, sans se déranger, les professeurs reçoivent leurs livres moyennant 25 centimes (20 pfennigs) par volume. Au surplus, en admettant que nos collègues souhaitent d'enseigner à Leipzig, à Stuttgart ou à Francfort-sur-le-Mein, rien ne les empêche d'y débuter d'emblée ou d'y être nommés directement après un séjour plus ou moins long dans un premier poste, l'administration allemande ne jugeant pas utile de faire passer ses professeurs par une hiérarchie, savamment établie, de villes de plus en plus importantes. Aussi, dès que nos collègues ont obtenu la résidence de leur choix, ce qui arrive généralement assez vite, s'y établissent-ils à demeure.

Le traitement de début qu'ils recevront, indemnité de logement comprise, sera :

En Autriche, de 3,400 à 4,000 couronnes ;

En Prusse (ou Alsace-Lorraine), de 3,200 à 3,900 marks ;

En Bavière, de 4,800 marks ;

En Saxe, de 3,700 à 4,080 marks ;

En Wurtemberg, de 4,000 à 4,400 marks.

Quant au traitement maximum, il sera :

En Autriche, de 7,000 à 7,800 couronnes ;

En Prusse (ou Alsace-Lorraine), de 7,600 à 8,100 marks ;

En Bavière, de 7,200 marks ;

En Saxe, de 7,500 à 7,700 marks ;

En Wurtemberg, de 5,800 à 6,200 marks.

Ce traitement maximum, on est sûr d'y arriver :

Après 24 ans de service en Autriche et en Wurtemberg ;

Après 21 ans de service en Prusse ;

— 18 — Saxe ;

— 15 — Bavière.

Il faut donc qu'un professeur ait débuté à un âge très avancé pour qu'il ne puisse espérer recevoir, jeune encore, le traitement maximum.

C'est dire aussi que nos collègues allemands ou autrichiens ne connaissent que l'avancement à l'ancienneté : sauf dans des cas très graves et exceptionnels, ils obtiennent des promotions tous les trois ans en

Allemagne, tous les cinq ans en Autriche. Nous l'avons noté : nos collègues sont très heureux de ce système, qui, mieux que tous les statuts de fonctionnaires, coupe court au favoritisme.

Mais, objectera-t-on, comment ré compenser les bons professeurs et punir les mauvais? Ce ne sont pas les moyens qui manquent en Allemagne ou en Autriche. Par exemple, les Allemands sont très friands de titres, comme il est naturel dans une nation hiérarchisée, d'autant que c'est par leur titre qu'on les désigne, eux et leurs femmes : en particulier les professeurs prussiens, par exemple, changent volontiers le titre d'*Oberlehrer*, par lequel ils sont désignés d'abord, contre celui de *Professor*, donné à tous les professeurs d'Université : or, cet avancement n'est pas accordé exclusivement à l'ancienneté. Des services éminents peuvent l'accélérer singulièrement. De même pour le titre de « Conseiller de quatrième classe » que reçoit une partie des *Professoren*. En outre, si les professeurs allemands demandent moins souvent que les nôtres à changer de résidence, il n'en est pas moins vrai qu'ils désirent souvent quitter la ville où le hasard des vacances les a fait débuter, surtout pour se rapprocher de leur famille. Enfin, les fonctions de directeur sont assez recherchées : c'est la réputation acquise comme professeur qui hâte plus ou moins la nomination souhaitée ou la retarde indéfiniment. En Prusse, par exemple, l'âge moyen, pour la nomination des directeurs, peut être fixé entre 40 et 45 ans ; mais il y a des directeurs de 31 ans, et d'autres qui ne l'ont été qu'à 50 ans. Certains n'ont revêtu ces fonctions qu'à 56 ou 57 ans, mais parce qu'ils tenaient à les exercer seulement dans telle ou telle ville déterminée ; on ne saurait donc citer leur exemple. J'ajoute que, *dans les cas désespérés*, le directeur tient aussi à sa disposition un instrument très efficace pour stimuler les professeurs trop indolents : c'est la répartition du ser vice, grâce à laquelle on peut, comme avertissement, prendre au professeur incriminé le plus de temps possible ou le charger des classes les moins intéressantes. Mais, outre que les tableaux de service sont soigneusement contrôlés et souvent modifiés, je connais trop l'attachement de nos collègues allemands à leur métier et leur souci de bien le faire, pour ne pas être en état d'affirmer que cette façon d'agir sur un maître a rarement lieu d'être appliquée.

En Autriche, on n'emploie pas la répartition du service comme moyen de punition : presque toujours les professeurs suivent leurs élèves, et c'est aux maîtres les plus âgés que l'on réserve la disposition la plus commode des heures de classe. Mais, tout comme en Allemagne, les fonctions de directeur sont recherchées, quoiqu'elles soient moins bien rétribuées qu'en Allemagne : naturellement, ce sont les meilleurs professeurs qui sont nommés. Puis, dans la hiérarchie autrichienne, les professeurs de l'enseignement secondaire appartiennent à trois classes différentes : ils débutent dans la neuvième, *peuvent* être nommés au bout de dix ans de service dans la huitième, et au bout de vingt ans de service dans la septième. Les bons services ne rendront pas cet avancement plus rapide, mais les mauvais le retarderont sensiblement. Or, les professeurs autrichiens désirent appartenir à une classe aussi élevée que possible : ce qui les guide, ce n'est pas le désir de porter des ornements plus riches sur l'uniforme, analogue à celui des officiers de marine, y compris l'épée, que revêtent en Autriche, dans les cérémonies officielles, les employés civils de l'Etat, des provinces ou des communes. Mais de la classe dépendent les frais de déplacement, et surtout, nous l'avons vu, la pension de la veuve et des orphelins[1]. Enfin, en Autriche comme en France, les

1. V. p. 65 et *cf.* p. 80.

professeurs ne débutent pas dans une grande ville. Le stage pédagogique terminé, on les envoie dans une ville minuscule, petite ou moyenne, selon leurs notes d'examen et surtout de stage. De là, ils passent dans une grande ville, plus ou moins vite, selon leur zèle et leur talent. Alors seulement ils sont nommés à Vienne, lorsqu'ils le désirent : la capitale, en effet, n'est pas aussi recherchée qu'en France; tout y est beaucoup plus cher, me disait-on; elle n'offre d'avantage appréciable que pour les études des enfants. Mais, si les professeurs autrichiens ne tiennent pas tous à être nommés à Vienne, tous, à de rares exceptions près, désirent ne pas rester longtemps dans une petite ville. Voici pourquoi : il est absolument défendu aux professeurs autrichiens de donner des leçons particulières aux élèves des établissements où ils enseignent, à moins que, dans l'endroit, il n'y ait personne qui soit capable de le faire, ce qui n'arrive jamais. Cette prescription est appliquée strictement : il y a peu d'années, à Vienne, deux professeurs ont été mis à la retraite d'office pour ne s'être pas conformés à la règle; leur directeur a partagé leur sort. Donc, pour que nos collègues autrichiens puissent compter sur des revenus accessoires, toujours appréciés, il faut qu'ils soient nommés dans une ville où il y ait soit un autre établissement d'enseignement secondaire, soit une école supérieure de jeunes filles.

On voit donc qu'en Allemagne et en Autriche, malgré ce système d'avancement à l'ancienneté, l'autorité du directeur est maintenue, le zèle des maîtres stimulé, en même temps que les rivalités, les compétitions et les jalousies sont supprimées... dans la mesure du possible.

*
* *

Mais le traitement ne forme qu'une partie de la situation matérielle. Supposons qu'un de nos collègues français reçoive de l'avancement. Il est déplacé : on l'envoie, par exemple, de Châteauroux à Orléans, soit 142 kilomètres environ. Pour un si court trajet, on ne lui accordera évidemment pas d'indemnité : ce sont ses économies qui payeront le double loyer qu'il aura forcément à sa charge pendant quelque temps, ainsi que le voyage de lui, de sa famille et de ses meubles. En Allemagne et en Autriche, théoriquement, le professeur ne reçoit rien, s'il a été déplacé sur sa demande ou par punition ; mais, dans la pratique, on ne donne suite à sa demande que si le service y trouve son intérêt; aussi reçoit-il toujours une indemnité, sauf le cas de punition. Cette indemnité varie suivant les pays. En Prusse, dans l'hypothèse concrète que nous envisageons, l'Etat aurait remboursé au professeur son loyer dans la ville dont il part, lui aurait payé jusqu'à neuf mois de location s'il avait eu un bail, et lui aurait alloué une forte indemnité s'il avait été propriétaire. En outre, notre collègue aurait touché environ 450 francs s'il avait été seul, et 850 s'il avait eu avec lui de la famille, c'est-à-dire « toute personne que l'on soutient pour un motif légal ou moral ». Dans le grand-duché de Bade, il recevrait, en un cas analogue, environ 360 ou 660 francs ; en Saxe, il aurait droit à une indemnité qui varie du dixième au cinquième du traitement, soit de 280 à 750 francs. Je rappelle que, pour les raisons exposées plus haut, les professeurs allemands changent de résidence bien moins souvent que nos collègues. En Autriche, avec de menues différences selon la classe des fonctionnaires à laquelle appartient le professeur, l'indemnité de déplacement est constituée par le prix du voyage et des bagages emportés en grande vitesse pour toutes les personnes de la famille, sans oublier les domestiques, plus un, deux ou trois mois de traitement, suivant que le bénéficiaire est garçon, est marié ou veuf, avec un ou deux enfants ou avec plus de deux enfants.

En outre, si un professeur tombe malade, il reçoit son traitement intégral plus longtemps qu'en France : sans limite de temps en Autriche, un an en Prusse et en Saxe, six mois seulement en Wurtemberg, et trois mois en Bavière. Mais, si la maladie se prolonge, il peut prendre sa retraite.

En effet, l'âge auquel les professeurs ont droit à leur retraite est fixé à 60 ans de service en Autriche, ailleurs à 65 ans; mais ceux que la maladie rend incapables de continuer leurs services peuvent prendre leur retraite au bout de 10 ans de service. Si la maladie a été contractée dans le service, ils peuvent, après 4 ans de service en Autriche, après 5 en Bavière, obtenir la même retraite qu'à 10 ans. Les pensions sont réglées ainsi qu'il suit :

	Après 10 ans.	25 ans.	40 ans.	Maximum.	
Autriche[1]	40 %	75 %	100 %	100 %	du traitement.
Prusse et Alsace-Lorraine.	25 —	50 —	75 —	75 —	
Bavière	35 —	60 —	75 —	75 —	
Saxe	30 —	51 —	80 —	80 —	
Wurtemberg	40 —	67,5 —	85 —	6 000 marks.	

Les veuves sont également mieux traitées qu'en France. Pour qu'elles aient droit à la retraite, il suffit que le mari soit mort dans ou après la 10e année de service[2]. Elles reçoivent en outre, pour les frais de funérailles, etc., en Wurtemberg et en Saxe deux mois du traitement ou de la retraite du mari, ailleurs un trimestre entier[3]. A la veuve d'un professeur retraité

1. On ne fait entrer en ligne de compte qu'une partie (un tiers environ) de l'indemnité de logement.

2. Même si le mari meurt avant ce terme, la veuve reçoit, sur simple demande, la pension minimum à laquelle elle aurait eu droit.

3. Je laisse de côté les rares cas, prévus par la loi, où la différence d'âge entre les deux conjoints est très grande et entraîne une réduction de la retraite. Dans les mariages *in extremis*, la veuve n'a droit à aucune retraite.

la Bavière ne donne pas ces 3 mois d'indemnité, et le Wurtemberg n'accorde qu'un mois. La veuve reçoit en outre, annuellement :

En Autriche, 1,200, 1,400 ou 1,800 couronnes, suivant la classe de fonctionnaire à laquelle appartenait le défunt;

En Prusse et en Bavière, 40 p. 100 de la pension à laquelle son mari défunt avait droit ou aurait eu droit;

En Saxe, 33 p. 100 de ladite pension;

En Wurtemberg, 60 p. 100 de ladite pension.

De plus, chaque orphelin, d'habitude jusqu'à dix-huit ans seulement, reçoit un cinquième de la pension de la mère, si celle-ci vit encore, et ordinairement un tiers de la pension de la mère, si les enfants sont tout à fait orphelins.

Pour tous ces avantages, quels versements exige-t-on des professeurs? En Prusse, en Bavière, en Saxe, en Wurtemberg, rien; en Autriche, pas tout à fait 4 p. 100 et un trimestre du premier traitement, comme de toutes les augmentations; encore, durant la période où le fontionnaire subit la retenue pour une augmentation, le versement pour le reste est-il réduit à 0,8 p. 100.

*
* *

Mais ces avantages, très réels et très précieux, sont compensés, sur d'autres points, par des infériorités. Il n'y a pas, en Allemagne et en Autriche, de concours analogue à notre agrégation, qui donne droit, sauf exception, à une place et à un traitement déterminés. Ce qui, chez nous, compense les hasards du concours, c'est que, sans l'agrégation, on peut tout de même être professeur; au contraire, en Allemagne et en Autriche, on ne saurait être pourvu d'un poste sans avoir passé l'examen d'Etat; d'où l'impossibilité d'en faire un concours, si tant est que l'on y ait songé.

L'examen a, sur le concours, certains avantages : il n'a pas que des avantages. Comme il n'existe pas de limites au nombre des candidats admis à l'examen *pro facultate docendi*, ceux-ci peuvent avoir à attendre une place durant un laps de temps qui varie suivant la note[1] obtenue à l'examen, les matières enseignées et les époques. Jusqu'en 1890, on était titularisé vers 28 ans, rarement au delà de 30 ans, presque jamais après 32 ans. Dans la période suivante, de 1891 à 1900, l'âge moyen s'est élevé à 32 ans ; les plus jeunes professeurs avaient débuté à 25 ans, les plus âgés à 44. Depuis lors, la demande s'est très sensiblement rapprochée de l'offre, sauf pour les professeurs de religion et d'hébreu. C'est dire que nos collègues sont titularisés à l'âge minimum. Mais cet âge est raisonnable. En Allemagne, on sort du lycée à 19 ans et demi. Il faut ajouter dix semestres d'étude en moyenne[2], un an de volontariat, un an de séminaire, un an de stage, ce qui met la titularisation à 27 ans et demi au plus tôt, à 26 ans et demi si le jeune homme a été refusé au service. En Autriche, où le séminaire et le stage ne durent qu'un an au lieu de deux, la titularisation pourrait se placer à 26 ans; mais, avant d'être professeur titulaire, il faut commencer par être suppléant (*Supplent*) et professeur à titre provisoire (*Provisorischer*). Ce n'est certainement pas exagérer que de placer à 28 ans en moyenne, dans les deux pays, l'âge minimum où les jeunes professeurs touchent le traitement normal. En Autriche, comme suppléants, ils reçoivent annuellement 100 ou 120 couronnes

1. Presque toujours les candidats sont rangés en trois catégories, suivant qu'ils passent *d'une manière suffisante, bien, avec distinction*.

2. Le gouvernement compte un peu moins de huit semestres. Schroder, dont les brochures ont tant contribué à améliorer la situation matérielle des professeurs de l'enseignement secondaire allemand, porte ce chiffre à treize; j'ai trouvé ce nombre chez d'autres auteurs.

par heure donnée, suivant les matières enseignées; comme professeurs à titre provisoire, ils ne touchent que 400 couronnes de moins que les professeurs à titre définitif. Mais l'année de volontariat coûte cher, de 2,400 couronnes dans l'infanterie, au double dans la cavalerie. A l'Université, si les étudiants pauvres sont aisément dispensés des frais d'étude, et trouvent des pensions sinon gratuites, du moins à des prix exceptionnels de bon marché, ils ont très rarement des subsides analogues à nos bourses de licence et d'agrégation, et encore beaucoup plus faibles. Durant l'année de séminaire et de stage, à peine quelques heures d'enseignement au tarif des suppléants. Pas de répétitorat pour donner la pâture! Les leçons sont rares et mal payées (3 francs en moyenne). La situation est encore plus sombre en Allemagne, où la dispense des frais d'étude est accordée moins facilement, où les études sont d'une année plus longues, où les candidats professsseurs, durant le stage, sont moins rarement chargés d'un enseignement; encore est-il rémunéré d'une façon dérisoire.

Une fois « installés », titulaires, comme nous dirions, peuvent-ils espérer des revenus accessoires? Les heures supplémentaires sont très rares; elles ne peuvent être imposées aux professeurs; d'ailleurs elles sont aussi mal rétribuées qu'en France, *au maximum* 120 marks (environ 150 francs) par heure et par an. Les leçons particulières sont moins bien payées qu'en France — un professeur allemand ou autrichien s'estime heureux de recevoir par heure l'équivalent de 6 francs! — et encore plus rares : il y a trop de candidats professeurs, munis de tous leurs titres universitaires, occupés au séminaire ou au stage, et disposés à recevoir pour leurs répétitions une rémunération modique; les élèves des grandes classes donnent des leçons à leurs camarades au tarif de 1 franc ou 1 fr. 25 l'heure; enfin, qu'on n'oublie pas la mesure draconienne dont j'ai parlé tout à l'heure à propos de l'Autriche! Ce qui est plus réel, c'est le produit des élèves étrangers à la ville, que tout professeur, s'il le désire, trouve à prendre en pension, soit complètement, soit pour la journée : encore le bénéfice ne s'élève-t-il pas à 200 francs par an et par pensionnaire! D'ailleurs, en Autriche, la défense portée pour les leçons s'applique également aux pensionnaires. Il est vrai que, dans ce pays, s'offre une compensation : les écoles supérieures de jeunes filles ont rarement un corps enseignant masculin exclusivement à elles et empruntent, pour la direction ou l'enseignement, des professeurs d'autres écoles de la ville. En Allemagne, un certain nombre sont employés dans les écoles privées de jeunes filles; mais ces écoles sont assez peu nombreuses, et chacune d'elles n'emploie que deux ou trois « agrégés ». Donc, en somme, peu de moyens, pour nos collègues, d'augmenter leur traitement. D'ailleurs, la plupart des professeurs, dans les deux pays, refusent par principe les leçons particulières et les pensionnaires; ils y sont encouragés par les autorités universitaires; mais pour ceux qui ont besoin de revenus accessoires autres que ceux-là, il y a plus de ressources en Autriche.

Le service y est aussi moins pénible; la moyenne est 18 heures par semaine. Si des collègues sont absents pour quelques heures seulement, la suppléance est assurée par le directeur; si l'absence ou la maladie doit durer longtemps, on fait appel à un suppléant; de toute façon, à leur service normal, les professeurs autrichiens, comme service supplémentaire et gratuit, n'ajoutent guère en moyenne qu'une heure par semaine. Il n'en est pas de même en Allemagne. Là, nos collègues doivent à l'Etat, sans rétribution supplémentaire, un nombre d'heures qui varie suivant les pays, mais qui n'est jamais inférieur à 18, dépasse même 20 dans tous les Etats, sauf en Bavière (dans les hautes classes seulement), et s'élève à 24 en Prusse, en Saxe et en Wurtemberg, pour les professeurs qui débutent; naturellement, il s'agit des professeurs qui correspondent à nos agrégés; aux autres on demande jusqu'à 30 heures. Nous voilà loin des 8 heures de service attribuées au professeur de première supérieure de Paris, où des seize heures des professeurs de grammaire en province. D'ailleurs tous les professeurs n'ont pas leur maximum de service. J'ai fait une statistique qui porte sur quatorze établissements allemands de tout genre et de différents Etats. Il en résulte que, sur 100 professeurs, 4 seulement ont 24 heures de classe (2 dépassent ce chiffre et sont payés pour les heures supplémentaires), 10 sont chargés de 23 heures, 20 de 22 heures, 29 de 21 heures, et 17 de 20 heures; il y en a 20 qui ne sont obligés qu'à 19 heures; 9 ont le minimum de 18 heures; il y en a même 1 qui n'en fait que 17. On peut poser en principe que le nombre d'heures de service est d'autant plus faible que le professeur est plus âgé.

Si l'on s'en tient à ces chiffres, on estimera que nos collègues allemands n'ont pas tant à se plaindre, et que beaucoup de professeurs français, accablés sous le poids d'heures supplémentaires, payées d'après un tarif dérisoire, ont autant, sinon plus de besogne. En rester à cette conclusion serait une erreur grossière, parce qu'il est un élément dont on ne tient pas compte en la formulant. Si le traitement en Allemagne est sensiblement plus élevé que chez nous, c'est d'abord que, le maximum des heures exigées étant plus grand, on a besoin d'un moins grand nombre de professeurs; c'est aussi qu'on a réduit ce nombre autant que possible. En Prusse, dans un lycée de 200 élèves, le corps enseignant, professeurs titulaires et auxiliaires, comprend en moyenne[1] 10 personnes, abstraction faite

1. Le nombre des professeurs dépend du nombre des classes et

du directeur; ce chiffre monte à 14 pour 300 élèves, 17 pour 400, 21 pour 500, 24 pour 600; peu d'établissements dépassent cet effectif. Si l'on poursuivait la proportion, on trouverait que, pour un lycée comme Condorcet, les Allemands se contenteraient de 70 professeurs, un peu moins des trois quarts de ce qu'il y a chez nous. Ce n'est pas tout : il n'existe pas de maîtres d'études, puisqu'on peut dire qu'il n'y a pas d'internes[1]. Or il y a des professeurs malades, sans être en congé; d'autres s'absentent pour prendre part à un congrès, pour siéger dans une commission d'études ou d'examen, pour faire un voyage à l'étranger, en France ou en Angleterre, si l'on est néophilologue, en Italie quand on enseigne les langues anciennes; enfin, beaucoup de professeurs sont officiers de réserve[2] : ils sont convoqués tous les deux ans pour une période d'exercices de huit semaines qui coïncide rarement avec les vacances, et qui, dans la plus grande partie de l'Allemagne, ne peut coïncider complètement avec elles, puisqu'elles ne dépassent cinq semaines que dans l'Allemagne du Sud. Pendant toutes ces absences, il faut suppléer le professeur; il faut que sa classe se fasse. C'est le directeur et ses collègues qui se partagent la besogne, suivant leurs spécialités et leurs aptitudes, et il arrive que certains professeurs aient, par semaine, jusqu'à 29 heures de service[3].

de la nature de l'établissement; il y a plus de professeurs dans les gymnases.

1. Je ne puis guère citer, en toute sûreté, que le cas des deux internats de Saxe (Meissen et Grimma) et du gymnase d'Iéna, l'un des établissements les plus remarquablement dirigés qu'il m'ait été donné de visiter.

2. Les titres qu'ils portent en cette qualité sont presque toujours indiqués sur les programmes.

3. Quand il n'y a pas assez de professeurs capables de faire les suppléances, ce qui est le cas pour les petits établissements, les autres professeurs apprennent pour la circonstance ce qu'ils doivent enseigner, ou bien l'on prend comme auxiliaires ce que l'on trouve sous la main, et l'on s'adresse parfois à de jeunes étudiants. Le cas

Pour cette tâche supplémentaire, ils ne sont pas sûrs de recevoir une rétribution ; c'est même la règle quand le remplacement ne dépasse pas un mois en Wurtemberg, six semaines en Prusse et en Saxe, deux mois en Bavière ; encore, en Wurtemberg, pour avoir droit à une rémunération, les professeurs doivent-ils avoir donné plus de 10 heures supplémentaires : le tarif, par heure, est de 2 à 3 marks. Or, dans tel établissement de Saxe qui compte 12 professeurs, y compris le directeur, la moyenne des suppléances à assurer est de 250 jours par an; en 1904-1905, le chiffre s'est élevé à 375! C'est d'ailleurs un maximum.

Mais ce n'est pas du nombre d'heures de classe que les professeurs allemands ou autrichiens se plaignent uniquement ou surtout; ils réclament aussi, plus ou moins énergiquement, suivant les Etats, contre le fardeau de corrections qui leur est imposé et qui, disent-ils, les surmène (*Ueberbürdung*). Il est de fait qu'ils doivent corriger *tous* les cahiers de leurs élèves : je dis « cahiers », parce que les devoirs ne sont pas écrits sur des feuilles volantes qui s'égarent facilement, si l'élève n'est pas soigneux; ils sont copiés à la suite sur des cahiers réservés à chaque matière. Le fardeau des corrections est-il aussi accablant que le disent nos collègues allemands? D'abord, pour la répartition du service, on tient compte, parfois, du nombre de devoirs que le professeur devra corriger. Puis il n'y a pas de compositions à classer et pas de prix; ainsi sont évités les ennuis et les scrupules d'une correction minutieuse, que l'on recommence deux ou trois fois pour certaines copies; ainsi est évitée la corvée des paperasses qu'il faut remplir en vue des prix (feuilles de place, feuilles de prix, calcul des points, etc.). Enfin, je crois qu'il y a là, comme souvent, une question d'espèces. Voici, par exemple, un

n'est pas le même pour l'Autriche, où il y a de nombreux professeurs auxiliaires.

professeur de première inférieure, dans un petit établissement. Il a dans cette classe six heures de latin et cinq de grec; il fait, en outre, deux heures de latin et deux de grec en première supérieure, et trois d'allemand en seconde supérieure. En première supérieure, ce n'est pas lui qui donnera les devoirs; dans sa classe, il fait faire, année moyenne, trois devoirs latins par mois, et un devoir grec tous les quinze jours. En seconde, il proposera à ses élèves un devoir allemand par mois. Comme, dans le lycée où j'ai pris cet exemple, il y a 29 élèves en première inférieure et 25 en seconde supérieure, le professeur en question aura, *chaque mois*, à corriger 25 dissertations allemandes, 87 thèmes et versions latines, 58 thèmes et versions grecques. Un professeur de première français corrige tous les devoirs : il donne la plupart du temps, chaque semaine, une composition française, au moins une version latine, un autre devoir latin tous les quinze jours, et une version grecque en A toutes les semaines. Que la classe ait seulement 20 élèves (ce qui est peu), dont 5 en A, notre collègue aura corrigé à la fin du mois 80 dissertations françaises, 120 devoirs latins et 20 versions grecques. Et, avec cela, il est souvent chargé d'un autre enseignement! Et on le rend responsable du succès de ses élèves au baccalauréat! Soit maintenant un professeur allemand de quatrième. Il a dans sa classe (35 élèves) trois heures d'allemand, sept de latin, quatre d'histoire et de géographie. Il est, en outre, chargé de deux heures de français en première supérieure (25 élèves), de trois heures d'allemand et d'autant de français en seconde inférieure (28 élèves). Sans refaire les calculs de tout à l'heure, il a, par mois plein, à corriger 63 dissertations allemandes, 140 devoirs latins et 81 devoirs français, dont 25 dissertations. Dans une quatrième française de même importance, répartie moitié en A, moitié en B, le professeur corrigera par mois 35 narrations françaises et 180 autres devoirs français ou latins, sans compter les exercices grecs; il ne verra que 24 narrations et 120 autres devoirs, si, plus âgé et mieux averti, il se contente de lire, la plume à la main, les deux tiers des copies[1]. Bien que notre collègue français ait généralement quelques heures dans une autre classe, l'avantage est, ici, de son côté. Je crois que les plus à plaindre, en Allemagne, sont les professeurs de langues vivantes. Dans les gymnases de Saxe, où ils sont, je crois, le moins chargés, le nombre des devoirs à corriger chaque mois est, d'après mes calculs, de 225 environ, dont une certaine quantité de narrations. L'on devine le nombre de fautes à relever! Nos collègues allemands ont donc, semble-t-il, un peu plus de devoirs à corriger que les professeurs français, parce que les classes ont des effectifs plus forts. Les professeurs autrichiens sont mieux partagés, les devoirs écrits étant très peu nombreux en Autriche[2].

Ce qui prend à nos collègues autrichiens et allemands presque autant d'heures que la correction des devoirs, c'est la besogne accessoire, réunions pour les notes à donner aux élèves, pour les certificats, pour le passage d'une classe à une autre, pour recevoir des conseils du directeur ou discuter des questions pédagogiques, et surtout la paperasserie sans fin. Voici un spécimen de ce qu'on arrive à réclamer d'eux. A certaines dates fixes, les professeurs ont à fournir des notes ou des appréciations, soit sur l'ensemble de la classe, soit sur les différents élèves; que doivent-ils y faire entrer? C'est ce que précisent différentes circulaires. En ce qui touche l'ensemble de la classe, les renseignements à donner tous les trois mois portent, d'abord, sur le nombre des élèves, sur les arrivées et

1. Je crois pouvoir considérer comme des exceptions les professeurs français dont parle M. Hartmann (*Reiseeindrücke*, p. 169), et qui corrigeaient l'un 6, l'autre seulement 3 devoirs par série.

2. *Cf.* p. 149.

les départs depuis le commencement de l'année, le nombre des élèves qui redoublent ou qui ont dépassé l'âge normal, la santé de la classe, etc. On indique ensuite comment se conduit la classe, si elle travaille avec zèle et assiduité; on signale les élèves particulièrement faibles, et, inversement, ceux dont les notes sont excellentes; enfin on déclare si, en somme, la classe se décèle comme très bonne, bonne ou faible, dans son état actuel ou dans sa préparation antérieure. Suit un classement des élèves, en catégories (très bons, bons, suffisants, au-dessous du niveau), d'après leur travail et leurs progrès dans toutes les branches de l'enseignement. Comme conclusion, les élèves de la classe se révèlent-ils comme particulièrement faibles en telle ou telle matière? On le voit : rien n'est omis; le directeur est tenu parfaitement au courant de l'histoire et de la vie de cette individualité qu'on appelle la classe; son attention est particulièrement appelée sur ce qui laisse à désirer; il peut essayer d'y porter remède. Il connaît encore mieux les élèves.

Trois fois par an, à Noël, à Pâques et au mois de juillet, on remplit, sur chacun d'eux, des imprimés analogues à nos bulletins trimestriels. Les deux premiers contiennent simplement une courte remarque sur la conduite et l'application de l'enfant, ainsi qu'une note représentant les progrès en chaque matière. Le dernier renferme un jugement général sur sa conduite, son application, ses dispositions et ses progrès dans les différentes branches : il indique en outre si l'élève est en état de passer dans la classe supérieure. De plus, quelquefois, à la fin de l'année scolaire, les maîtres doivent rédiger, pour chaque élève, un jugement plus complet et plus approfondi, fondé sur les observations faites pendant l'année entière : ces notes sont à la disposition du seul corps enseignant; les parents n'en ont connaissance que dans certains cas. Il est impossible de rien imaginer de plus complet et de plus utile, mais aussi de plus délicat et de plus long[1].

Tous les directeurs ne demandent pas absolument tous ces détails. Mais, d'une façon générale, l'on peut dire que les collègues autrichiens de l'enseignement secondaire ne sont pas mieux partagés que les nôtres au point de vue du temps pris par le service, tandis que les professeurs allemands sont beaucoup plus chargés. Les traitements sont supérieurs aux nôtres, si l'on arrive plus tard à les toucher. Pour les frais de

1. I. — QUALITÉS ET DÉFAUTS DE L'ENFANT.

1. L'esprit.

a) Intelligence (étendue et vivacité), jugement, mémoire, don d'imitation.
b) Sentimentalité (*Gemüt*).
c) Fantaisie, imagination (dons d'artiste).
d) Tempérament, conduite, manières (qualités et défauts).
e) Mauvaises habitudes.

2. Le corps.

a) Hérédité de l'enfant : y a-t-il des fous dans la famille?
b) Maladies de l'enfant et leurs suites. — A quel point de la croissance est-il arrivé? Influence sur son travail.
c) Défauts et qualités physiques : myope, presbyte, dur d'oreille, bègue, parle du nez, anémique, neurasthénique, etc. — Adresse au gymnase, dans les autres sports, etc.

3. Usage que fait l'élève de ses qualités et de ses défauts.

Négligé, intermittent, dans toutes les facultés ou dans une seule? Son application vient-elle de l'amour du travail, du sentiment du devoir, de l'intérêt pour l'étude, de la crainte des punitions, de l'affection pour le maître, de l'amour-propre, de la jalousie? Préférences pour certains exercices.

II. — INFLUENCES QUI SE SONT EXERCÉES OU S'EXERCENT SUR L'ENFANT.

a) Rapports entre l'école et les parents de l'enfant. Son domicile est-il loin de l'école? Ses parents.
b) Education donnée par les parents, bonne ou mauvaise? L'enfant est-il gâté? Prend-il part à des fêtes ou à des bals? Est-il durement traité (coups, etc.)? Sent-on, dans la façon dont il est élevé, l'absence d'une direction masculine?
c) Malheurs dans la famille (maladie ou mort des parents).

III. — EFFETS DES PUNITIONS.

IV. — JUGEMENT GÉNÉRAL SUR L'ENFANT.

déplacement et les retraites, une comparaison serait toute à notre désavantage. En toute impartialité, avantages et infériorités de notre côté ne me semblent pas se compenser; la balance penche du côté de l'Allemagne et de l'Autriche.

C. — La situation morale.

En est-il de même pour la situation morale? C'est une question qu'il est assez délicat de trancher; je me risquerai cependant à l'essayer, parce qu'elle est encore plus intéressante que la première, je veux dire moins connue et plus féconde en comparaisons instructives.

Dans ses fonctions, le professeur a autorité sur ses élèves. Il est en rapport avec des égaux, ses collègues. Il a au-dessus de lui d'abord son directeur, puis, à l'étage supérieur, des recteurs-inspecteurs généraux qui portent des noms différents, *Schulräte*[1] en Prusse, *Landesschulinspektoren* en Autriche, mais offrent ce caractère commun de résider au chef-lieu de chaque province; enfin, tout en haut, siège le ministre assisté de conseillers, dont bon nombre, surtout en Autriche, n'ont pas appartenu au corps enseignant. Les relations des professeurs avec les autorités supérieures sont assez rares; de plus, on le devine, il est particulièrement délicat de chercher à les connaître, et plus difficile encore d'y réussir. J'ai eu cependant l'impression que nos collègues allemands, malgré les constitutions monarchiques des pays auxquels ils appartiennent, avaient plus d'indépendance vis-à-vis du pouvoir central que nous en république. Un de nos collègues, me racontait le professeur Hartmann, disait, à ce propos, des professeurs allemands, qu'ils forment « une

1. En Prusse, ils forment un conseil (le *Provinzial-Schulkollegium*) dans lequel siège aussi le gouverneur de la province (*Oberpräsident*), et, souvent, d'autres personnages importants.

république dans une monarchie ». Conçoit-on, en effet, chez nous, une pétition des professeurs de langues vivantes au ministre, pour lui demander telle ou telle modification dans le service? Imagine-t-on une pétition du corps enseignant, présentée *directement* au Parlement, pour obtenir telle ou telle augmentation? Ces deux cas se sont présentés dans les États d'Allemagne. C'est que l'esprit d'association, très développé, comme on sait, de l'autre côté du Rhin, a, depuis assez longtemps, rapproché les professeurs et augmenté leur force[1]. De même, en Autriche, les associations provinciales de professeurs de l'enseignement secondaire (*Mittelschulvereine*) forment une association générale (*Reichsverband*), encore jeune, mais dont l'influence ne saurait manquer de grandir avec les années.

Ces associations sont donc un contrepoids, plus puissant en Allemagne qu'en Autriche, au pouvoir des autorités supérieures, *Schulräte* ou *Landesschulinspektoren* et directeurs : nous avons, plus haut[2], indiqué les autres. Nos collègues d'Allemagne et d'Autriche ont d'ailleurs plus besoin que nous d'être protégés contre le pouvoir des chefs, étant liés plus étroitement par le serment prêté lors de l'entrée au service. On a beaucoup parlé de ce serment en France, au moment de la grève de certains employés de l'Etat. Je ne crois donc pas inutile de reproduire ici la traduction de la formule lue par le directeur à un *Supplent* autrichien, qui la signe, après avoir attesté qu'il l'a exactement comprise. « A François-Joseph Ier (suivent les titres) et à ses héritiers, je jure d'obéir fidèlement et immuablement; je jure devant Dieu d'observer immuablement les lois fondamentales de l'Etat. — Je jure de me conformer aux lois et prescriptions de

1. *Cf.* Jouffret, *Revue universitaire*, 1900, 1, p. 143 et suiv. et 225 et suiv.
2. *Cf.* p. 63-64.

mes supérieurs hiérarchiques, de m'acquitter de mes fonctions avec le meilleur de ma science et de ma conscience, d'éviter d'abuser de mes fonctions de maître, notamment quand ce pourrait être dangereux pour l'Etat, la religion ou la morale; de me comporter à l'égard de mon directeur avec le respect et l'obéissance prescrites; de vivre toujours avec mes collègues dans la meilleure intelligence possible; non seulement de donner à mes élèves la connaissance des matières que je suis chargé de leur enseigner, mais encore, dans le cercle de mes relations, d'exciter et de répandre de toutes mes forces les idées de religiosité, de moralité et d'obéissance aux lois; dans les examens et toutes les fois que j'aurai à juger les élèves, de le faire avec une sévérité et une impartialité scrupuleuses, sans que je m'écarte jamais de mes devoirs. — Je jure en outre que je n'appartiens pas et que je n'appartiendrai jamais dans l'avenir à une société étrangère poursuivant des desseins politiques. » Tout est prévu, et le fonctionnaire est lié de tous les côtés. Heureusement, dans l'application, il y a la manière et... les associations.

D'ailleurs, si puissantes soient-elles en Allemagne, elles n'ont pas encore réussi à y faire disparaître les notes secrètes, dont les professeurs réclament la suppression comme un pas vers l'élimination des restes de l'arbitraire, les notes secrètes[1] qui empêchent les relations entre le directeur et les professeurs, collègues sous certains rapports, de prendre un caractère de confiance amicale et réciproque. Néanmoins, extérieurement, le directeur marque aux professeurs plus d'intérêt que nos proviseurs ou principaux. « N'est-

1. En Autriche, elles portent entre autres sur l'intelligence et sur la connaissance des spécialités enseignées, sur la valeur pédagogique, sur la conscience, sur la moralité, sur les opinions politiques, sur la santé. Mais, pour l'Autriche, ne pas oublier ce que nous avons dit p. 62 de l'opinion que l'on a en haut lieu sur les jugements portés par les directeurs.

il pas humiliant pour notre amour-propre professionnel de voir quels hommages publics de considération nos collègues allemands reçoivent traditionnellement de leur directeur? En France, un fonctionnaire quitte-t-il un établissement où il a longtemps dépensé le meilleur de son esprit et de son cœur; usé à la peine, se voit-il forcé de solliciter un congé, sa mise à la retraite; reçoit-il la satisfaction d'une promotion de classe, d'une décoration, d'une nomination à un poste plus important : nulle bouche officielle ne prononce sur lui un mot de regret, de sympathie, d'éloge, d'encouragement... Combien touchante dans sa simplicité est cette parole d'adieu du directeur du gymnase de Rendsburg à un professeur mis à la retraite pour raison de santé : « Je désire que, dans la riante province « rhénane où il va se retirer, il coule dans le repos « beaucoup de belles années, et j'espère que lui aussi « se rappellera volontiers le temps qu'il a passé parmi « nous[1]. »

Le jour où le directeur prononçait la harangue ainsi terminée, il était entouré, soyons-en sûrs, de tout le corps professoral. Les professeurs d'un même établissement, en effet, sont plus unis qu'en France, extérieurement et réellement. Ils y sont obligés, en Autriche, par la formule citée plus haut; mais l'obligation est généralement inutile. A côté de l'esprit de corps, des sentiments d'estime les rapprochent. Un collègue quitte-t-il la ville : les autres professeurs, et, s'il est marié, leurs femmes l'accompagnent à la gare. Se marie-t-il : ses collègues se cotisent pour lui offrir un cadeau. On se réunit plusieurs fois par semaine pour boire un verre de bière ou jouer aux quilles. D'ailleurs ne se voit-on pas tous les jours dans la salle commune (*Lehrerzimmer*) à peu près à toutes les récréations? N'a-t-on pas des rapports de

1. Kozlowski et Renauld, *Revue universitaire*, 1905, 2, p. 26.

service constants[1]? Aussi bien les femmes des *Oberlehrer* ou des *professeurs* entretiennent-elles des relations fréquentes et *gemütlich* : la bière est remplacée par du café (hélas! trop souvent clair!), et les quilles par la musique.

Ce caractère amical ne se retrouve pas dans les relations entre professeurs et élèves : ceux-ci, à l'endroit de leurs maîtres, sont presque toujours comme les maîtres envers le directeur, déférents, mais un peu défiants. Pour respectueux, ils le sont, avec moins de militarisme en Autriche : ce respect saute aux yeux immédiatement, soit que l'on pénètre dans les classes, soit que l'on parcoure le lycée ou la ville en compagnie d'un professeur. En classe, où ils ont très rarement à écrire, ils se tiennent généralement dans une attitude uniforme, appuyés contre le banc placé derrière eux et dont la distance a été calculée pour les forcer à tenir leur buste droit, les bras croisés dans les petites classes, *jamais appuyés sur leur coude*. Dans les établissements d'Allemagne, le maître leur a-t-il adressé la parole, fût-ce en première supérieure, avec des jeunes gens de vingt ans et plus, fût-ce pour une question à laquelle ils sont incapables de répondre, ils se lèvent et restent levés jusqu'à ce que le professeur ait interrogé un de leurs camarades ou leur ait donné la permission de s'asseoir. En Autriche, lorsque les élèves entendent l'arrivée du professeur, l'un d'eux se précipite pour lui ouvrir la porte, pendant qu'un deuxième s'empare de son chapeau et de son pardessus et va les mettre à la place déterminée. Ils montrent toujours une égale politesse, même quand, pour terminer une explication, le maître retient sa classe quelques minutes après la sonnerie de la cloche. Dans les couloirs, où ils sont généralement tête nue, ils font à leurs maîtres une profonde révérence; sur

1. *Cf.* p. 139 sqq. et 142 sqq.

un escalier, ils cèdent toujours le côté de la rampe et s'arrêtent. Dans la rue, jamais ils n'omettent de saluer très soigneusement, non pas seulement les professeurs de leur classe, ou ceux dont ils ont déjà suivi l'enseignement, mais tous les professeurs de leur lycée. Ils étaient même assez respectueux pour me faire l'honneur de me comprendre parmi leurs professeurs dès qu'ils avaient eu l'occasion de me voir, et, dans telle petite ville où je suis resté plusieurs jours, le lendemain de mon arrivée, les *Gymnasiasten* me faisaient leur plus beau *Diener* (proprement : « Serviteur », c'est-à-dire « révérence ») ou me tiraient leur casquette. Ce respect, ils le témoignent à tous les professeurs indistinctement.

Mais implique-t-il la confiance? Il devrait en être ainsi. 85 pour 100 des élèves font toutes leurs études dans le même établissement. Puis, à partir de la quatrième, les professeurs connaissent d'avance les élèves qui leur arrivent. J'ouvre un *Programme* au hasard : ce n'est pas une simple figure. Parmi les maîtres qui enseignent en première supérieure (*Oberprima*) figure le directeur, qui s'est chargé des élèves pour une matière, dès leur entrée au gymnase, en sixième : il les étudie à leur arrivée et les forme à leur sortie, avant de les lancer dans la vie. Le professeur de latin leur enseignait la même langue l'année précédente; le professeur d'histoire les a vus au travail en cinquième et en seconde supérieure; de même pour le professeur de français; quant au professeur de sciences et à celui d'anglais, c'est la sixième année pour celui-ci, et la cinquième année pour celui-là, qu'ils les retrouvent. Il y a même des établissements d'Allemagne où l'on s'arrange pour que les élèves conservent trois ans de suite le même professeur comme professeur principal; j'entends « principal » non seulement pour le titre, mais pour la durée des enseignements. En Autriche, c'est la règle que les professeurs suivent ainsi leurs élèves. Aussi bien, le professeur ne dit-il pas « Monsieur », « Messieurs », en parlant à ses élèves; il ne leur dit même pas « vous », sauf dans les classes supérieures; il leur dit « tu » purement et simplement, comme à ses enfants. Enfin, les maîtres font, avec leurs élèves, des excursions : elles sont courtes pour les petits; pour les *Primaner* et les *Sekundaner*, elles sont plus longues : on prend le chemin de fer et l'on va, à cent kilomètres ou plus, visiter pendant deux, trois, quatre, cinq jours, toute une région intéressante au point de vue physique, historique ou industriel. Durant les vacances, des caravanes d'une vingtaine d'élèves poussent jusqu'en Suisse et en Italie, sous la conduite de quatre ou cinq maîtres.

Cependant il m'a semblé que les élèves autrichiens et surtout allemands, particulièrement dans les grandes classes, s'adressaient à leurs maîtres moins librement et avec moins de confiance que chez nous. Est-ce que, la plus grande partie de l'enseignement étant réservée à la classe, la nécessité de poser des questions aux maîtres se fait moins sentir? Peut-être; mais, dans ce cas, pourquoi cette différence marquée entre les élèves des petites classes et ceux des classes supérieures? La raison, je crois, qui maintient la distance, c'est la discipline : elle n'est plus aussi terrible qu'il y a trente ans, à en croire les vieux professeurs; elle est encore très sévère. Les enfants l'admettent sans difficulté; les grands élèves n'en voient pas aussi bien la nécessité. Pour leur en montrer la raison d'être, pour leur faire sentir combien délicate est la tâche qui incombe aux professeurs, souvent, en Allemagne et en Autriche, on confie des fonctions de surveillance aux *Primaner*, et ce système donne de très bons résultats.

Enfin, je ne crois pas que les maîtres trouvent auprès des parents l'appui et le concours qu'ils seraient en droit d'en attendre. On a cherché à instituer la fameuse « collaboration de l'école et des familles ». Tous les professeurs ont des heures de réception, soit au lycée, soit à leur domicile particulier; en cas de communications plus urgentes, ils sont même visibles pendant les récréations; on prie les parents de ne pas l'oublier et de ne pas craindre d'importuner les maîtres; il faut croire cependant qu'ils l'oublient jusqu'à la période des examens, puisque, dans tel programme allemand ou autrichien, on leur recommande de ne pas attendre jusqu'à ce moment pour aller interroger le « professeur principal » (*Ordinarius*) de leur fils. On veut même souvent qu'ils surveillent le travail à la maison, examinant les devoirs et faisant recommencer ceux qui sont mal écrits, ou même qu'ils le règlent en traçant une sorte de tableau de service correspondant à l'emploi du temps du lycée, où les heures de travail soient suffisamment coupées par des intervalles de récréations[1]; on les prévient que les devoirs peuvent être finis et les leçons apprises en une heure et demie au plus pour la sixième et la cinquième, en deux heures au plus pour la quatrième et les troisièmes, en trois heures au maximum pour les autres classes. Si l'enfant a été occupé plus longtemps, il importe d'en rendre compte au directeur ou à l'*Ordinarius*, qui cherche les causes de ce surmenage. Mais ces mesures sont demeurées vaines, ou à peu près. A ce que l'on m'a dit, lorsqu'un professeur semble mal comprendre le caractère et les aptitudes d'un enfant, les parents aiment mieux se livrer, dans le cercle de leurs intimes, à des critiques acerbes, que d'aller trouver le maître en question. On tombe dans des excès dangereux : mâcher la besogne de l'enfant ou lui refuser absolument tout renseignement; excuser toutes ses fautes en les rejetant sur la méthode employée, ou bien les doubler à la maison. Bref, sans

1. *Cf.* nos observations générales aux professeurs, p. 2.

entrer dans le détail ni continuer cette énumération, les relations entre parents et maîtres, en Allemagne et en Autriche, ressemblent singulièrement à celles qu'ils entretiennent en France.

Aussi bien nos collègues allemands et autrichiens ne jouissent-ils pas, dans le public, de toute la considération qu'ils méritent. Ils sont entourés de l'estime générale, cela va sans dire. Comment s'en étonner? Ils ont fourni des preuves de leur intelligence; beaucoup sont *Doktor*, et un certain nombre portent le titre de *Professor*, si relevé dans les pays qui nous occupent. Ils amoindrissent bien rarement, dans des luttes politiques, la dignité qui s'attache à leur état; quant à celle de leur vie, elle est inattaquable. A cela s'ajoute que, là-bas, comme je l'ai signalé, les professeurs restent longtemps dans la même ville, quelquefois même, en Allemagne, durant toute leur carrière. Mais les officiers sont placés partout bien au-dessus d'eux; l' « habit du roi », l'uniforme, se voit partout céder le pas, en Autriche comme en Allemagne. Dans les pays catholiques du Sud, les membres du clergé jouissent du même respect. Ensuite se placent les magistrats. Enfin — *sed proximi intervallo* — viennent les professeurs. Comment expliquer cette hiérarchie? Pour l'armée et le clergé, l'organisation aristocratique, la discipline d'une part, de l'autre les croyances religieuses, suffisent à rendre compte de la considération qui leur est accordée. Mais les études des magistrats sont moins pénibles, moins approfondies que celles des professeurs; leur profession n'est pas plus haute, leur métier n'est pas plus fatigant et leur vie n'est ni plus intègre ni plus pure! C'est que l'estime accordée aux professeurs a diminué à mesure que, dans les deux pays dont nous parlons, l'on faisait moins de cas de la science pure, du grec et du latin. Là-bas, pour la masse, un professeur est un homme qui enseigne du grec et du latin et, plus particulièrement, de la grammaire grecque et de la grammaire latine. De fait, les gymnases sont encore, en Autriche, beaucoup plus nombreux que les autres établissements; en Allemagne, comme en Autriche, ils ont encore conservé certains privilèges; en Autriche, enfin, on vient seulement de créer des réalgymnases, aux applaudissements et à la vive satisfaction du public! En second lieu, les professeurs sortent d'un milieu social moins élevé que les magistrats. Enfin, au point de vue extérieur, ils sont — non pas toujours, mais trop souvent — moins élégants dans leur tenue, moins dégagés dans leurs allures, moins distingués dans le monde que les juges; nous n'en sommes plus au temps des « Professoren » débraillés, qui seraient sortis en des costumes hybrides, sans la vigilance de la vénérée *Frau Professor;* mais il n'en reste pas moins que certains de nos collègues se singularisent quelquefois par la coupe de leurs vêtements et par leurs allures volontiers distraites : cela n'empêche pas les professeurs de l'enseignement secondaire allemand et autrichien d'être parfaitement honorables de caractère et distingués d'intelligence. Je trouve singulière cette façon de « juger les gens sur la mine », mais je constate un fait, et je ne saurais dissimuler les raisons qu'il m'a semblé démêler.

*
* *

Le sort de nos collègues allemands et autrichiens n'est donc pas à plaindre, mais il est devenu moins enviable qu'il ne me semblait en 1901. L'idéal serait sans doute d'être *Ordinarius* dans un pays où les traitements d'activité et de retraite seraient ceux de Prusse ou de Saxe; où l'avancement serait aussi régulier qu'en Allemagne et en Autriche, mais où l'on trouverait pour les études les mêmes bourses que chez nous; où l'on serait nommé titulaire par concours, comme en France, sans être obligé à plus d'heures de service que nos professeurs de l'enseignement secondaire; où les directeurs ne seraient pas plus puissants que nos proviseurs; où les élèves, enfin, témoigneraient à leurs maîtres le même respect qu'en Allemagne et qu'en Autriche, mais plus de confiance, en admettant que respect et confiance soient facilement compatibles pour des enfants ou des jeunes gens!

CHAPITRE IV

LES ÉLÈVES

Rien de moins semblable à nos élèves français que les élèves autrichiens, et surtout les élèves allemands : partout un caractère grave et discipliné, avec exagération en Allemagne, sans excès en Autriche.

C'est que les enfants, cela va sans dire, ont dans le sang l'esprit docile et respectueux de l'autorité que l'on trouve dans toutes les parties de l'Allemagne et de l'Autriche : il apparaît partout, dans l'attitude des soldats à l'égard de leurs chefs, dans la déférence avec laquelle on écoute les observations des agents de police, dans le soin avec lequel on se conforme aux règlements, aussi nombreux au moins que chez nous (ne pas descendre avant l'arrêt complet du train, prendre sa droite, se ranger devant les coups de sifflets des conducteurs de tramways, etc.), dans l'obéissance exacte, même au bal et en soirée, à des règles imposées et variables, en un mot dans les plus petites choses comme dans les plus grandes, à tout moment et dans toutes les classes de la société. On peut, en effet, expliquer par là que, dans tel gymnase qui ne possède pas de cours, ou dont les cours sont insuffisamment vastes pour ses 300 élèves, ceux-ci, pendant toutes les récréations de 10 ou 15 minutes qui séparent les classes, prennent leurs ébats sur l'avenue qui longe l'établissement, sans qu'il en résulte le moindre désordre; d'une façon générale la surveillance est supprimée ou réduite au strict minimum[1]. Cette considéra-

1. *Cf.* Kozlowski, *Revue universitaire*, 1907, 2, p. 8-9.

tion peut aussi faire comprendre pourquoi il est loisible aux professeurs allemands et autrichiens d'employer le *chœur* d'une façon constante, c'est-à-dire d'interroger à la fois toute la classe, sans provoquer la moindre tentative de tumulte; tous les élèves ensemble donnent la réponse à une question posée, récitent une règle de grammaire ou un passage d'auteur, sans précipitation et sans cris, à telles enseignes que souvent le maître trouve que l'on n'a pas parlé assez fort.

Leur attitude s'explique aussi par d'autres causes. L'une, qui agit dans le même sens que le caractère, est l'influence de l'enseignement religieux, donné partout, on s'en souvient[1], influence particulièrement sensible dans les pays catholiques. En Autriche, par exemple, dans certaines provinces, les élèves vont à la messe tous les matins, sauf durant l'hiver; il y a un certain nombre de confessions obligatoires et de communions publiques. On sait que, dans toutes les provinces d'Autriche, la procession de la Fête-Dieu est suivie de tous les fonctionnaires en uniforme; c'est même, pour les professeurs, avec l'enterrement d'un collègue, à peu près l'unique occasion de se montrer en costume officiel. A Vienne, l'empereur, suivi de toute la famille impériale, montre l'exemple. Or, chacun sait dans quel sens s'exerce l'influence de la religion.

Puis, il n'y a jamais d'internat en pays protestant, et l'on en trouve assez rarement ailleurs; or, l'expérience prouve que les élèves les plus mal élevés et les plus indisciplinés se rencontrent, au moins huit fois sur dix, parmi les internes. On se demandera peut-être comment on évite cette plaie de l'internat, inévitable en France. D'abord, on ne l'oubliera pas, il n'y a pas, comme chez nous, plusieurs catégories d'établissements, les uns avec des professeurs ayant subi des

1. *Cf.* p. 18-19.

examens plus difficiles, les autres avec des maîtres licenciés ou bacheliers, les uns entretenus par l'Etat ou les municipalités, la plupart des autres exerçant leur action dans un sens opposé à celui de l'enseignement officiel. En Allemagne ou en Autriche, tel établissement peut n'avoir pas toutes les classes; telle ville peut ne posséder qu'un progymnase; mais, sauf de rarissimes exceptions, partout les professeurs ont les mêmes titres, à peu près la même valeur, et l'enseignement donné est sensiblement le même partout. Donc aucune raison pour qu'on n'envoie pas ses enfants dans l'établissement d'enseignement secondaire le plus voisin. Or, les considérations rappelées ci-dessus font comprendre aisément qu'il y ait, dans plus de villes que chez nous, des lycées, collèges ou établissements libres possédant une population scolaire suffisante. Dans la province de Prusse orientale, sur 28 lycées, 7 se trouvent à Königsberg même, et 9 dans des villes qui ont moins de 15,000 habitants. En Styrie, il y a 16 établissements d'enseignement secondaire, 11 d'Etat, 2 de la province, 1 ecclésiastique, 2 privés; 4 sont placés dans de petites villes de 4,000 ou 5,000 habitants, ou même dans des bourgs (Knittelfeld!). De là résulte qu'on peut mener les enfants jusqu'au bout de leurs études sans les envoyer à ce qui correspondrait au chef-lieu de département; aussi bien 85 p. 100 des élèves, en moyenne, sont-ils nés dans la ville où ils étudient et y ont-ils fait toutes leurs classes. Pour peu que l'on habite une petite ville ou à une faible distance d'une petite ville, l'enfant peut suivre les cours, tout en restant dans sa famille : au besoin, s'il y a des cours le matin et l'après-midi, il en est quitte pour prendre le repas de midi dans une famille. Toutefois, il y a une partie des élèves (15 p. 100 environ) pour lesquels ces conditions ne sont pas réalisées; ceux-là sont placés dans des pensions, qu'indique le directeur ou sur lesquelles on doit tout au moins le consulter. En Allemagne, ces élèves sont généralement en pension chez des professeurs, soit de l'établissement même où étudie le jeune homme, soit, beaucoup plus rarement, d'autres établissements de la même ville : rien de mieux à tous les points de vue. En Autriche, les conditions sont moins favorables, les professeurs d'un établissement ne pouvant avoir en pension les élèves dudit établissement. Conséquence : il s'est fondé dans les grandes villes des internats privés[1], qui, si bien dirigés et surveillés qu'ils soient, offrent, au moins en partie, les mêmes inconvénients que chez nous. Il y a bien aussi des pensions de famille, ne recevant qu'un nombre restreint d'enfants; mais elles sont généralement tenues, soit par des veuves de petits employés, soit par des étudiants, qui, les uns ou les autres, cherchent surtout un moyen d'augmenter leurs ressources. En admettant que la nourriture soit suffisante, on ne saurait en dire toujours autant du profit intellectuel et moral. Enfin, comme on le verra, l'école ne se laisse jamais oublier : elle exerce son action à tous les instants, et un élève pourra être renvoyé pour une faute commise pendant les vacances.

*
* *

Toutes ces considérations font comprendre le caractère des élèves. Les dispositions qu'ils peuvent apporter sont développées encore par le système des

1. Voici la vie des élèves dans un de ces internats : lever, à 5 h. 30, 5 h. 45 ou 6 h. 10, suivant la saison; 25 minutes pour la toilette. Etude jusqu'à 7 h. 25. Premier déjeuner (café ou lait et tartine). Classe de 8 heures à 1 heure; à 9 h. 50, deuxième déjeuner. A 1 h., dîner (2 plats, entremets ou fruit). Liberté de 1 h. 35 à 2 heures. Classe ou étude de 2 heures à 7 h. 45; mais à 3 h. 50 est servi le goûter (café ou lait et tartine), suivi d'une promenade de 4 à 7 h. 45 le mercredi et le samedi, de 4 à 5 h. 25 les autres jours. Souper à 7 h. 45. Coucher à 9 heures pour le petit lycée, à 10 h. pour le grand. — On trouvera sans doute que les élèves ont peu de récréation, surtout jusqu'à 4 heures du soir.

punitions et des récompenses. En Allemagne, il y a quatre étages de punitions : je me bornerai à les énumérer, sans y insister[1]. Le premier degré consiste à mettre l'élève debout, soit à sa place, soit dans un coin, ou même à l'isoler de ses camarades sur un banc à part : j'ai vu ces punitions très rarement appliquées. Ensuite viennent, plus fréquemment, les devoirs à recommencer ou les devoirs supplémentaires : le maître peut les donner à faire soit à la maison, soit dans l'établissement, sous sa surveillance. Le troisième degré est la remontrance, soit sans témoin, soit en présence de toute la classe, soit du professeur, soit du directeur. Dans certains Etats, le séquestre se place ici. Enfin vient l'exclusion à temps ou à jamais, d'un ou de tous les établissements ; cette peine s'applique aux élèves qui résistent à tous les autres moyens, ou bien à ceux dont le caractère ou les mœurs risquent de corrompre leurs camarades : on a recours à cette mesure sans hésitation et sans vaine sentimentalité, toutes les fois qu'elle apparaît comme nécessaire. Entre la remontrance et l'exclusion se placent, dans quelques Etats, par exemple en Wurtemberg, les châtiments corporels : ils consistent en coups sur des parties du corps désignées par les règlements, appliqués au moyen de baguettes dont les dimensions sont, elles aussi, déterminées par les règlements ; ils peuvent être employés dans les classes inférieures, c'est-à-dire jusqu'à la classe qui correspond à la troisième supérieure prussienne. Sont-ils appliqués ? Cela dépend des professeurs. Il y en a qui les infligent très rarement, d'autres qui en usent fréquemment. En Autriche, les punitions sont divisées en trois groupes : les avertissements sans témoins, les observations devant toute la classe, et, pour les petits élèves, la retenue au lycée, constituent l'étage inférieur. Les fautes plus graves sont punies

1. On trouvera des détails dans la *Revue universitaire*, 1907, 2, p. 5 sqq.

de la réprimande adressée par le directeur devant la classe ou devant le corps professoral, du séquestre jusqu'à seize heures, dont huit au maximum dans la même journée; enfin, de l'exclusion d'un ou de tous les établissements. Cette dernière peine est prononcée pour les mêmes motifs qu'en Allemagne : en particulier, l'on est impitoyable pour le chapitre des mœurs, qui, dans certains établissements d'Autriche, témoignent, chez les enfants, de quelque précocité. Il est rare que, chaque année, pour la conduite ou pour le travail, un ou deux élèves ne soient pas renvoyés. Ce n'est donc pas une punition nominale, et, ce qui ajoute à son effet, le directeur, dans les cas graves, peut, d'accord avec les maîtres, interdire *immédiatement* l'accès de l'école à l'élève dont la fréquentation est réputée dangereuse pour ses camarades.

L'échelle des récompenses est moins variée, et celles qui existent ne s'adressent pas à l'amour-propre. Les élèves ne sont pas poussés au travail par le vain désir et la mauvaise ambition d'obtenir dans une composition un rang, qu'ils doivent peut-être au hasard ou à une préparation artificielle et passagère. Il y a bien des devoirs faits en classe, sous la surveillance du maître; en Autriche, le nombre en est fixé par les règlements et se rapproche de celui de nos compositions. Mais ils servent surtout à contrôler l'état réel des connaissances possédées et des progrès accomplis. S'ils sont corrigés soigneusement et classés, le classement consiste en notes, non pas en places. Ce classement est indiqué par le professeur à ses élèves, comme le seraient les notes d'un devoir ordinaire, et non pas en grande cérémonie, devant le proviseur et le censeur. Enfin, les notes obtenues ne servent pas à obtenir des prix. De même, à la fin de l'année scolaire, un classement est établi entre les élèves et lu à la réunion de l'école qui précède les vacances (*Schlussfeier*); mais ce classement se borne à résumer les notes obtenues durant l'année, *très bien, bien, assez bien, passable;* en Autriche, les élèves sont divisés, d'après leurs progrès, en trois catégories : suivant qu'ils sont particulièrement aptes[1] (un septième en moyenne), aptes (plus des trois quarts), ou non aptes (le reste) à suivre les cours de la classe supérieure. Parents et élèves attachent en général autant d'importance à ce témoignage abstrait de satisfaction ou de blâme, qu'à la remise des livres de prix, où se montre, sous une forme matérielle, le résultat du travail de l'année. De plus, la cérémonie revêt un caractère simple, grave et presque religieux; rien ne rappelle les uniformes, les toilettes, le piquet d'honneur et la musique militaire de nos distributions de prix. Pourtant, un certain nombre de parents semblent donner plus d'importance à la place qu'à la note, car les « programmes » leur recommandent de fonder sur la note le jugement qu'ils ont à porter de leur enfant. Il est impossible de nier que le système allemand ne soit d'une valeur morale supérieure au nôtre, qui flatte la vanité des élèves et des parents. Mais ne serait-il pas difficile et imprudent de supprimer chez nous les distributions des prix?

Ce n'est pas que les récompenses fassent absolument défaut en Allemagne et en Autriche : dans certains établissements, des livres sont distribués, soit à date fixe, par suite de fondations déterminées, soit à la suite de dons; il peut arriver, par exemple, que le chef de l'Etat ou ses représentants fassent cadeau à chaque établissement d'un certain nombre d'exemplaires d'un ouvrage qu'il croit utile de répandre. Il y a aussi des fondations (*Stiftungen*) qui permettent de distribuer des récompenses en argent ou en nature à un certain nombre d'élèves[2]. Dans quelques Etats,

1. Les noms de ces élèves sont imprimés en caractères gras ou marqués d'un signe spécial dans la liste des élèves qui termine les « programmes » autrichiens.

2. Ainsi, en 1900, le gymnase de Bautzen avait à répartir, suivant

comme la Saxe, il existe aussi, pour chaque classe, un élève appelé *Primus* et désigné par l'assemblée des professeurs; il est, essentiellement, l'intermédiaire entre le professeur et la classe, ou inversement, à la façon d'un « cacique » de l'Ecole normale; il doit même, en cas d'absence du professeur, maintenir l'ordre dans la classe. Mais toutes ces récompenses sont accordées moins au succès ou à la chance qu'au travail ou à l'effort de tous les jours. Les livres mêmes sont donnés seulement à un ou deux élèves par classe, et de la même manière à peu près que nos prix d'excellence, c'est-à-dire en considérant le travail, non pour tel ou tel professeur, mais dans l'ensemble; en outre ils sont remis, non pas dans une cérémonie solennelle, qui en exagère l'importance et en fausse la portée, mais sans aucun apparat, par le directeur, en présence de tous les élèves, quand il proclame le passage des élèves d'une classe dans une autre.

D'ailleurs le travail soutenu, l'application constante, mènent tout naturellement aux récompenses qui sont de toutes les plus enviées, à savoir la « promotion » (*Versetzung*), c'est-à-dire le passage normal d'une classe dans la classe supérieure. L'idéal des gouvernements en Allemagne et en Autriche est de n'admettre dans l'enseignement secondaire que des sujets capables de le suivre, et de laisser continuer les études aux seuls élèves qui en tirent réellement profit. Aussi les enfants qui veulent entrer dans un établissement d'enseignement secondaire doivent-ils subir un examen sérieux, s'ils n'ont pas jusque-là suivi la filière : ceux qui sont refusés sont obligés d'attendre un an pour se représenter. A la fin de chaque année

la volonté des fondateurs, près de 7,100 francs (environ 5,760 marks) entre 107 élèves, sans parler des 60 qui sont dispensés des frais d'études (4,800 marks), et sans compter les 25 qui reçoivent du drap pour certains vêtements spécifiés! Peu d'établissements, je m'empresse de le dire, sont aussi riches.

se placent des examens de passage, écrits et oraux, qui revêtent, surtout l'oral, un certain caractère de solennité, et portent, suivant les États, soit sur toutes les matières, soit sur les matières importantes. Après les examens, intervient la décision prise, tantôt par l'assemblée des professeurs, tantôt par le directeur, sous sa responsabilité, après avis de l'assemblée des professeurs, qu'il suit toujours. Dans tous les cas, le principe adopté est le suivant : laisser passer dans la classe supérieure les élèves qui, malgré certaines faiblesses, paraissent en état de suivre l'enseignement de ladite classe pour les trois quarts ou les quatre cinquièmes des matières; admettre à redoubler, ou, en Autriche, à passer après les vacances un nouvel examen, les élèves retardés par des circonstances particulières; renvoyer les autres. Ce n'est pas un calcul de points qui intervient, c'est un jugement fondé sur le travail de toute l'année, rendu sensible, entre autres, par le résultat des examens finals. La part laissée au hasard est donc la plus petite possible; seule une application assidue et soutenue permet de franchir ce cap difficile : les élèves s'en rendent bien compte, et c'est une des plus fortes causes qui les poussent à accorder à tous leurs maîtres une attention égale. Les maîtres sont d'ailleurs plus ou moins sévères, moins indulgents en Allemagne qu'en Autriche; en Allemagne même, plus stricts dans les établissements de l'État que dans les établissements municipaux, surtout si les villes sont petites et pauvres, car un élève renvoyé fait dans le budget un trou sans compensation. Ce qui est sûr, c'est que jamais je n'ai trouvé trace d'indulgences comparables à celles dont j'ai été le témoin dans tel lycée de province où j'ai débuté. De plus, une fois la décision prise, rien ne peut la faire changer, même l'intervention des hommes politiques de clocher ou autres : pourtant, en Autriche, les députés sont très puissants, mais il ne leur viendrait guère à l'idée de faire une telle démarche. Quant au directeur, il ne songerait pas, comme certains de nos proviseurs, à user de tout son ascendant pour décider un professeur à laisser passer dans la classe supérieure un cancre notoirement incapable de la suivre.

Les avantages de ce système pour les professeurs, nous les avons exposés[1], et d'ailleurs ils sautent d'eux-mêmes aux yeux. Pour les élèves, ils sont moins évidents, mais plus réels. Comme nous l'avons vu, ils s'habituent à travailler également pour tous les maîtres. Puis, ils ne risquent pas de faire des études sans couronnement, de passer six ans au lycée et d'échouer au baccalauréat. A nos examens de passage, on refuse 2 p. 100 des candidats seulement, mais au moins 55 p. 100 au baccalauréat. Que serait-ce s'il y avait plus de compositions écrites? Que serait-ce si l'oral se passait en jury et si le jury était tenu d'examiner dix candidats au plus en un jour? Que serait-ce sans le système des compensations et l'indulgence excessive des examinateurs? En Allemagne ou en Autriche, la proportion des élèves arrêtés à la sortie des premières classes est un peu plus élevée[2], mais l'examen final n'en voit tomber que 10 p. 100, encore qu'il soit, dans l'ensemble, bien plus difficile que le nôtre.

Les élèves, en effet, ne sont pas tous admis à se présenter. Ceux qui subissent les épreuves sont interrogés par les professeurs qui leur ont donné l'enseignement pendant la dernière année de cours et qui, l'on s'en souvient, les connaissaient depuis long-

1. *Cf.* p. 10.

2. Dans un gymnase autrichien de l'Etat, redoublaient : en Ire, 5 élèves sur 40; en IIe, 3 sur 40; en IIIe, 4 sur 40; en IVe, 0 sur 40; en V[e], 1 sur 40; en VIe, 0 sur 40; en VIIe, 3 sur 40; en VIIIe, 0 sur 40. Dans un gymnase et réalgymnase réunis, établissements d'une province, redoublaient : en Ire, 7 sur 40; en IIe, 5 sur 36; en IIIe, 7 sur 50; en IVe, 2 sur 40; en V[e], 2 sur 30; personne dans les hautes classes. Dans un gymnase privé, redoublaient : en Ire, 5 sur 20; en IIe, 1 sur 18; en IIIe, 2 sur 11; en IVe, 1 sur 11; en V[e], 3 sur 22; en VIe 1 sur 25; en VIIe, 5 sur 30; en VIIIe, 6 sur 30.

temps déjà. Mais le jury est présidé par un commissaire du gouvernement, dont les décisions sont souveraines et dont la seule présence suffirait, s'il en était besoin[1], à empêcher les juges d'être trop sévères ou trop indulgents : « Son véritable rôle, et il est important, consiste à apprécier beaucoup moins les candidats que le niveau des études dans chaque établissement[2]. » En effet, s'il s'agit d'un établissement privé, et que, visiblement, les professeurs soient au-dessous de leur tâche, le rapport du président pourra faire supprimer le droit de conférer le diplôme. Le cas est très rare. Le président peut être soit un recteur-inspecteur général (*Schulrat* en Allemagne, *Landesschulinspektor* en Autriche), soit le directeur ou un professeur renommé d'un grand établissement voisin, soit le directeur même de l'établissement, lorsque sa situation et sa réputation sont établies. D'autre part, les membres du jury, précisément parce qu'ils connaissent les candidats, parce qu'ils sont un livret scolaire vivant, fonderont le jugement sur tout ce qu'ils savent d'eux : ils se montreront indulgents à un candidat un peu faible, mais qui a montré une application continue et égale pour toutes les branches; par contre, ils seront sévères pour les jeunes gens bien doués, mais dont la conduite ou la tenue morale ont laissé à désirer. De toute façon, ils tiendront grand compte des notes de la dernière année. Puis, de même qu'on n'est admis à redoubler une classe qu'une fois, sauf circonstances exceptionnelles, on ne peut, régulièrement, en Allemagne et en Autriche, se présenter que deux fois à l'examen de maturité. En Autriche, le jury décide si les candidats refusés auront le droit de se re-

1. Dans les établissements municipaux, le conseil d'administration envoie généralement des délégués, qui, cela va sans dire, sont les bienvenus. En Autriche, parents et candidats peuvent assister à l'examen oral.

2. Launay, *Revue universitaire*, 1906, 2, p. 111.

présenter et après combien de temps. Enfin, les épreuves portent ou peuvent porter sur toutes les matières à peu près : une préparation hâtive ne pourrait suffire.

En Saxe, par exemple, les épreuves écrites pour le certificat de maturité, à la sortie d'un gymnase, comprennent une dissertation allemande, un thème et une version latine, une version grecque, un devoir de français et un devoir de mathématiques, ce dernier consistant en trois questions prises dans des parties différentes du cours ; on accorde six heures pour la première et la dernière composition, trois ou quatre pour les autres. Pour les langues, l'usage d'un dictionnaire est permis. L'examen oral comporte des questions sur la religion, le latin, le grec, le français, l'histoire, les mathématiques, éventuellement sur l'hébreu, et, si le président le désire, sur l'allemand et la physique. Les candidats peuvent être dispensés de tout ou partie des épreuves orales. En Autriche, l'examen comprend deux parties : la première, préparatoire (*Vorprüfung*), a lieu devant les professeurs spéciaux sous la surveillance du directeur. Il comprend une partie écrite et une partie orale. Dans les gymnases, par exemple, l'écrit est représenté par un thème latin et une composition de mathématiques, l'oral par des questions sur la religion, la psychologie et la logique, la physique et l'histoire naturelle. Les candidats qui ont réussi subissent alors les épreuves définitives, écrites et orales. Les compositions écrites, non éliminatoires, comportent, au gymnase, une dissertation allemande, les élèves ayant le choix entre trois sujets, une version latine et une version grecque ; au réalgymnase, une dissertation allemande (même disposition que plus haut), une version latine et une française et une composition de géométrie descriptive[1] ; à l'école réale, une dissertation alle-

1. Pas de géométrie descriptive pour le réalgymnase de réforme.

mande[1], une composition française facile ou un thème français[2], suivant la force des élèves, une version anglaise[3] et une composition de géométrie descriptive. Cinq heures sont attribuées à la dissertation allemande et à la géométrie descriptive, quatre aux dissertations écrites en une langue qui n'est pas la langue maternelle, trois aux autres devoirs. Les épreuves orales comprennent, pour les gymnases, par exemple, la langue d'enseignement, celle des langues anciennes où la composition écrite du candidat a été la meilleure, l'histoire, la géographie et les mathématiques; dans les écoles réales, celle des langues pour laquelle le candidat a fait la meilleure composition écrite, l'histoire, la géographie, les mathématiques et la physique. Les élèves qui ont satisfait à ces épreuves sont déclarés mûrs pour les études de l'Université : d'où le nom de l'examen (*Maturitätsprüfung* ou *Reifeprüfung*), appelé aussi examen de sortie (*Abiturientenexamen*) ou final (*Absolutorium*). En Prusse, les diplômes, d'ailleurs très simples, portent la moyenne des notes obtenues; en Autriche, on indique simplement si les impétrants ont la maturité demandée ou s'ils ont passé l'examen avec distinction. L'examen de maturité est donc un examen purement scolaire, comme les autres examens de passage, entouré seulement, cela se comprend sans peine, de plus de garanties que les autres. La chance n'y joue pour ainsi dire aucun rôle : il est presque impossible à un mauvais élève de passer à travers ce réseau d'épreuves, s'il a été admis à les subir, et il est rare qu'un élève bon ou moyen en manque deux sur cinq ou six.

Mais, dira-t-on, si des jeunes gens élevés soit dans

1. En Moravie, une dissertation en tchèque.
2. Dans le Tyrol et le Vorarlberg, l'italien remplace le français.
3. En Bukowine, suivant l'établissement, une composition en roumain ou en ruthène; à Görz, en italien ou en slovène, etc. On se fait, par ces détails, une idée de la complication introduite dans l'enseignement secondaire autrichien par la question des langues

leur famille, soit dans des établissements qui n'ont pas le droit de conférer le diplôme, veulent se présenter à l'examen, qui, seul, peut leur ouvrir les portes de l'Université? Lorsqu'ils ont atteint un âge déterminé par les règlements, ils transmettent leur demande, avec les pièces nécessaires pour l'apprécier, aux autorités scolaires de leur Etat, s'il s'agit d'un pays de peu d'étendue, ou de leur province, en Prusse et en Autriche; celles-ci, après enquête, accordent ou refusent le droit de se présenter à l'examen et désignent l'établissement où il sera subi. Ces « externes » ne sont examinés par un jury spécial que s'ils sont très nombreux. C'est le cas, entre autres, en Autriche, pour le gymnase de chaque province où les jeunes filles autorisées à suivre les cours de ces établissements viennent se présenter. Ces candidats sont-ils moins bien préparés? Répondent-ils moins bien, ne connaissant pas les professeurs qui les interrogent? Est-on plus sévère pour eux, parce que le jury les voit pour la première fois? Toujours est-il que la proportion des refusés est assez considérable : 35 p. 100 seulement, en moyenne, sont admis, et plusieurs ne reçoivent le droit de se représenter qu'après un temps indéterminé.

Les compositions même sont-elles plus difficiles que les devoirs analogues donnés chez nous? Pour s'en faire une idée directe, il suffira de se reporter à différentes places de ce livre, où l'on trouvera quelques spécimens des devoirs littéraires proposés à l'examen de maturité en Allemagne et en Autriche[1].

1. Pour les dissertations allemandes, V. p. 163 sq.; pour les devoirs français, V. p. 235; pour les versions latines, V. p. 205 sq., et pour les versions grecques, V. p. 212 sq. Quant aux thèmes latins, thèmes de règle, suivant l'habitude allemande et autrichienne, on pourra consulter les ouvrages du docteur Wilhelm Steuerwald, Stuttgart, Muthsche Verlagsbuchhandlung; ils fournissent les textes et corrigés des thèmes proposés en Bavière à l'examen de maturité. Il suffira de savoir que ces thèmes sont fabriqués si écla-

*
* *

La surveillance et le contrôle du travail des élèves sont donc beaucoup plus constants et plus sévères qu'en France. J'ajoute que l'école, à propos des enfants qu'on lui confie, entre dans des détails qui, sans doute, ont leur importance, mais qui nous semblent négligeables. Tel gymnase prussien spécifie que, jusqu'à la troisième comprise, les livres doivent être contenus dans un sac porté sur le dos, afin de maintenir la taille droite; en tous cas, le sac ou la serviette vide ne doivent pas peser plus de 800 grammes, et le poids total dudit sac ou de ladite serviette, contenant et contenu, y compris le plumier et le petit déjeuner de dix heures, ne doit pas dépasser le huitième, mieux, le neuvième du poids de l'élève. Aussi, pour les gros livres, engage-t-on souvent les parents à en acheter deux exemplaires, l'un qui reste à l'école, l'autre consulté à la maison.

D'autre part, il faut que l'enfant, chez lui, dispose de deux ou trois heures chaque jour pour faire la besogne qui lui est imposée, tout en ne prenant pas sur son sommeil; car il est absolument nécessaire que son esprit soit bien dispos pour supporter sans trop de fatigue les cinq ou six heures de classe de la matinée ou de la journée, et pour en tirer profit. On n'a pas jugé à propos d'imiter la province de Magdebourg, où une décision du 11 février 1875 voulait que le professeur pût contrôler chaque jour l'emploi de ses élèves. On n'admet plus guère ce contrôle que dans les pensions, où les élèves se montrent moins dociles, et où les règlements dont je viens de parler sont appliqués avec une tolérance trop indulgente; il est exercé par l'*Ordinarius*. Mais une série de mesures concou-

lement pour l'examen d'après les textes vus par les élèves, et ont de 40 à 45 lignes.

rent au résultat poursuivi : d'ailleurs, elles ne sont observées strictement que dans les petites villes.

Dans certains Etats, on fixe des heures destinées au travail, et pendant lesquelles les élèves n'ont pas le droit de sortir. Partout on détermine des heures après lesquelles les élèves ne doivent pas être rencontrés dehors sans leurs parents, à moins de circonstances urgentes : à Wiesbaden, c'est huit heures en hiver, dix heures en été; à Goslar, c'est huit heures en avril et mai, neuf heures en juin, juillet, août, de nouveau huit heures en septembre, et sept heures le reste du temps; à Helmstedt, on est encore plus sévère : neuf heures en juillet, huit heures pendant les autres mois, d'avril à septembre, sept heures le reste du temps. Les règlements de Bavière défendent même aux élèves d'avoir une clef de chez eux. Inutile de dire que découcher, hors le cas de force majeure, est puni de l'exclusion. Il y a des chances, de cette façon, pour que les élèves dorment suffisamment. D'ailleurs, pour être aisément reconnus, ils doivent porter une casquette de couleur différente pour les divers établissements, et souvent pour les mêmes classes d'un établissement. Toutes ces prescriptions sont spéciales à l'Allemagne : je n'ai rien trouvé de semblable en Autriche.

Mais les deux pays s'accordent à nouveau sur d'autres points. L'on n'y interdit pas de manière absolue les bals, les concerts, le théâtre ; mais on ne les conseille pas, et l'on s'arrange à restreindre autant que possible la fréquentation de ces divertissements. En effet, les élèves habitant chez leurs parents ne peuvent les goûter qu'en compagnie de leurs parents, les autres qu'avec l'autorisation de leurs parents, mais, dans tous les cas, il faut prévenir l'*Ordinarius*. Prévenir l'*Ordinarius* est encore un devoir pour l'élève, quand on organise chez lui une petite réunion à l'occasion de telle ou telle solennité. Lorsque l'on connait les pouvoirs de l'*Ordinarius*[1] et la sévérité des examens de passage, on conçoit que cette formalité, prévenir l'*Ordinarius*, suffise, surtout dans les villes petites ou d'importance moyenne, à retenir l'élève et les parents. Naturellement, le directeur est toujours libre d'interdire certaines pièces. D'ailleurs on combat moins les représentations dramatiques que les bals. Les jeunes Allemands et Autrichiens sont moins précoces que nos élèves, mais ils ne sont pas insensibles aux grâces de leurs compatriotes de l'autre sexe : ils se promènent plus volontiers dans les rues où les magasins attirent les jeunes filles, et j'ai sous les yeux le *Jahresbericht* d'un établissement où l'on prie les parents des jeunes filles de veiller à ce qu'elles ne fréquentent pas telle rue plus qu'il n'est nécessaire. Aussi les leçons de danse, en Autriche, ne doivent-elles être suivies qu'avec la permission du directeur et seulement par les élèves des deux classes supérieures; de même, en Allemagne, l'autorisation d'y prendre part est entourée de mille restrictions.

Mais, pendant la liberté, très restreinte, que laissent aux élèves les prescriptions ci-dessus rapportées, ils pourraient contracter des habitudes, mauvaises en elles-mêmes et funestes à l'esprit de discipline; le cas est prévu. Ici je me bornerai à laisser parler les règlements.

Autriche. — Règlements de Styrie (§ 21) : « La visite des brasseries n'est permise aux élèves des six classes inférieures que s'ils sont en compagnie de personnes d'âge mûr; l'accès des cafés n'est permis aux élèves de toutes les classes qu'avec la même restriction. (Il ne faut pas oublier qu'une bonne part de la vie d'un Autrichien se passe au café : c'est pour lui ce que la brasserie est pour l'Allemand. Les cafés autrichiens sont aussi nombreux que bien organisés, et

1. *Cf.* p. 142 sq.

parfois somptueux.) Le directeur et les professeurs déterminent dans quelles conditions les élèves des classes supérieures peuvent fréquenter les brasseries. Toute infraction à ces règles sera punie sévèrement, voire par l'exclusion. »

Allemagne. — Biebrich (§ 17) : « Dans la ville et à une distance d'une heure, il est interdit aux élèves, sauf en compagnie du père, de la mère ou de leur représentant, d'entrer dans les confiseries[1] et les auberges et, en général, dans tous les endroits où l'on vend des boissons spiritueuses. Dans les auberges plus éloignées, ils peuvent entrer en passant et pour se rafraîchir ; si la visite perd ce caractère passager par la répétition régulière, par la durée, le nombre des visites, la quantité des boissons absorbées, ou telles autres circonstances, la faute est punie suivant la gravité. »

Iéna (§ 16) : « En dehors de la surveillance des parents ou de leurs représentants, il est interdit aux élèves d'entrer dans les brasseries, les cafés, les confiseries ou les restaurants de la ville ou des environs. Exception est faite pour les élèves de première, et, sur autorisation, pour ceux de seconde supérieure, qui peuvent fréquenter seuls certains établissements déterminés, après midi et avant dix heures du soir, à condition de ne pas jouer aux cartes. »

Partout on emploie les mêmes termes ou à peu près. On voit ce que l'on se propose d'éviter par là : l'usage des boissons spiritueuses et le développement de l'esprit d'indépendance dans la tenue et les manières, défauts que ces jeunes gens prendraient bien vite, à l'imitation des étudiants, sur lesquels, dans les hautes classes, ils se modèleraient volontiers. Ce travers est si développé que certains « programmes » le signalent aux parents, pour leur conseiller de le com-

1. Où l'on vend, outre des gâteaux, du café, du thé, du chocolat, des glaces et des liqueurs.

battre. A l'exemple des étudiants, ils formeraient des associations, ce qui est absolument interdit. Dans une ville d'Allemagne, un certain nombre d'élèves de première supérieure, qui avaient enfreint cette prescription, furent retardés de six mois ou d'un an pour l'examen de maturité. Sans parler de cette crainte, un autre scrupule fait écarter les jeunes gens des cafés : ils y trouvent à leur disposition, surtout en Autriche, un grand nombre de journaux illustrés, et, vraiment, la lecture de certains illustrés autrichiens ne saurait être conseillée aux jeunes gens. Inspirée par les mêmes préoccupations que la défiance des bals, la mesure n'est pas superflue.

* * *

Tels sont les moyens d'action sur les élèves allemands et autrichiens : ils sont, on le voit, de tous les moments, de tous les jours et de toutes les années ; la façon de se tenir dans la rue peut amener des punitions sévères ; la conduite et le travail du *Quartaner* peut influer, bien plus nettement que chez nous, sur le succès ou l'échec au baccalauréat. Ces enfants et ces jeunes gens, très travailleurs, — nous avons indiqué pourquoi, — très dociles, — influence de la race, fortifiée par les règlements scolaires, — sont d'ailleurs, comme il fallait s'y attendre, moins vifs d'esprit et moins fins que les nôtres, surtout dans certaines parties de l'Allemagne. Un peu de la sévérité de là-bas, appliquée avec tact, à la fois dans la discipline et pour les examens de passage ou autres, relèverait sans tarder le niveau de notre enseignement secondaire et n'enlèverait rien des qualités propres à nos élèves.

CHAPITRE V

LES FÊTES D'UNE ÉCOLE

L'enseignement secondaire allemand et autrichien, si différent du nôtre pour l'organisation, la formation et le recrutement des maîtres, le « matériel » d'élèves, s'en distingue plus nettement encore par sa vie propre. Chez nous, en dehors de la distribution des prix, pas de fête scolaire qui réunisse à la fois professeurs, élèves et parents. Depuis que la messe du Saint-Esprit et la Saint-Charlemagne sont supprimées, pas de cérémonie qui rapproche les élèves et les maîtres. Il y a là une et même deux lacunes, comblées en Allemagne et en Autriche par les fêtes scolaires.

* * *

Une première catégorie est celle des fêtes qui tiennent les élèves en communauté d'idées avec le pays. Pour la fête nationale, qui, là-bas, est celle du souverain, on ne se contente pas de donner vacance aux élèves; on les réunit pour la célébrer dans une cérémonie solennelle qui se déroule toujours à peu près suivant l'ordonnance suivante : au commencement, un hymne de caractère grave et religieux; à la fin, un chant national ou patriotique; dans l'intervalle, un discours du directeur ou d'un professeur, des harangues d'un ou de plusieurs élèves, des déclamations ou une représentation et des chœurs, quelquefois en Allemagne la distribution des prix à quelques élèves : ce sont des volumes de caractère patriotique, comme : BUXENSTEIN, *Notre Empereur;* WISLICENUS, *la Puissance maritime de l'Allemagne autrefois et maintenant;* BOHRDT, *la Marine allemande en discours ou en images,* ou une relation de l'inauguration de l'Eglise évangélique à Jérusalem par l'empereur et son discours. Les harangues des élèves, des professeurs ou des directeurs, prononcées soit en allemand, soit, dans les gymnases allemands, en latin ou en grec, font quelquefois l'éloge du souverain, développant, par exemple, à propos du roi de Saxe, les paroles d'Homère : ἀμφότερον βασιλεύς τ' ἀγαθὸς κρατερός τ' αἰχμητής; ce mot de César : *non minus est imperatoris consilio superare quam gladio;* la réflexion de Tite-Live : *certe id firmissimum longe imperium est, quo obedientes gaudent,* ou montrant en Guillaume II l'homme religieux, imprégné d'idéal, et le véritable Allemand; mais, non moins fréquemment, elles ont comme matière des sujets qui pourraient être traités en n'importe quelle circonstance : les caractères d'Antigone et d'Ismène, d'Electre et de Chrysothémis chez Sophocle, ou des réflexions à propos d'un poème (*die Künstler*); Denis l'Ancien de Syracuse; l'histoire de la mesure de la terre; les progrès de l'électricité; la gymnastique et l'agonistique chez les Grecs, etc. En Allemagne, une seule fête patriotique ne suffit pas : on y ajoute l'anniversaire de Sedan, l'anniversaire de notre défaite. Toutefois, dans toute une partie de l'Allemagne, les écoles sont en grandes vacances; ailleurs on se contente d'une excursion. Ce jour-là, les discours et les chants patriotiques se donnent libre carrière : ce que le dix-neuvième siècle a fait de l'Allemagne (la première puissance du continent), ce que le vingtième siècle doit faire d'elle (une grande puissance maritime); Metz et Strasbourg, comment ces villes ont été perdues et reconquises. Ces thèmes épuisés, on en choisit qui, de près ou de loin, se rapportent à l'unité allemande, à l'armée allemande, au commerce allemand, aux colonies allemandes, aux antiquités allemandes, etc. Il est bien rare que les sujets traités ne se rapportent pas à l'un de ces deux thèmes généraux d'inspiration.

*
* *

Après les fêtes nationales viennent les fêtes proprement scolaires : elles ont pour but d'associer dans une pensée commune maîtres, élèves et presque toujours parents, d'établir, entre l'école et les familles, cette intimité et cette confiance qui rendent le travail plus facile et plus fructueux. Toutes ces fêtes sont d'un caractère grave et simple, qui fait toucher du doigt les deux traits qui distinguent l'âme allemande de la nôtre : le besoin d'idéal et, d'autre part, ce mélange de simplicité et de sensibilité qui s'appelle, d'un mot intraduisible en français, *das Gemüt*. On les célèbre plus soigneusement en Allemagne qu'en Autriche, pour plusieurs raisons exposées déjà, et, de plus, parce qu'un grand nombre d'établissements d'enseignement secondaire autrichien n'ont pas de salle assez grande pour réunir tous les élèves, encore moins les élèves et leurs parents.

La première de ces fêtes ouvre l'année scolaire : elle est particulièrement grave. Généralement, maîtres et élèves commencent par assister en commun et pieusement à un service religieux, où l'on pense aux camarades morts l'année précédente; quelquefois le directeur assemble dans l'*Aula* ses collaborateurs et leurs futurs élèves. Il souhaite la bienvenue aux jeunes gens qu'on lui confie pour la première fois, donne un souvenir aux professeurs qui ont quitté l'établissement, et surtout présente les nouveaux maîtres : il dit où ils ont fait leurs études, où ils ont conquis leurs grades universitaires, et termine par leur éloge, souvont mérité, mais toujours destiné à inspirer confiance en leur savoir et en leur habileté pédagogique. Si l'on se souvient que tous les professeurs d'un gymnase allemand ont affaire à plusieurs classes, on dira peut-être que cette présentation générale est plus commode qu'une série de présentations particulières; mais on conviendra aussi qu'elle a quelque chose de plus solennel, de plus propre à relever encore, aux yeux des élèves, le prestige des professeurs.

C'est par une fête également (*Schlussfeier*, *Schlussaktus*) que se termine l'année : on y célèbre le succès de ceux qui vont quitter l'école (*Abiturienten*) et l'on fête l'approche des vacances : dans certains Etats, comme la Saxe, la fête finale et la consécration officielle des *Abiturienten* forment deux solennités indépendantes, mais c'est l'exception. Cette solennité, qui se déroule devant les professeurs, les élèves, souvent les parents des *Abiturienten*, et quelquefois, quand la place le permet, toutes les familles, comprend, avant tout, quatre éléments immuables : deux chœurs, l'un au commencement, l'autre à la fin; une harangue d'un des *Abiturienten* et un discours du directeur. Le discours du jeune homme qui va quitter le gymnase est, le plus souvent, un salut de reconnaissance à l'établissement, de remerciement à ses maîtres et d'adieu à ses camarades. Quelquefois aussi il traite un sujet quelconque en allemand, en latin[1] ou même en français; mais toujours, à la péroraison, on retrouve quelques mots qui traduisent les sentiments des *Abiturienten* à l'endroit de ceux qui ont formé et meublé leur esprit. Le directeur répond : il donne des conseils à ceux qui vont se lancer dans la vie. L'un exprime l'idée qu'il voit sans inquiétude les jeunes gens s'éloigner, car ils ont appris à l'école la modestie, ils y ont pris le

1. Sur la dignité de l'histoire; sur Arminius, libérateur de la Germanie; Cicéron; sur les principaux auteurs classiques grecs et latins; les vertus des anciens Germains ; Tibère.

goût de l'idéal et la conscience de leur vocation. Un autre montre à ses élèves le travail comme la source des plus nobles joies de la vie (*res severa verum gaudium*), émet le vœu qu'ils ne se laissent pas aller au pessimisme, qui tue les âmes, mais restent fidèles aux idées qui vivront toujours. Un troisième, enfin, parle d'Horace; il cherche dans ses poésies ce qu'il a été comme fils, élève, étudiant, soldat, conseiller de la jeunesse; il insiste sur ce dernier point, à l'aide des *Epîtres* II, 3, 161-165; I, 2 et 3, et accessoirement 18; il tire de là des conseils pratiques. Même les chansons composées pour cette cérémonie, et dont j'ai plusieurs sous les yeux, revêtent le même caractère grave, austère et quasi religieux. Le discours du directeur se termine par la consécration officielle (*Entlassung*) des *Abiturienten*. Il arrive aussi — et maintenant nous entrons dans la partie variable de la fête — qu'il remet en même temps, à ceux qui les ont mérités, les certificats qui donnent droit au volontariat d'un an, délivrés à la suite d'un examen passé à la sortie de la seconde inférieure, au bout de six ans d'études.

D'ailleurs, le directeur n'est pas toujours le seul, ni le premier, à répondre à celui des *Abiturienten* qui a pris la parole au nom de ses camarades. Assez souvent, un des élèves qui vont entrer dans la classe la plus élevée, un de ceux qui, l'année suivante, quitteront le gymnase, salue ceux qui partent au nom de ceux qui restent, soit dans une courte harangue dont c'est l'objet spécial, soit à la fin d'un développement portant sur une matière quelconque, comme les chants populaires allemands, ou l'œuvre de Racine, ce dernier sujet traité en français. Tous ces discours sont séparés les uns des autres par des chœurs, que chantent les élèves, par des morceaux qu'exécute un orchestre composé d'éléments puisés dans les diverses classes, par des lectures de la Bible, ou enfin par la récitation de morceaux grecs (par exemple une *élégie* de Tyrtée), latins (*Lupus et Agnus, Vulpes et Caper*, de Phèdre, *Métamorphoses* d'Ovide, I, 324-347), allemands, français, anglais, ou même italiens! *Le Laboureur et ses Enfants, l'Abbé de Molière et le Voleur, Lorsque l'enfant paraît*, sont débités à Francfort-sur-le-Mein; *le Corbeau et le Renard* ou *le Retour dans la patrie*, à Gleiwitz, en Silésie. Souvent une pièce entière grecque ou française est représentée, soit dans une traduction, soit dans le texte original (*Antigone* ou l'*Avocat Patelin*). Qu'on n'aille pas s'imaginer que, par ces déclamations, l'école poursuit un but de réclame, comme le font certaines petites pensions françaises dans les représentations qui précèdent la distribution des prix : elle pense simplement intéresser l'auditoire. Dans cette cérémonie, qu'on ne voie non plus aucun appel à l'amour-propre des enfants : la preuve en est que les noms des élèves admis à passer dans la classe supérieure ne sont pas proclamés en séance publique, mais dans les différentes classes, par le professeur principal (*Ordinarius*), et en présence des seuls élèves de la classe, ou, s'ils sont proclamés dans l'*Aula* par le directeur, c'est seulement devant les élèves réunis pour la circonstance.

Mais cette partie de la fête est réservée aux productions de l'esprit; il y en a quelquefois une deuxième, exclusivement consacrée aux exercices du corps. En Allemagne, on veut que, au sortir du gymnase, l'esprit du jeune homme soit cultivé, mais aussi que son corps soit solide : en hiver, on donne vacance aux élèves pour leur permettre de se livrer aux plaisirs du patinage. Dès lors, comment ne pas s'attendre à ce que, après la fête célébrée dans l'*Aula*, il y en ait une autre qui se déroule, soit dans la salle de gymnastique, où les différentes classes exécutent le travail aux appareils, des mouvements de cannes, ou des exercices en rang serré, le tout clos par des groupes esthétiquement harmonieux, soit sur un terrain plus vaste, où les divisions d'une même classe et les classes mêmes rivalisent d'ardeur et d'agilité dans les jeux dits athlétiques?

Cette préoccupation de la santé physique des enfants ou des jeunes gens, jointe au souci de rapprocher, en dehors de l'enseignement, maîtres, élèves et parents, a inspiré une coutume universellement pratiquée en Allemagne et en Autriche, celle de l'excursion annuelle de l'école. Dans un certain nombre d'établissements, surtout en Bavière, elle a lieu au mois de mai : c'est ce qu'on appelle la « Fête de Mai » (*Maifest*); ailleurs on en fixe généralement la date de telle sorte qu'elle vienne couper, par un repos complet d'esprit, une assez longue période de travail. Les élèves partent, dès le matin, sous la conduite de leurs maîtres, soit tous ensemble, soit en deux groupes, formés l'un des « grands », l'autre des « petits », soit enfin par classes : dans le dernier cas, les élèves choisissent eux-mêmes le but de l'excursion. C'est un site pittoresque ou un monument historique, qui exige toujours, pour être atteint, une assez longue marche à pied, égayée par les chants, toujours graves, des élèves, ou par les batteries ou sonneries des tambours et fifres qui existent dans certains gymnases. Au terme du voyage, on retrouve souvent les femmes des professeurs, les mères et les sœurs des élèves, venues par chemin de fer et par voiture; on envoie des cartes postales illustrées, on se fait photographier, on mange, on danse et on rentre.

Les maîtres et les élèves sont encore rapprochés, en Saxe, par exemple, à l'occasion d'un bal, qui a lieu généralement tous les ans, parfois tous les deux ans, à des dates très variables, et auquel prennent part les professeurs, leurs familles, les élèves des trois classes les plus élevées et leurs familles, en tout quatre ou cinq cents personnes, et même quelquefois plus. Il y a d'abord un banquet commun, avec un toast au directeur et une réponse d'un élève, puis on danse jusqu'à deux heures du matin; le lendemain, l'enseignement commence deux heures plus tard, pour permettre aux danseurs de se reposer. Ainsi l'union des maîtres et des familles est affermie et affirmée; en même temps les jeunes gens ont l'occasion d'apprendre ou de mettre en pratique certains usages de politesse ou de civilité, en un mot, de faire leurs « débuts dans le monde » devant un cercle familier et indulgent.

Cérémonie pour commencer l'année, fête pour la finir, excursion ou quelquefois bal annuels, telles sont les solennités fixes et presque immuables de la vie scolaire, auxquelles les parents sont associés. Il faut en ajouter une autre, qui ne trouve pas tous les ans l'occasion d'être célébrée : c'est l'installation d'un nouveau directeur. Dans l'*Aula*, ornée pour la circonstance de plantes, de sapins et d'étendards, se réunissent les professeurs, les élèves, et, pour les établissements qui dépendent des villes, le conseil d'administration de l'école et le conseil municipal; si la place le permet, on invite aussi les directeurs des autres établissements d'enseignement secondaire ou même d'enseignement primaire supérieur et les parents des élèves. La cérémonie s'ouvre par le chant d'un psaume. Puis le bourgmestre, lorsqu'il a lieu d'être présent, prend la parole, fait l'histoire de l'établissement, surtout quand il n'est pas très ancien, présente le nouveau directeur, exprime sa confiance en son habileté et forme le vœu de lui voir conserver longtemps ses fonctions. Le directeur remercie, promet de consacrer toute son activité au développement du gymnase qui lui est confié; mais il a besoin, pour cela, du concours des maîtres, des élèves et de leurs parents, qui, il en est sûr, ne lui fera pas défaut : ainsi l'école ne sera que le prolongement de la maison paternelle. Un membre du corps enseignant et, dans certains Etats, un élève saluent alors, au nom des professeurs et des élèves, le nouveau directeur, qui, souvent, profite de l'occasion pour distribuer quelques livres comme récompense. Après l'exécution d'un nouveau psaume, l'assemblée se sépare. Est-il rien de plus différent, comme inspiration, de ce qui a lieu chez nous dans des circonstances analogues?

*
* *

Enfin l'association de l'école et de la famille est assurée encore par d'autres moyens, différents en Allemagne et en Autriche. En Allemagne, les parents sont admis à juger par eux-mêmes du niveau de l'enseignement donné à leurs enfants. A la fin de l'année scolaire, il y a, pour chaque classe, des examens publics, ouverts à tous; on y peut interroger les enfants et toucher du doigt l'étendue de leurs connaissances. En Autriche, les parents sont admis, de concert avec les maîtres, à prendre certaines décisions, dans les réunions appelées « soirées de parents » (*Elternabende*); elles sont d'ailleurs plus fréquentes dans les établissements de filles que dans ceux de garçons, vraisemblablement parce que c'est à propos des jeunes filles que se posent surtout les questions délicates, importantes et d'intérêt général, par exemple, à Baden, près Vienne : Est-il bon que les jeunes filles fréquentent le parc et le théâtre, où elles risquent de rencontrer des personnes de mise et d'allure excentriques? Dans quelle mesure convient-il d'éclairer les jeunes filles sur certaines questions délicates en histoire naturelle? Ailleurs on parlera du temps qu'il est bon de consacrer à la lecture et des livres à lire (genres et ouvrages isolés). Souvent, pour éviter que la discussion ne s'égare ou ne traîne, un professeur fait, sur la question à débattre, un petit exposé, où il résume les arguments pour ou contre; comme conclusion, il propose à l'assemblée un projet de résolution; on discute et on vote. Les résultats de cette institution, ainsi conçue, sont de tout point excellents. Comme on n'abuse pas de ces réunions, qu'elles ont lieu seulement quand le besoin s'en fait sentir, trois fois par an au maximum, que les parents savent n'y pas perdre leur temps, ils y viennent en assez grand nombre : la moitié des familles au moins, souvent les deux tiers, y sont représentées. Il est plus difficile d'organiser ces réunions chez nous, car les parents des internes y assisteraient malaisément. Mais, pour les lycées et colléges de jeunes filles, où les internes sont relativement peu nombreuses, n'y aurait-il pas lieu de tenter un essai? Je ne doute pas que les résultats ne soient aussi heureux qu'en Autriche, si l'on prend les précautions nécessaires pour intéresser les parents à ces tentatives.

*
* *

Ces écoles, qui ont une vie à elles, ont aussi leur organe où se trouve résumée cette vie. Chaque année, le directeur adresse à tous les parents un compte rendu (*Jahresbericht*) ou « programme » de l'année scolaire. Ce sont des cahiers d'une trentaine de pages, quelquefois très secs — en Wurtemberg, par exemple, — plus littéraires en Saxe, mais toujours précis et instructifs. La seule partie qu'ils présentent en commun avec nos palmarès, c'est la liste des professeurs, partout donnée très soigneusement, particulièrement en Autriche, et surtout en Bavière, où l'on mentionne avec grand scrupule s'il s'agit d'un *Gymnasialprofessor*, d'un *Gymnasiallehrer*, d'un *Gymnasialassistent* ou d'un simple *Lehrer*, où l'on ajoute les titres militaires et les décorations (Dieu sait qu'il y en a une variété infinie en Allemagne!), où l'on n'a garde d'oublier le concierge, *Famulus X.*, et MM. les sergents Y. et Z., du N° régiment, professeurs de natation. — Tout le reste ne ressemble pas à ce que nous connaissons. En laissant de côté les menues différences, les indications que fournissent les *Jahresberichte* se rangent en sept chapitres : I, l'enseignement (répartition des enseignements entre les professeurs, matières vues, devoirs donnés, livres de classe); II, décisions des autorités; III, chronique de l'établissement; IV, détails statistiques; V, collections (nouveaux instruments de travail acquis ou donnés); VI, fonds (reçus pour les veuves et les orphelins, bourses accordées aux élèves); VII, communications aux parents.

Je ne passerai pas toutes ces parties en revue[1] : si elles sont toutes instructives, toutes ne sont pas également intéressantes, par exemple les statistiques longues, minutieuses et compliquées, surtout en Autriche; c'est le triomphe de la paperasserie, la terreur des directeurs et professeurs. Ce qui mériterait d'être emprunté aux *Jahresberichte* pour être substitué ou, mieux, ajouté à nos palmarès, ce sont les éléments suivants :

1° La liste des livres qui doivent être aux mains des élèves, exception faite pour les auteurs d'explication. On voit les avantages de cette mesure.

2° La partie où sont rappelées les principales décisions relatives à l'enseignement en général ou à l'établissement en particulier, prises soit par le ministre, soit par le conseil scolaire de la province ou de l'Etat, soit enfin, quand il s'agit d'un établissement municipal, par le conseil d'administration (*Curatorium*). Lorsque les décisions sont particulièrement importantes, elle sont citées *in extenso* : tel a été le cas, par exemple, en Prusse, dans ces dernières années, pour les instructions données aux directeurs sur la durée des récréations, et au corps enseignant sur les examens de passage. Mais il n'y aurait pas besoin de tout

1. Ceux qui désireraient plus de détails les trouveront dans la *Revue universitaire*, 1904, 1, p. 120 sqq.

citer indistinctement : on pourrait faire un choix et s'en tenir aux seules décisions vraiment intéressantes pour les parents.

3° La chronique de l'établissement. La collection des « programmes » forme une véritable histoire du gymnase ou du réalgymnase; ceux qui reçoivent la brochure sont donc incités à la conserver et, plus tard, à la feuilleter; les anciens élèves sont mieux rattachés à leurs jeunes camarades. Mais, ici encore, il est inutile de tout dire, de mentionner les moindres absences des professeurs et d'indiquer les noms de tous les étrangers qui ont visité les classes.

4° Les communications aux parents. Elles sont de diverse nature, toutes pratiques : date des vacances, programme des fêtes scolaires, etc. Les plus intéressantes portent sur les carrières ouvertes aux élèves qui ont suivi avec fruit les cours de l'établissement : malheureusement elles manquent toujours en Autriche, et quelquefois en Allemagne.

Mais, dira-t-on, n'y a-t-il donc rien qui corresponde à nos discours de distribution de prix? Hélas! non, car on ne saurait penser à y comparer la dissertation scientifique, rédigée par le directeur ou un professeur de l'établissement, et qui est, d'*ordinaire*, jointe au « programme ». Voilà, en effet, une première différence, qui les sépare de nos discours : quelquefois il n'y en a pas; pour d'autres années, on en trouve deux, et même davantage, par exemple pour le vingt-cinquième ou le cinquantième anniversaire de la fondation de l'établissement. Puis le sujet n'est pas forcément épuisé en une année : l'histoire du gymnase de Hanau de 1665 à 1812, publiée dans les programmes de cet établissement par le directeur, s'étend sur quatre ou cinq ans; de même celle du gymnase d'Innsbruck; de même encore les observations pédagogiques présentées par le savant directeur du gymnase d'Iéna, et qui finissent par former comme un cours de pédagogie pratique. Enfin, ces études ne sont nullement faites pour le grand public : quelques titre ssuffiront à le prouver : *Remarques sur l'emploi de l'article avec les noms de personnes dans l'*Anabase; *la Place de l'*Euthyphron *dans le* Corpus Platonicum; *Pièces relatives à l'histoire des écoles — en Silésie au moyen âge; Phraséologie pour faire la classe en français et en anglais; le Caractère de l'empereur François-Joseph; Sur les courbes du 4e degré,* p=0, et, surtout, en latin : *De operibus Fastidii, Britannorum episcopi*, ou *Quantum intersit inter dativi possessivi usum Ciceronis et Plauti.* Tous les sujets, en effet, sans distinction, sont choisis, depuis les *Sources* et les *Modèles de Stace,* jusqu'à la *Versification de Rostand;* ils portent sur toutes les littératures, sur toutes les sciences, sur toutes les parties de la pédagogie. Ces « contributions scientifiques » ne sont pas toutes d'égale valeur : j'en ai lu de supérieures, une entre autres sur Tacite et Plutarque; combien, par contre, en ai-je vu d'insignifiantes ou de faibles, ce qui ne les empêche pas d'être admirées par de nombreux Français qui regardent encore n'importe quel ouvrage allemand comme supérieur à un livre publié par un de nos compatriotes! *Major e longinquo...* Telles quelles, elles montrent aux Allemands et aux Autrichiens, dont un certain nombre respecte encore la science pure, que les professeurs de leurs enfants sont à la fois de bons pédagogues et des savants.

On conviendra que les *Jahresberichte* sont d'un intérêt plus général et plus durable que nos palmarès, puisqu'ils donnent comme une histoire de l'établissement, qu'ils permettent aux parents de suivre ce qui s'y passe, et fournissent aux anciens élèves l'occasion de revivre, lorsqu'ils le désirent, leurs années d'écoliers, avec leurs maîtres et leurs camarades, ce qui ne contribue pas médiocrement à ne pas leur laisser oublier le vieux gymnase ou la jeune école réale qui les a formés.

LIVRE III

L'enseignement.

CHAPITRE PREMIER

LES CARACTÈRES GÉNÉRAUX

Deux traits dominent l'enseignement secondaire allemand et autrichien : le premier, c'est la concentration qui, de toutes les façons, lui est imposée; le second, le rôle qu'y joue le travail fait en classe.

A. — La concentration.

D'abord, comme j'ai eu l'occasion de l'indiquer, l'enseignement secondaire allemand tout entier est au service de l'idée patriotique. Sans doute, nous l'avons constaté, en Autriche, l'école célèbre les grands événements qui font battre le cœur du pays. Il est même vraisemblable que le ministère de l'instruction publique, qui doit approuver tous les livres scolaires, y refuserait l'autorisation à un recueil de morceaux choisis allemands ou même français qui ne contiendrait pas de textes destinés à fortifier l'amour de la patrie. Mais, ce qui est propre à l'Allemagne, c'est faire de l'enseignement secondaire un foyer d'ardent patriotisme, c'est y introduire partout le patriotisme et une certaine forme de patriotisme. L'Autriche se tient dans la juste mesure. Comme on va le voir, on ne saurait en dire autant de l'Allemagne.

Célébrer à l'école des fêtes nationales, même quand le propre de l'une d'elles est de renouveler l'humiliation d'un voisin, on peut encore le comprendre. Mais célébrer le centième anniversaire de Moltke! Mais donner vacances pour voir passer le *Zeppelin*, pour assister, avec des cartes spéciales, à une revue des troupes de la garnison, ou pour suivre les grandes manœuvres sous la conduite des professeurs, auxquels les autorités militaires indiquent les meilleures places! On se souvient que l'idée patriotique a exercé son influence sur le plan d'études : la présence du chant et de la gymnastique comme matières obligatoires ne s'explique pas autrement. Un grand nombre de devoirs portent sur des sujets patriotiques : Frédéric II, le relèvement de la Prusse après la campagne de 1806-1807, la reine Louise, la guerre de délivrance, Blücher, Stein et Scharnhorst, la guerre de 1870 et surtout Sedan, comment l'Alsace fut-elle arrachée à l'Allemagne et comment rentrait-elle dans l'empire? On exalte les service rendus par la Prusse à l'unité allemande, la grandeur du nouvel Etat (*Concordia parvæ res crescunt, discordia maximæ dilabuntur*) et la nécessité pour lui de chercher son avenir sur la mer (pourquoi nous faut-il une flotte?). Les plus petits élèves savent les dates exactes des trois empereurs d'Allemagne, année, mois et jour. Explique-t-on dans Tite-Live l'épisode de Mucius Scævola, on en tire uniquement une leçon de patriotisme, et un auteur ne conseille-t-il pas, dans l'enseignement du français, de bien dire aux élèves, après leur avoir exposé la guerre de 1870-1871, que « si des voisins remuants attaquaient de nouveau l'Allemagne, ils devraient prendre les armes pour la défendre »? D'ailleurs, les livres scolaires mêmes servent ces vues.

Il est rare qu'un recueil d'exercices, quel qu'il soit, ne contienne pas un certain nombre de devoirs sur la guerre de 1870-1871. Heureux quand elle n'est pas présentée avec l'exactitude qui distingue un certain *Pauli Sextani liber*. On ne saurait s'empêcher d'en détacher certaines perles. On y voit que les zouaves étaient très courageux, mais sans aucune discipline (*maxima fortitudine, sed pessima disciplina*), et qu'un grand nombre de soldats français ne savaient même pas lire (*multi captivi litteras nesciebant*). Enfin, comment passer sous silence ce récit du siège de Strasbourg : *Quadringenta fere ædificia incendio deleta sunt, bibliotheca cum multis millibus librorum jacet. Sed Argentoratum nunc urbs nostræ patriæ florens erit*. Ces souvenirs, toujours présents en classe, sont entretenus dans l'intervalle par les tableaux qui ornent les couloirs : ce sont des gravures représentant le *Départ des volontaires* en 1813 ou des scènes tirées des guerres de 1866 et 1870; il s'y joint souvent des tableaux où la flotte de l'Allemagne est comparée à celle des autres grandes puissances.

Enfin nous avons du mal à concevoir que cette idée patriotique intervienne comme argument dans les discussions pédagogiques. Le mot de l'empereur Guillaume II : « Ce sont de jeunes Allemands que nous voulons former, » pourrait servir de maxime à presque tous les projets de réforme suggérés par des professeurs dans ces dernières années. L'un écrit qu'un établissement d'enseignement secondaire n'atteint pas son but s'il ne donne pas une éducation patriotique; un autre encadre sa théorie de l'école de l'avenir entre les deux mots suivants : « Attache-toi à la patrie, que tu dois chérir; là sont les racines puissantes de ta force » (*Ans Vaterland, ans teure, schliesz dich an; Hier sind die starken Wurzeln deiner Kraft*), et : « L'Allemagne, l'Allemagne au-dessus de tout, au-dessus de tout dans le monde » (*Deutschland, Deutschland über alles, über alles in der Welt*). Aux plans d'étude d'Altona et de Francfort, qui, comme première langue étrangère, font apprendre à tous les élèves le français, on ose encore objecter qu'ils sont antipatriotiques, tandis que certains, pour les défendre, représentent l'avantage de pouvoir, dès l'abord, grâce au français, parler des exploits inoubliables de l'empereur Guillaume Ier et de ses paladins. J'ajoute que l'Allemagne atteint le but qu'elle se propose : j'ai lu un certain nombre de devoirs où les élèves sont bien persuadés de la nécessité pour leur pays de s'imposer des sacrifices pour se créer une flotte sur mer et dans l'air, de sorte qu'il est vrai de dire que c'est le maître d'école qui a vaincu dans la dernière guerre, mais à condition de ne pas faire le contresens traditionnel et de donner à ce mot la signification qui ressort de ce que nous venons de signaler.

En second lieu, comme chez nous, toutes les branches de l'enseignement doivent se prêter un mutuel appui. En Autriche comme en Allemagne, le choix des matières inscrites au programme des différentes classes est dicté par le désir qu'elles se commandent et se préparent les unes les autres. De plus, entre toutes les matières proprement littéraires, un lien est établi par l'enseignement non de la langue, mais de l'histoire et surtout de la littérature allemandes. De Tacite, l'on expliquera surtout la *Germanie*, on devine pourquoi, et les *Annales*, non seulement parce qu'elles font le mieux connaître les traits distinctifs de l'écrivain, mais parce qu'elles comprennent le récit des guerres de Germanie. Explique-t-on l'*Art poétique* d'Horace, on se reportera continuellement à la *Dramaturgie de Hambourg* et au *Laocoon* de Lessing, ainsi qu'au traité de Schiller *Sur la poésie naïve et sentimentale*. Pour commenter Homère, on s'adressera le plus souvent possible au *Laocoon* de Lessing, aux ouvrages de Herder, d'A.-W. Schlegel, de Fr. Schlegel (*Histoire de la poésie des Grecs et des Romains*) ou de Wackernagel (*Poésie, Rhétorique* et *Stylistique*). Dans le détail, on ne manquera pas de rappeler ou d'indiquer aux élèves les imitations, même les plus lointaines ou les moins sûres, que suggèrent les écrivains allemands, surtout Gœthe et Schiller[1].

*
* *

Si, de l'enseignement en général, nous passons aux différentes matières enseignées, nous constaterons que les professeurs chargés, à travers les classes, du même enseignement, doivent s'entendre pour éviter le temps perdu et les redites, et pour arriver au meilleur résultat possible. C'est l'institution qui a été copiée par nous sous le nom de « conseil d'enseignement ». Je n'y insisterais donc pas, si j'étais sûr que nous recherchions ou que nous obtenions les mêmes résultats qu'en Allemagne ou en Autriche.

Là-bas, en effet, les professeurs de langues classiques choisissent les auteurs, ouvrages ou passages à expliquer pour l'année scolaire, de manière que tout s'appelle et se prépare dans un ensemble harmonieux, où tous les genres, tous les plus grands écrivains, et, pour chacun d'eux, les pièces ou morceaux caractéristiques des diverses inspirations soient représentés. C'est ce que va suffire à montrer l'exemple du gymnase d'Iéna, un de ceux où les lettres classiques sont enseignées de la façon la plus intelligente, la plus pénétrante et la plus intéressante.

Ainsi, les élèves ayant au programme, en IIIe inférieure, en IIIe supérieure et en IIe inférieure, des morceaux choisis des *Métamorphoses*, on y prend pour textes d'explication, dans la première de ces classes, des épisodes comme Philémon et Baucis, le Souhait de Midas, Dédale et Icare, Orphée et Eurydice, qui nous font remonter aux temps les plus anciens. En IIIe

1. Dans cet esprit, *cf.* une brochure érudite du Dr. Karl Klement, *Ausschnitt aus einer Lateinstunde in der Septima*, 1905, Vienne, au Staatsgymnasium du XIXe arrondissement.

supérieure, on se sert de l'ouvrage pour faire connaître aux jeunes gens les époques primitives de la Grèce, depuis l'expédition des Argonautes jusqu'à la guerre de Troie (les Grecs à Aulis; combat autour des armes d'Achille (XIII, 1-398), morceaux qui servent de préparation et d'introduction naturelle à l'étude de Virgile et d'Homère. Enfin, en IIe inférieure, on s'attaque aux parties qui jettent quelque lumière sur l'âme antique, par exemple l'histoire de Phaéton, ou celle de Niobé, qui fait comprendre la ὕβρις. Comme conclusion, la cosmogonie et les âges du monde. En même temps, l'explication des deux élégies des *Tristes* (IV, 10 et I, 3) apprend aux élèves l'essentiel sur la vie du poète[1]. J'ai trouvé aussi, à plusieurs reprises, en Autriche, un choix d'Ovide fondé presque exclusivement sur la mythologie et comprenant, à côté de nombreux extraits des *Métamorphoses* ou des *Fastes*, certains morceaux des *Tristes* (Iphigénie), des *Pontiques* ou même des *Amours*.

Nous relevons un plan analogue dans l'explication d'Horace, qui se place au cours des deux années de première. D'abord la jeunesse du poète, Venouse, Rome, Athènes, la guerre civile, est exposée au moyen de vers puisés dans toutes les parties de l'œuvre. Puis vient la première époque de la poésie, la satire, et d'abord la satire agressive. L'épode 16 et l'ode I, 16 fournissent deux types, l'un pour la forme et l'imagination, l'autre pour l'inspiration. On arrive ensuite à la satire morale, et l'on explique les satires I, 1, 3, 1-69 (éloge de la patience), II, 2, 1-8, et 70-136 (Ofellus), surtout II, 6. On ajoute l'épître I, 16, 1-16 et, si l'on a le temps, les satires I, 5, 1-44 (voyage à Brindes) et

1. De même, en Autriche, dans l'explication des *Métamorphoses*, on éclaire Ovide par lui-même. De l'épisode de Niobé, on rapproche le passage des *Pontiques*, IV, 3, 35 sqq., sur l'instabilité du bonheur; à l'histoire de Dédale et d'Icare, qui revient dans l'*Ars am.*, II, 21 sqq., on rattache le morceau des *Pontiques*, I, 3, 35 sqq., sur le charme de la patrie, etc.

I, 9. On aborde alors la seconde période poétique : le lyrisme. Le but que se propose le poète est indiqué par les odes I, 1, III, 30 et IV, 3, ses modèles grecs par l'ode IV, 9, 1-12. Dans ces œuvres lyriques, trois groupes principaux sont distingués. Le premier a comme thèmes l'amour, le vin, l'amitié, la vie suivant la nature, qui sont développés en certain nombre de pièces que les élèves expliquent[1]. Puis sont lues une série d'odes où l'idée lyrique revêt une inspiration morale ou religieuse[2]. L'on arrive ainsi, insensiblement, aux odes philosophiques, parmi lesquelles on choisit, pour l'explication, les pièces II, 2, 3, 10, 14, 16; III, 16, 29. A ce moment, l'on se retourne, l'on résume brièvement les résultats obtenus, et l'on compare la poésie lyrique latine à la poésie lyrique grecque. Telle est la tâche de la première inférieure.

En première supérieure, on aborde les odes patriotiques : I, 2 (*Jam satis terris*), 14 (*O navis, referent*), 37 (*Nunc est bibendum*); II, 1 (*Motum ex Metello*); III, 24 (*Intactis opulentior*), surtout les odes III, 1-6, comme la plus haute inspiration de l'idée nationale, et l'ode IV, 5 (*Divis orte bonis*), ainsi que le *Chant séculaire*, comme les plus belles entre les pièces qui chantent la gloire de Rome. Pour compléter la connaissance des poésies lyriques et en matière de conclusion, on déchiffre les odes I, 6; II, 12; IV, 2; I, 34, 35, 31; II, 18, 1-14 et 13. Enfin, la dernière période de la vie d'Horace est étudiée dans les épîtres I, 1, 2, 7, 10; II 1 et 2 (en grande partie), et l'*Art poétique* presque entier.

1. I, 5, 13 (*Cum tu Lydia*), 16 (*O matre pulchra*), 17 (*Velox amœnum*), 22 (*Integer vitæ*); III, 9 (*Donec gratus eram*); — I, 18 (*Nullam, Vare, sacra*), 27 (*Natis in usum*); III, 21 (*O nata mecum*); IV, 12 (*Jam veris comites*); — I, 24 (*Quis desiderio*), 26 (*Musis amicus*); II, 6 (*Septimi, Gades*), 7 (*O sæpe mecum*), 17 (*Cur me querelis*); III, 8 (*Martiis cælebs*); — II, 13 (*O fons*).

2. I, 3 (*Sic te diva potens*), 4 (*Solvitur acris hiems*), 9 (*Vides ut alta*); IV, 7 (*Diffugere nives*); — III, 18 (*Faune, nympharum*), 29 (*Montium custos*), 23 (*Cælo supinas*); I, 10 (*Mater sæva*).

De même encore pour Virgile, dont on ne voit guère que l'*Enéide*[1]. En seconde inférieure, on expose aux élèves le plan de l'*Enéide;* ils étudient les deux premiers chants et des fragments du IIIe. En seconde supérieure, après une revision rapide de ce qu'ils ont déjà vu, ils expliquent le chant IV, le chant V, à l'exception des jeux (104-603), parcourent le chant VI en s'arrêtant sur le défilé des héros de Rome (756-901), lisent tout le chant VII, sauf quelques vers, comme exposition de la deuxième partie du poème, passent rapidement sur le chant VIII jusqu'au moment où l'on arrive à la description du bouclier, voient le chant IX à peu près complètement, mais prennent dans les trois derniers chants les seuls morceaux qui peignent Pallas, Mézence et Lausus, Camille et Turnus[2]. A ce moment on fait mesurer des yeux aux jeunes gens le chemin parcouru, on leur fait toucher du doigt les éléments du génie de Virgile, et, comme conclusion de l'étude, on leur montre l'influence du grand poète latin au moyen âge et (on l'attendait!) sur l'épopée romantique allemande.

* * *

Enfin, dans chaque classe, la concentration est opérée par ce fait que le même professeur est souvent chargé d'un grand nombre d'enseignements divers, et surtout parce qu'un des maîtres est choisi comme professeur principal : il porte généralement le titre d'*Ordinarius;* quelquefois aussi il s'appelle *Klassenlehrer* (maître de la classe) ou *Klassenvorsteher* (chef de la classe). De même que le directeur possède quelques-uns des pouvoirs de nos recteurs, de même certaines attributions du proviseur sont dévolues au

1. Quelquefois les *Eglogues* 1 et 5, pour la vie du poète, et des épisodes des *Géorgiques*.
2. X, 362-509 et 755-fin; XI, 532-687, et XII, 697-fin.

professeur principal : c'est lui, par exemple, qui autorise les élèves à s'absenter pour un jour et demande des explications aux parents pour les absences de courte durée; c'est lui qui permet aux élèves de prendre des leçons; il doit être averti quand ils vont au théâtre, au bal ou au concert, fût-ce du consentement de leurs parents et avec eux : j'ajoute que dans les grandes villes, où le contrôle est difficile, on viole délibérément cette dernière prescription. Tenu au courant des devoirs que donnent ses collègues, l'*Ordinarius* doit veiller à ce qu'ils ne soient pas trop longs en eux-mêmes où par rapport à l'enseignement auquel ils correspondent, et s'occuper de les répartir aussi également que possible entre les différents jours de la semaine; on lui rend compte régulier de certaines punitions infligées, comme les travaux supplémentaires à faire à la maison. De son côté, il doit s'attacher à connaître aussi exactement que possible ses élèves, leur caractère, leurs aptitudes et leurs progrès et être toujours prêt à en rendre compte. Aussi est-ce à lui que s'adressent les parents pour tout ce qui concerne leur enfant, et la signature de l'*Ordinarius* figure-t-elle à côté de celle du directeur sur les pièces relatives à un élève de sa classe (feuille de notes, bulletin délivré à la sortie d'un établissement, certificat pour le volontariat d'un an, etc.).

Il est à remarquer, à ce propos, que l'*Ordinarius* n'est pas forcément le professeur qui donne le plus d'heures dans la classe : on choisit celui qui semble le plus apte à ce rôle, et sa nomination ne dépend pas toujours du seul directeur : dans certains Etats, il doit consulter le *Schulrat*, c'est-à-dire, en France, le recteur. Généralement, le directeur est *Ordinarius* de la classe la plus élevée; mais voici, dans un gymnase autrichien, que l'*Ordinarius* de la sixième classe, notre seconde, n'y enseigne que l'histoire et la géographie, ou que celui de la cinquième classe, notre troisième, y professe les mathématiques et la physique. C'est comme si, dans notre section A, on décidait que le professeur principal de troisième est le professeur de mathémathiques! Y songerait-on? De même, dans tel réalgymnase allemand, les élèves de seconde inférieure, notre seconde, ont comme *Ordinarius* un maître qu'ils ne voient que deux heures par semaine, pour l'enseignement de la géographie.

D'ailleurs, la besogne de l'*Ordinarius* est facilitée par l'existence, dans toutes les classes, d'un certain nombre de registres, qu'on pourrait aisément fondre en un et qui contiennent les renseignements que voici : emploi du temps, noms des professeurs, jour où les devoirs doivent être remis (par exemple, lundi, allemand; mardi, latin; mercredi, français; jeudi, anglais; vendredi, physique; samedi, mathématiques), livres employés, morceaux appris par cœur. On y trouve aussi la liste des élèves avec nom, prénom, religion, lieu et date de naissance, date de l'entrée à l'école, nom, profession et domicile des parents, et, éventuellement, l'indication de la pension, des dispenses de cours, des répétitions prises ou des particularités physiques (vue faible ou oreille dure). Pour chaque jour on marque l'heure de la leçon, l'objet de l'enseignement, les devoirs à remettre, les devoirs donnés avec l'indication du temps qu'il faudra pour les faire, les matières vues, les élèves en retard ou absents, avec excuse ou sans excuse, les punitions données, — il est à remarquer que la seule inscription d'un nom sur le livre de punitions, qui passe sous les yeux du directeur, est considérée comme une punition assez grave, — les observations et la signature. Quelques-uns de ces renseignements sont inscrits à l'avance par un élève choisi, qu'on désigne du titre de *Klassenbuchführer* (teneur du livre de classe). A la fin de chaque semaine, figure un résumé des absences et des retards, la liste des élèves loués ou blâmés et de ceux qui ont les meilleurs et les plus mauvais devoirs ; en effet, chaque samedi, le livre de classe est visé par l'*Ordinarius* et le directeur, qui, ainsi tenus au courant de la marche de l'enseignement et de la conduite des élèves, écrivent, en toute connaissance de cause, leurs desiderata et leurs observations. Le registre se termine par la liste des notes méritées par les élèves pour leurs devoirs, avec la date où le travail a été remis et rendu ; enfin, à chaque élève est réservée une case, où l'on apprécie conduite, application, attention et ordre, sans omettre les principales absences. Ces cahiers sont donc un organe essentiel de l'unité de la classe et résument, on peut le dire, toute une année scolaire.

On voit les avantages de cette double institution, extérieurs d'abord : les élèves ne font pas, comme chez nous, de distinction entre leurs maîtres, suivant qu'ils les voient plus ou moins souvent : ce professeur, qu'ils n'entendent que deux heures par semaine, pour apprendre de lui le français, a été leur *Ordinarius* l'année précédente ; ce professeur de mathématiques, qui ne leur fait que deux heures de cours, ils pourront l'avoir comme *Ordinarius* l'année suivante. Aussi les élèves montrent-ils pour tous les professeurs un égal respect. Plus importants encore sont les avantages intérieurs, si j'ose ainsi m'exprimer : l'unité est imposée aux classes ; le travail des élèves est rendu plus régulier ; les professeurs d'une même classe ne vivent pas à côté les uns des autres, s'ignorant presque, s'ils veulent, sauf aux jours d'assemblée générale, lorsqu'ils y viennent ; l'un d'eux, au moins, dans chaque classe, connaît bien le caractère et l'intelligence des enfants, et peut ainsi les diriger plus sûrement pour l'avenir, au lieu que, chez nous, celui même qui enseigne à la fois — exception rare ! — français, latin et grec, ne connaît les aptitudes de ses élèves que d'une manière fragmentaire : sait-il comment ils réussissent en mathématiques, à moins qu'il ne prenne ses repas avec le professeur de sciences et que celui-ci ne répugne pas à « parler métier » en dehors du service? Autrefois, on pouvait objecter : en France, il y a, dans la moitié des classes, un maître qui enseigne à la fois français, latin et grec et, de fait, est professeur principal; en Allemagne ou en Autriche, les élèves ont affaire à une multitude de professeurs, quelquefois neuf *pour les seules matières obligatoires*. Mais, depuis 1902, notre situation ne s'est-elle pas rapprochée de celle de l'Allemagne ou de l'Autriche, et ne devrait-elle pas dicter la création d'un organisme analogue à l'*Ordinarius*? Je parle pour les lycées et les collèges importants : dans les établissements au-dessous de 200 élèves, le proviseur ou le principal est tout désigné pour être un *Ordinarius* général. D'ailleurs, au ministère, on l'a bien senti, et les *conseils de classe* ont été chargés de l'organisation du travail. Mais c'est tout. Les instructions au professeur de langues vivantes lui conseillent « d'être conscient de l'avenir de ses élèves et de se préoccuper de leur avenir. Il recueillera sur eux auprès de ses collègues tous les renseignements qui pourront l'éclairer sur leurs capacités et leurs connaissances. Il serait même utile qu'il s'entretînt parfois avec les professeurs chargés d'enseigner dans la même classe d'autres matières, notamment dans les hautes classes ». Rien de mieux. Mais ce travail ne serait-il pas rendu plus simple, plus rapide et plus fructueux, par la création d'un professeur principal? Le professeur de langues vivantes serait lui-même, plus d'une fois, chargé de ces fonctions. Inutile qu'il ait les mêmes pouvoirs qu'à Chaptal : il n'est pas besoin d'aller plus loin que l'Allemagne ou l'Autriche, mais il est, je crois, très utile d'imiter ces deux pays. Ce professeur principal aurait à sa disposition un « livre de classe », constitué sur le modèle des cahiers employés en Allemagne; on pourrait y ajouter les dates, les matières et les places des compositions. Il permettrait au directeur de l'établissement et au professeur principal d'être continuellement au courant de ce qui se fait dans la classe et du travail des élèves. De plus, chez nous, il remplacerait le registre des absents et les feuilles d'inspection, car il suffirait de le communiquer au recteur ou à l'inspecteur général, pour les mettre immédiatement en état de suivre la marche de l'enseignement et de savoir si l'élève interrogé est bon, médiocre ou mauvais. Je sais des établissements français où le principal avait créé pour chaque classe une sorte de *Klassenbuch*, que j'ai eu sous les yeux : l'examen de tous les cahiers ne lui demandait pas plus de vingt minutes par jour et lui permettait de suivre exactement la marche de l'enseignement, la conduite et le travail de tous les élèves. J'ajoute que cette conception de la « concentration », pour l'Allemagne et l'Autriche, n'est pleinement réalisée que dans la moitié des établissements, en ce qui touche les conseils d'enseignement : elle l'est toujours pour le reste.

B. — Rôle de la classe.

D'ailleurs l'institution de l'*Ordinarius*, qui, chez nous, serait seulement très utile, est indispensable en Allemagne et en Autriche, parce que le rôle dévolu à la classe y est beaucoup plus important que dans nos lycées ou collèges. C'est là, en effet, que doit se faire l'acquisition des connaissances, avec l'aide, sous les yeux et le contrôle du professeur. Au lieu que chez nous, aux quatre heures de classe de la journée (le jeudi étant supposé, comme en Allemagne et en Autriche, ne pas être libre) correspondent au moins quatre heures de travail, en Allemagne et en Autriche, pour cinq ou six heures de classe, l'élève a rarement trois heures à travailler en dehors de l'école. Les programmes publiés par les divers établissements en avertissent plus d'une fois les parents, et des réponses d'élèves de 14 ou 15 ans, auxquels, dans les classes de langues vivantes, on demandait, comme sujet de conversation, l'emploi de leur temps la veille, m'ont appris qu'une heure et demie ou deux heures leur avaient suffi pour apprendre leurs leçons et faire leurs devoirs. Aussi bien, on l'a vu plus haut, les différents maîtres doivent-ils écrire sur les cahiers de classe, à côté de la tâche donnée, le temps qu'elle prendra aux élèves, et, souvent, comme vérification, on remet aux parents une feuille sur laquelle ils sont invités à marquer combien de temps l'élève a été occupé, et à quel travail. C'est que, en France, la classe a un double but et un double emploi : contrôler le travail et indiquer la méthode de traduction ou d'explication, le premier l'emportant d'ailleurs incontestablement sur l'autre; mais les connaissances s'acquièrent surtout en étude ou à la maison. C'est le contraire en Allemagne et en Autriche. Les leçons sont pour ainsi dire sues avant d'avoir été apprises : en effet, pour la grammaire, s'il s'agit des langues vivantes, les règles, à moins d'être particulièrement compliquées, sont tirées par les élèves eux-mêmes d'exemples bien choisis qu'on leur a proposés; en ce qui touche les langues anciennes, on explique longuement les formes de la déclinaison et de la conjugaison en s'appuyant sur les lois de la phonétique ou de la grammaire comparée, ou bien l'on expose les règles de syntaxe, en les faisant appliquer immédiatement dans plusieurs phrases pour en préciser la portée. Il n'y a pas régulièrement de leçons d'auteurs[1], et les passages donnés à apprendre ont été étudiés de très près. Les devoirs sont rares. En Allemagne, de cinq à six dissertations allemandes dans l'année; il est vrai

1. *Cf.* p. 187 sq., 205, 212, 237.

que les copies sont assez longues, souvent trop pour ce qu'elles renferment. En latin, un devoir par semaine au début, ensuite deux par mois, alternativement thème et version. De même en grec. En français, dans les hautes classes, de six à huit compositions par an. Le nombre des devoirs est à peu près le même en Autriche. De plus, ces devoirs ne sont guère qu'une répétition, une application ou un corollaire direct de ce qui a été vu en classe, au point que le professeur souligne d'avance la difficulté. Les devoirs permettent surtout de voir où en sont les élèves et servent à les juger.

Il faut toutefois faire exception pour certains travaux plus longs, sortes de petits mémoires que l'on donne en Allemagne, dans les gymnases, aux élèves des hautes classes, pour le grec, le latin et l'histoire, à raison d'un devoir par semestre. Ce sera, par exemple, pour une année scolaire : *les événements contenus dans le dix-septième livre de l'*Iliade ; *causes de la haine de Cicéron et d'Antoine; transformation de l'Italie de 476-1077; la marche de l'action dans* l'Electre *de Sophocle; la suite des idées dans la première partie de l'*Art poétique *d'Horace* (1-360); *situation politique de l'Europe vers 1460.* Dans les explications préparées, on retrouve aussi quelque chose d'analogue à nos exercices : mais nous exigeons seulement que les élèves soient en état d'expliquer; là-bas, les préparations ressemblent plus à des devoirs : elles doivent être soigneusement travaillées par écrit; les mots et locutions nouvelles sont inscrits sur un cahier spécial de préparation, examiné par le professeur, critérium infaillible pour mesurer à la fois l'attention et les connaissances de l'élève; d'ailleurs, là encore, les graves difficultés sont signalées d'avance, et, s'il est nécessaire, élucidées rapidement par le maître. Reste enfin pour la maison le travail des « lectures privées », sur lesquelles nous reviendrons. Dans les hautes classes, les élèves sont invités à lire, seuls, soit les parties d'auteurs latins, grecs, français ou anglais, expliqués cette année-là, mais que l'on n'a pas le temps de voir en classe, soit d'autres œuvres : le professeur s'assure que le morceau ou l'ouvrage a été réellement lu et compris.

C'est donc vraiment en classe que les élèves allemands et autrichiens acquièrent les connaissances; à la maison, ils se bornent à les consolider, exception faite, encore une fois, pour les « lectures privées ». Aussi, d'une façon générale, la méthode suivie est celle de l'accouchement socratique, ce qui revient à dire que le rôle principal est joué par les élèves. Dans une explication, le maître ne donnera le sens d'un mot ou la solution d'une difficulté que si personne ne connaît l'un ou ne voit l'autre; encore aura-t-il essayé de faire deviner celui-là ou de mettre sur la voie de celle-ci. Avant de proposer lui-même le corrigé d'une phrase de thème, il essaye de le faire trouver par ses élèves et se contente, s'il peut, de celui qu'ils lui soumettent, fût-il même inférieur à celui qu'il serait capable de donner. De là vient que la parole est presque toujours aux élèves, les questions étant posées soit à un ou deux bancs, soit à une travée entière, soit enfin à toute la classe; car il arrive souvent que l'on fasse répondre en chœur même des élèves de 15 ou 16 ans, et le seul reproche que l'on puisse adresser à ce procédé, intelligemment compris et appliqué avec modération, c'est qu'il emporte avec lui un débit très lent, si l'on désire entendre autre chose qu'un bruit confus et inintelligible. On tient à ce qu'aucun élève ne reste muet durant toute une classe, et il est rare que l'on interroge un même élève deux fois, s'il en est qui n'aient pas encore eu l'occasion de répondre; il arrive même que le professeur demande si tout le monde a expliqué ou traduit. D'ailleurs, surtout dans les classes inférieures et moyennes, afin de donner plus souvent aux élèves l'occasion de parler, on divise le travail. Si l'on récite un passage d'auteur, chaque élève dira une phrase; si la leçon consistait dans les noms de nombre à étudier, chacun en dira un; s'agissait-il d'apprendre des mots, un élève les débite, un autre les écrit au tableau. Dans une explication, un élève lit la phrase, un autre la traduit. Enfin, que l'on mette en allemand une phrase latine ou grecque, un premier élève fait l'analyse logique, un deuxième traduit, deux autres répètent les réponses des deux premiers, et un cinquième reproduit la traduction seule.

Le rôle du maître se borne donc à désigner les élèves qui doivent répondre, ou à poser des questions; encore pas toujours. Quelquefois, ce sont les élèves mêmes qui interrogent, surtout dans les classes de langues vivantes; ce sont eux qui désignent celui de leurs camarades qui doit continuer, ou, s'il y a lieu, redresser leur erreur. En effet, le professeur n'intervient pour corriger une faute que s'il ne peut faire autrement, ce qui est rare. Si l'élève ne rectifie pas de lui-même ce qu'il y a de défectueux dans sa réponse, les camarades ont bien vite donné la bonne forme, la traduction exacte, la tournure correcte ou la prononciation pure. J'ai vu même des classes où, pendant ce qui tient lieu de la récitation des leçons, le voisin de gauche de l'élève interrogé était debout, tout prêt à rectifier les inexactitudes de son camarade, s'il y avait lieu. Dès lors, on le voit, le maître doit, avant tout, guider la classe; s'il laisse ses élèves interroger, choisir un genre de questions qu'ils soient capables de poser; s'il garde ce rôle, les combiner pour qu'elles dirigent la classe vers le but assigné, et prendre celui qui doit répondre quelquefois parmi les enfants qui n'ont pas levé la main et qui somnolent dans leur coin, absorbés par leurs réflexions particulières, le plus souvent parmi ceux qui demandent à parler; enfin, s'adresser non pas toujours au meilleur, mais à l'élève travailleur qui a besoin d'être encouragé, ou à l'enfant intelligent, mais étourdi, qu'il importe de corriger, et dont les fautes mêmes sont intéressantes. C'est là tout un art, que possèdent souvent les professeurs allemands ou autrichiens.

*
* *

Mais cette façon de faire la classe suppose plusieurs conditions, si l'on veut que les progrès soient fructueux. La première est toute matérielle : tous les élèves doivent avoir entre les mains les mêmes grammaires et les mêmes éditions, autant que possible les plus récentes. Il est facile d'y arriver, puisqu'il n'y a pas, dans les établissements, un stock de livres prêtés aux internes et externes, que les maisons d'édition mettent gratuitement des exemplaires neufs à la disposition des élèves pauvres, et que les *Abiturienten* font généralement abandon de leurs livres pour les camarades peu aisés. Les éditions mêmes ne ressemblent pas aux nôtres : elles n'ont pas de notes, ou bien les notes sont reléguées à la fin du volume, à moins qu'elles ne forment un cahier spécial passé dans un caoutchouc et dont on peut exiger qu'il soit laissé à la maison, de manière que le maître seul aide les élèves, s'il le juge nécessaire. S'il y a des notes, elles sont très sobres et ne fournissent que l'indispensable : en particulier, pas de renvois à une grammaire; peu d'éclaircissements par la comparaison d'autres passages que les élèves mettront aussi longtemps à comprendre que le passage difficile.

En second lieu, tous les élèves doivent être en état de suivre la classe. Par suite, le passage d'une classe à la classe supérieure est, comme nous l'avons vu, entouré d'examens sévères, redoutés, où l'on fait presque toujours abstraction de la famille de l'enfant ou de ses relations. On autorise même rarement un élève à passer un examen complémentaire à la rentrée ou à redoubler la classe.

Puis, du moment que la classe n'est pas réduite à un simple contrôle, mais qu'elle comporte essentiellement une marche continue en avant, un progrès ininterrompu vers le but fixé, il ne saurait être question, pour le professeur, de laisser derrière lui quelques élèves, non pas incapables de suivre la classe, — ceux-là sont déjà éliminés, — mais d'une intelligence moins vive, d'une mémoire moins sûre ou d'une attention moins ferme. C'est dire qu'il s'arrange pour être suivi de tous ses élèves. Avant tout, il les tient au-dessus de leur tâche : il leur mâche, pour ainsi dire, la besogne, peut-être trop. Pour illustrer par un exemple précis ce que j'ai eu l'occasion d'énoncer plus haut sur les leçons, sues avant d'être apprises, lorsqu'une classe de débutants doit étudier le passif de la deuxième conjugaison latine, le maître le rapproche de celui de la première, puis fait conjuguer un ou plusieurs exemples, d'abord par un élève, ensuite par des groupes de plus en plus nombreux, enfin par la classe entière. Avant de faire une dictée, on écrira au tableau les mots d'une orthographe particulièrement compliquée. Bref, les professeurs présentent aux élèves les choses comme faciles, comme trop faciles même, m'ont confié quelques-uns d'entre eux; ce n'est pas que la notion de l'effort à exiger des élèves soit absente de l'enseignement secondaire allemand; ces questions posées sans cesse aux élèves suffisent à prouver le contraire; ils ont à faire effort plus souvent peut-être, mais moins longtemps et moins sérieusement.

De ce que je viens de dire résulte que l'on n'avance que sur un terrain absolument sûr. Le maître donne-t-il une explication, il la fait répéter par des élèves isolés, puis par toute la classe, jusqu'à ce qu'il soit certain qu'elle est bien comprise. De même, en français et en anglais, lorsqu'il indique la prononciation d'un mot qui n'avait pas été rencontré jusque-là. Quand un élève a mal traduit une phrase de thème ou de version, et que la traduction exacte a été donnée, l'élève coupable de la faute doit répéter la traduction correcte. S'il est coupable d'une confusion entre deux mots, comme εὐθύς et ἡδύς, ἐπεί et ἔπειτα, le professeur montre bien la différence entre les deux mots et forge aussitôt des phrases qui la fassent ressortir. De même une erreur sur une règle de détail a-t-elle été commise, l'élève doit traduire une phrase que le maître lui donne sur-le-champ et où il faut qu'il l'applique correctement. S'agit-il au contraire d'une infraction touchant une règle fondamentale, les cas régis par les prépositions latines, par exemple, le maître fait dire la règle par toute la classe, à moins que, pour mieux attirer l'attention encore, il ne fasse venir devant la chaire l'élève qui s'est trompé, et ne lui demande de réciter, dans sa teneur exacte, la règle qu'il a violée : *mais, jamais, un solécisme ou un barbarisme ne sont répétés par le maître,* de crainte que la forme fausse ainsi prononcée deux fois ne reste dans l'esprit des enfants. Quant aux devoirs, les élèves doivent, ou bien corriger en marge de leur cahier les fautes commises, le professeur s'imposant le devoir d'examiner si le travail a été fait consciencieusement, ou bien rapporter le corrigé par écrit, à moins qu'ils n'aient à se préparer à le dire de vive voix. Par cette même tendance à ne rien laisser derrière soi d'insuffisamment connu, s'expliquent les revisions constantes auxquelles on se livre dans les classes et qui s'étendent à toutes les parties de l'enseignement. S'agit-il d'exercices de thème latin? On reproduit de mémoire le corrigé donné la fois précédente, chaque phrase étant dite par un élève, puis par tous. A propos d'un adverbe rencontré dans une explication, on rappelle tous les adverbes connus; du nom d'un animal, tous les noms d'animaux appris; on trouve le mot *compte :* on fait compter les élèves; et une phrase du *Pro Archia* fournit l'occasion de revoir tous les types de vers latins étudiés jusque-là. Un rapprochement de termes ou d'idées rappelle-t-il un passage d'auteurs appris antérieurement, la classe le récite en chœur. Dans un gymnase de Bavière, il y avait même, à la fin de chaque classe, une sorte de revision, consistant à demander aux élèves ce qu'ils avaient appris de nouveau durant cette classe.

Bref, on veut que les élèves soient maîtres de ce qu'ils ont appris, qu'ils aient les connaissances acquises toujours à leur disposition et sous la main. Aussi bien, nous l'avons noté, expliquent-ils dans des éditions sans note, et, quand on corrige un thème latin écrit, l'élève qui traduit une phrase ne doit pas se servir de son cahier, que le professeur prend en mains le plus souvent, pour plus de sûreté; aussi bien le devoir caractéristique et favori de la pédagogie allemande, en ce qui touche l'enseignement du latin, est-il l'*extemporale*, thème d'imitation fait en classe, sans aucun secours. J'ajoute que l'on atteint le but que l'on se propose. Dans une classe assez élevée, où l'on devait expliquer du Virgile, on me remit la liste des passages traduits dans l'année, en me priant de désigner moi-même celui dont je désirais entendre la revision : les élèves se tirèrent de cette épreuve à leur avantage. D'une façon générale, la plupart des élèves remarquent très bien une faute de prononciation, de grammaire ou d'interprétation commise par un de leurs camarades, et, quand elle est un peu grosse, poussent un « oh! » de surprise et d'indignation, qui fait l'éloge du professeur. En outre, les trois quarts au moins demandent à répondre aux questions; dans une classe, j'en ai compté une moyenne de 39 sur 44. Ce n'est pas là une manifestation platonique, car ils emploient tous les moyens possibles pour attirer l'attention du professeur, s'avancent dans le couloir qui sépare les bancs, se lèvent à demi, pour que leur bras dépasse la forêt de ceux qui se dressent, ou même disent à mi-voix : *Ich! Ich!* « Moi! moi! » Si c'est à un élève qu'est dévolu le soin de désigner celui qui doit parler, on le voit gourmandé par ceux de ses camarades dont il a négligé la prière.

Mais s'assurer continuellement que les élèves n'ont pas oublié les règles apprises et les explications données, régler les progrès de la classe sur les moins intelligents, cela suppose une marche très lente, trop lente même, au gré de certains professeurs, je le répète. Aussi évite-t-on toute perte de temps inutile. Les élèves doivent répondre rapidement, sans que, d'ailleurs, la rapidité coûte rien à la clarté et à la netteté de l'élocution, car on aime mieux les entendre crier comme de jeunes coqs, tels les gentils *Sextaner*, que, dit-on, l'empereur Frédéric III aimait à prendre sur ses bras et à caresser, plutôt que parler d'une voix fatiguée et mourante, comme font les grands élèves de *Prima*. Doivent-ils aller au tableau, ce qui arrive souvent, on exige qu'ils courent; cela leur est facile, puisque, surtout en Allemagne, les classes ne sont pas disposées en amphithéâtre et que les bancs sont presque toujours à deux places, de manière que chaque élève soit immédiatement dans un couloir. Quand on corrige un thème ou une version écrite, on ne lit jamais le texte : il doit être suffisamment connu; de même pour une revision quelconque. Même, la plupart du temps, on ne le lit pas, lorsque l'on aborde un texte nouveau, à moins qu'on ne considère cette lecture comme un exercice de prononciation. A quoi bon, en effet? On a exposé le sujet traité; si la phrase est courte, l'élève la comprendra immédiatement; si elle est enchevêtrée, la lecture à haute voix, telle qu'elle est pratiquée par les élèves allemands (elle ressemble à celle que l'on entend dans nos classes), n'apprendra rien : un coup d'œil permettra de débrouiller le plus gros; les conseils du professeur feront le reste. Enfin, ce souci apparaît dans la conduite pratique de la classe. Quand il s'agit de quelque chose que tous les élèves doivent savoir, le maître pose les questions en suivant l'ordre des places dans la classe, et chaque élève se dresse automatiquement, dès que son voisin a répondu. De même j'ai dit que le professeur prenait le cahier de l'élève qui donnait le corrigé d'une phrase de thème écrit : ce cahier lui est apporté par le voisin, sans qu'il ait un mot à dire.

*
* *

Mais il ne suffit pas que les élèves soient en état de suivre la classe et qu'ils la suivent. Un enseignement ainsi compris est fatigant, car, pendant cinq heures au moins, les enfants ou les jeunes gens doivent tenir leur attention en éveil. Heureusement, les classes ne durent que de 45 à 55 minutes, chacune d'elles étant consacrée à un seul enseignement : grec, latin, allemand, etc.; à ce propos, j'ai noté qu'en Bavière, où la journée commence par deux heures de classe consécutives, au bout d'une heure et demie, l'attention n'est plus aussi soutenue. De plus, dans chaque classe, professent beaucoup de maîtres, puisque, souvent, l'enseignement du grec et du latin est partagé entre deux, et que tel professeur donne à la fois des leçons dans la première et dans la dernière classe. Or la diversité d'enseignement suffit, elle seule, à maintenir l'intérêt, sans compter que le maître ne demeure pas, comme chez nous, figé dans l'immobilité d'occupations toujours les mêmes, circonstance favorable à la conservation de sa fraîcheur d'idées. En outre, une variété est produite par le seul fait que l'on interroge, tantôt un élève seul, tantôt des groupes plus ou moins nombreux, tantôt la classe entière; d'ailleurs se lever et s'asseoir sans cesse, courir au tableau, contente le besoin d'activité des élèves de neuf à douze ans; de même que, nous l'avons vu, les classes sont matériellement disposées de manière à permettre les courses rapides vers le tableau, de même les tables ont des pupitres mobiles qui glissent dans des rainures dès que l'élève se dresse debout et lui permettent de se tenir dans cette position sans gêne ni contorsion.

Enfin, principalement dans les classes inférieures, on varie, au cours d'une même heure, les exercices, de manière à ne pas lasser l'attention; surtout la succession de ces exercices n'est jamais immuable, car les événements extérieurs y interviennent, particulièrement durant les heures de langues vivantes. Un maître me présente comme un professeur de français; ce lui est une occasion d'expliquer la différence entre « professeur français » et « professeur de français ». Un autre tire son mouchoir pour s'éponger le front et s'essuyer les mains, qu'a blanchies la craie : il en profite pour demander aux élèves de dire ce qu'il a fait et pourquoi. Ailleurs le *Schuldiener* vient communiquer une circulaire défendant de se baigner dans l'Elbe en dehors des écoles de natation; c'est en français que le maître expose ces prescriptions aux élèves, et il part de là pour une conversation sur la natation, les fleuves, les mers, etc. Dans tous les cas, on ne trouve pas toujours, au commencement, un quart d'heure consacré à la récitation des leçons; une seule fois, j'ai noté quelque chose d'analogue à ce que nous avons, en France, généralement pratiqué jusqu'ici. La leçon consiste-t-elle dans un passage d'auteur? C'est au cours d'une explication de cet auteur que l'on interrogera soit un élève, soit un groupe, soit même toute la classe. Ce passage en rappellera d'autres du même écrivain ou d'autres écrivains que l'on fera débiter et repasser de la même façon, et l'élève interpellé s'assiéra tout honteux, s'il n'a pas répondu de façon satisfaisante et s'est attiré une observation un peu sèche du maître. Le passage sera débité, tantôt dans la langue où il est écrit, tantôt en allemand ou en tchèque, suivant l'idiome d'enseignement. Avait-on des mots à apprendre? Chaque élève, sur question posée, en dit un à partir d'un élève désigné, à moins que le maître n'en fasse venir près de sa chaire quelques-uns, artificieusement choisis, et ne les interroge rapidement. Aujourd'hui nous assistons à la récitation d'une règle de grammaire. Toute la classe en chœur la débite une fois, puis une seconde, si, la première, il n'y a pas eu assez de force, d'ensemble ou de précision. Ou bien, pour vérifier que la conjugaison latine ou française a été apprise, le maître donne en allemand des formes tirées des temps et des modes les plus différents, puis il fait traduire des phrases où entrent les verbes qui constituaient la leçon : naturellement, chaque élève ne dit qu'une forme ou ne traduit qu'une phrase. Pour piquer la curiosité, un ou plusieurs élèves sont choisis : ils doivent poser à leurs camarades trois questions sur un verbe désigné ou laissé à leur choix, et dire si les réponses sont bonnes ou mauvaises; inversement, un élève est appelé et s'engage à répondre sans faute à vingt questions qui lui sont adressées par ses camarades. L'on comprend que, par de tels stratagèmes, l'attention des élèves soit éveillée et leur intérêt soutenu.

On procède d'une manière identique pour les explications, surtout dans les petites classes, afin de forcer tous les élèves à y prendre part et d'éviter qu'elles ne dégénèrent en un dialogue, dont se désintéresserait la plus grande partie de la classe, entre l'élève chargé d'interpréter le texte nouveau et le professeur. Nous sommes dans un autre établissement d'un Etat différent, dans la classe immédiatement supérieure, en troisième inférieure (*Untertertia, III b*); 41 élèves sont rangés devant nous. On lit une phrase de grec, en faisant sentir l'accent. Le professeur demande alors qu'on lui indique les mots de cette phrase qui ne sont pas encore connus. Si on lui demande le sens de mots déjà vus, il le fait dire par un élève, en rappelant la place où on a trouvé ce vocable pour la première fois. Si, au contraire, on a raison de l'interroger, il essaye de faire deviner le sens du mot proposé, par des comparaisons avec d'autres mots grecs, ou, au besoin, avec des mots tirés d'autres langues; il écrit enfin au tableau le terme jusque-là inconnu, ainsi que sa traduction. Quand on ne lui pose plus de questions, il estime que tout est clair pour les élèves, et alors seulement on procède à l'explication de la phrase. 15 élèves y ont pris part; ils n'oublieront pas le sens des mots qu'ils ont eu la gloire de signaler, parce que quelque chose d'eux-mêmes y est attaché; les autres se sont intéressés aussi à cette recherche légèrement dramatique; d'ailleurs le professeur s'est arrangé pour faire parler ceux qui auraient tendance à rester dans leur coin, absorbés dans leurs réflexions particulières, et à les stimuler par quelques mots piquants.

Traduit-on des phrases de thème ou de version dans un livre d'exercices, on se garde bien de les faire expliquer à la file ou toujours de la même façon; on passe de la phrase 3 à la phrase 12, pour revenir à la phrase 1, et ainsi de suite, en laissant quelquefois l'élève qui vient de répondre libre de désigner lui-même la phrase à traduire et le camarade qui va la traduire; d'autre part, on donne à expliquer tantôt la phrase entière directement, tantôt certaines parties d'abord. Enfin le professeur, je suppose, rapporte un travail écrit, qu'il a corrigé et annoté chez lui et dont il va rendre compte : ici encore, il va s'arranger de manière à piquer la curiosité des élèves et à tirer parti de ce sentiment pour les progrès de son enseignement. Il pose bien en évidence sur sa chaire les cahiers contenant les devoirs. La plupart des écoliers sont impatients de savoir la note qu'ils ont méritée; mais le maître se garde bien de la leur dire. Il a noté les fautes que les élèves ne pourraient pas corriger seuls, et c'est là-dessus qu'il appelle leur attention. L'enfant est anxieux de savoir s'il est tombé dans la faute ou non; il écoute donc très soigneusement, sans être distrait par rien, au lieu que, s'il avait immédiatement entre les mains son devoir corrigé, il se préoccuperait d'examiner, par exemple, si on ne lui a pas compté une faute en trop ou si on ne la lui a pas comptée plus sévèrement qu'à son voisin, toutes choses qui le détournent du but essentiel de la correction et l'empêchent d'en tirer profit. Au reste, ce désir d'exciter l'intérêt se traduit dans les exercices mêmes que l'on propose aux élèves. Le sujet d'une dictée sera une énigme ou une charade faciles qu'il faudra deviner.

Les élèves sont peut-être comme les laboureurs du vieil Horace : *spe finis dura ferentes*; mais, quelque dur que puisse être le supplice, ils semblent, grâce à l'habileté de presque tous leurs maîtres, le supporter avec patience, quelquefois avec intérêt, souvent avec plaisir.

*
* *

Malheureusement, cette manière de faire la classe, fort intéressante et des plus fructueuses pour les élèves, est très fatigante pour les professeurs, surtout pour ceux qui enseignent les langues vivantes, car, à la préoccupation d'interroger tous les élèves, de choisir les questions qui apprendront quelque chose de nouveau, enfin de varier les exercices ou de les présenter d'une façon piquante et propre à intéresser, s'ajoute pour eux la tension d'esprit produite par la nécessité de parler, autant que possible, une langue étrangère. Aussi bien sait-on qu'un nombre relativement faible de professeurs allemands arrive à la retraite : cela tient d'ailleurs au grand nombre d'heures qui leur est imposé et qui les oblige à donner parfois quatre leçons d'affilée; cela s'explique aussi par le travail très dur auquel ils ont dû se livrer pendant les années, quelquefois assez nombreuses, où, comme professeurs auxiliaires (*Hilfslehrer*), ils se voyaient attribuer le maximum des heures de service, et, assez mal payés, devaient accepter des leçons maigrement rétribuées pour arriver à vivre et à s'entretenir; enfin l'effectif des classes est souvent trop considérable, surtout dans les classes inférieures; voici celui que j'ai noté pour les classes que j'ai visitées :

ALLEMAGNE	Moyenne.	Maximum.	AUTRICHE	Moyenne.	Maximum.
VIe	43	51			
Ve	42	52	Ire	41	48
IVe	44	52	IIe	42	50
IIIe inférieure	35	42	IIIe	40	44
IIIe supérieure	26	35	IVe	38	48
IIe inférieure	28	35	Ve	36	52
IIe supérieure	23	31	VIe	30	40
Ire inférieure	20	35	VIIe	28	41
Ire supérieure	18	37	VIIIe [1]	23	38

Mais en France, où les effectifs des classes sont moins gros dans la plupart des lycées, où le nombre d'heures de service est moins élevé pour les professeurs, il n'y aurait que des avantages à imiter cette manière de faire la classe, du moins en partie. En effet, la méthode même qui consiste à faire acquérir les connaissances à l'école offre un grave inconvénient, qui a été mis en relief avec exagération en Angleterre et en Amérique : si elle donne au maître l'assurance que l'élève fait seul la plus grosse partie de sa besogne, si elle réduit au minimum l'influence des leçons particulières, assez rares, et des précepteurs, très nombreux en Autriche, par contre elle tend à

1. Gymnases seulement.

détruire les individualités, à amener l'uniformité des esprits; elle ne pousse pas à agir. En un mot, c'est l'enseignement de nations fortement disciplinées; il ne saurait être le nôtre, tel quel, malgré les avantages qu'il comporte. D'ailleurs, voudrions-nous l'imiter exactement, que nous ne le pourrions pas; le nombre de nos heures de classe est trop faible. Toutefois, l'on ne pourrait que se féliciter de voir nos classes rendues toujours aussi vivantes et aussi intéressantes que celles d'Autriche, et surtout d'Allemagne

CHAPITRE II

L'ENSEIGNEMENT DE LA LANGUE MATERNELLE[1]

N'étant pas assez compétent pour traiter cette question d'une manière complète et méthodique, je me bornerai à quelques indications sur certains points plus particulièrement intéressants pour nous.

*
* *

D'abord, comment fait-on les explications de texte? La méthode recommandée à ses professeurs par le directeur du *Theresiengymnasium*, à Münich, est celle que j'ai trouvée à peu près partout. Une courte introduction, puis entrer immédiatement en matière; ne pas vouloir tout expliquer : « Le secret d'ennuyer est celui de tout dire »; mettre en relief l'idée principale du passage, pour en montrer la vie intérieure; présenter vivement les personnages, les actions et les situations, de manière à frapper l'imagination des élèves; essayer d'éveiller en eux quelque sentiment : sympathie, admiration, haine, dégoût, pitié, etc.; ne parler de la composition dans le détail, de la langue, ou, chez un poète, de la poésie du passage, qu'après avoir bien mis en lumière et fait comprendre le fond. On retrouve là l'idée fondamentale qui caractérise l'enseignement

1. L'allemand dispose par semaine, à travers la série des classes, en Prusse, de 26 heures dans les gymnases, de 28 dans les réalgymnases, et de 24 dans les écoles réales supérieures; en Autriche, de 26 heures dans tous les établissements d'enseignement secondaire, sauf les réalgymnases de réforme, où le nombre d'heures s'élève à 28.

secondaire allemand et autrichien et le distingue du nôtre : meubler, avant tout, l'esprit, plus que le former et l'assouplir; par suite, s'occuper de la pensée exprimée plus que de la façon dont elle est exprimée. Cela ne veut pas dire, naturellement, qu'on néglige complètement le style; ce serait mal connaître les Allemands et leur admiration justifiée pour leur langue; mais c'est au « fond » qu'on s'attache avant tout. De même pour les devoirs.

*
* *

Voici la série des devoirs adoptés. Dans la classe qui correspond à notre sixième, des dictées en Allemagne; en Autriche, reproduire des récits faits devant les élèves, ou même composer directement de petits récits, ces exercices servant de devoir d'orthographe. Dans la classe au-dessus, en Allemagne, des reproductions de récits; en Autriche, comme dans la classe précédente, et, de plus, transformer des morceaux, essayer de résumer et tenter de décrire. Les élèves sont arrivés à l'âge de notre quatrième : les petits Allemands continueront les dictées et commenceront la composition allemande par des descriptions ou des lettres, telles qu'ils doivent en écrire dans la vie de tous les jours; dans les écoles autrichiennes, on continuera les résumés, les descriptions, et, s'il s'agit d'un gymnase, on reproduira librement tel ou tel passage d'auteur latin expliqué. Ensuite on ne trouve plus, durant les quatre, cinq ou six années restantes, que des dissertations. Mais de quel genre?

Exceptionnellement des lettres, plus exceptionnellement des discours : n'oublions pas qu'il s'agit de meubler l'esprit plutôt que de former le style. Comme sujets, des sujets littéraires une fois sur deux à peu près en Allemagne, une fois sur trois en Autriche : ces sujets sont tirés d'auteurs grecs, latins, français ou anglais étudiés, mais surtout des écrivains allemands; ils portent généralement sur un point particulier et précis; il s'agit de savoir résumer plutôt que juger. Les autres matières se rapportent à l'histoire, à la vie pratique; en Allemagne, elles touchent souvent à des idées patriotiques; en Autriche les devoirs sur des questions de morale sont assez fréquents, surtout dans les hautes classes.

Mais on comprendra mieux encore les idées qui président au choix des narrations ou dissertations allemandes, si l'on veut bien jeter un coup d'œil sur le catalogue suivant, où sont résumés, par des exemples aussi caractéristiques que possible, les types de compositions allemandes préférées pour les différentes classes; j'insisterai surtout sur les devoirs proposés à l'examen de maturité, où les sujets à traiter ressemblent exactement aux matières des devoirs ordinaires. J'ai été plus court pour l'Autriche, afin d'éviter des répétitions.

Classe correspondant à notre troisième (enfants de 13-15 ans). — Les quatre saisons. — La forêt en hiver. — Promenade en mai. — Invitation pour une fête de naissance. — La gare. — Ma route pour aller chaque jour à l'école. — Les timbres allemands. — Un jour de vacances. — Utilité de l'eau. — Pourquoi je dois être attentif à l'école. — Alexandre le Grand et Diogène.

Classe correspondant à notre seconde (enfants de 14-15 ans). — 1° Allemagne : nos monnaies. — Le feu, ami et ennemi de l'homme. — Comment envoyer un paquet par la poste? — Qu'apprenez-vous dans la scène II de l'acte Ier de *Zriny* de Körner? — Résumer brièvement l'acte IV de *Zriny* de Körner.

2° Autriche : les sentiments successifs des Grecs dans les *Grues d'Ibycus*. — La façon dont sont découverts les meurtriers d'Ibycus. — Les sentiments de Siegfried mourant. — Lorelei. — Que nous donne

Klopstock dans le premier chant de la *Messiade?* — Comment Gœthe a-t-il creusé la matière de son *Roi des Aulnes?* — Nous devons honorer les morts. — Ce qui brille n'est pas or. — La chasse. — Comparaison entre le poisson et l'oiseau. — Le voyage d'une goutte d'eau en un jour. — La guerre n'a-t-elle que de mauvais côtés?

Classe correspondant à notre première (enfants de 15 à 17 ans). — 1° Allemagne : l'état du royaume dans *Gœtz de Berlichingen.* — Pourquoi Tell ne nous semble-t-il pas un assassin? — Quel but poursuit Schiller dans les trois chants qui ouvrent son *Guillaume Tell?* — A quelles occasions sonne la cloche dans *Guillaume Tell?* — La marche de l'action dans les deux premiers actes de *Piccolomini.* — L'héroïque et le naïf dans le caractère de Siegfried. — Siegfried et Achille. — Ce que présuppose *Minna de Barnhelm.* — Dans quelle mesure peut-on appeler *Minna de Barnhelm* une comédie nationale? — Les traits romantiques dans la *Pucelle d'Orléans* de Schiller. — Dans la *Marie Stuart* de Schiller, qu'est-ce qui arrête Elisabeth au moment de signer la condamnation à mort, et comment essaye-t-elle de se soustraire à la responsabilité de cet acte? — Le caractère de la mère d'Hermann dans *Hermann et Dorothée.* — Ulysse dans l'*Iliade.* — César et les Helvètes. — Pourquoi les Romains, malgré leurs défaites, triomphèrent-ils finalement d'Annibal? — Utilité du fer. — Comment fabrique-t-on le pain? — Les dangers de la locomotion aérienne. — Les moyens d'éclairage actuels. — La vie d'un fermier : ses bons et ses mauvais côtés. — Comme on fait son lit on se couche. — Moyens de communication à Berlin. — La vue que l'on a du pont de Francfort-sur-l'Oder. — Les considérations qui doivent nous guider dans le choix d'une carrière.

2° Autriche : le dénouement de *Minna de Barnhelm.* — Les figures de soldat dans *Minna de Barn-*

helm. — Comment Walther von der Vogelweide s'est-il comporté à l'égard des princes? — Le monde du merveilleux dans l'épopée allemande. — La pensée qui domine les *Alpes* de Haller. — Jugurtha jeune homme (d'après Salluste). — Avantages comparés de la ville et de la campagne (d'après Virgile, *Géorg.*, II, 458-540). — Signification de Pompée dans l'histoire du monde. — *Omnia mea mecum porto.* — La nécessité est une forte conseillère. — *Reverentia capitis cani.* — Rome, la ville éternelle. — Quels avantages une ville doit-elle au voisinage immédiat d'un fleuve? — Avantages et inconvénients des chemins de fer. — Quelle signification ont les mots de l'archiduc Charles dans son ordre du jour à l'armée, en 1809 : « La liberté de l'Europe s'est réfugiée sous vos drapeaux; votre victoire briserait ses chaînes »? — Si le moyen âge était une nuit, c'était une nuit étoilée.

Classes supérieures (17 à 19 ans). — Sujets donnés à l'examen de maturité. — 1° Allemagne : crime et châtiment dans *Œdipe roi* et dans la *Fiancée de Messine*. — Le séjour de Gœthe à Strasbourg. — Quelle transformation la *Marie Stuart* de Schiller nous montre-t-elle dans le caractère de la reine? — Pourquoi, dans la lutte entre le Tasse et Antonio, sommes-nous portés plutôt vers celui-là? — Les scènes de reconnaissance dans l'*Iphigénie* de Gœthe. — L'amitié de Gœthe et Schiller : son développement, son caractère, ses effets (*in ihrem Werden, Wesen und Wirken*). — Pourquoi Strasbourg est-il bien choisi pour y élever un monument à Gœthe jeune? — Le chant XXII de l'*Iliade*, admirable conclusion de l'œuvre entière. — Dans le *Jules César* de Shakespeare, quel est le héros? — La vapeur, bénédiction et malédiction pour les hommes. — Le peuple allemand a-t-il des raisons de regarder avec reconnaissance le dix-neuvième siècle? — Prouver, par l'histoire, le mot de Niebuhr : « La Grèce est l'Allemagne de l'antiquité. » — Conséquences heureuses de la Révolution française pour l'Europe, surtout pour l'Allemagne. — Pourquoi la bataille de Leipzig est-elle considérée comme l'événement le plus important de la guerre de Liberté? — Dans quelle mesure les grands poètes allemands ont-ils contribué à l'éveil et au développement du sentiment national allemand? — Pourquoi l'histoire a-t-elle refusé à Napoléon Ier le surnom de « Grand »? — Les éléments qui empêchèrent, au début, la réalisation de l'unité allemande. — Sur quoi repose la puissance de l'Angleterre? — Arminius, Luther, Bismarck, trois libérateurs du peuple allemand.

2° Autriche. — Choisir entre les groupes de sujets suivants : l'Autriche, boulevard et porte-bannière de la culture occidentale; le combat de l'humanité moderne contre l'espace et le temps; l'œil et l'oreille sont les meilleures portes pour la culture. — C'est un grave moment de la vie que celui où le jeune homme décide de sa carrière future; ce que l'homme et les Etats doivent à l'antiquité grecque et romaine; un homme noble ne doit pas sa culture à un cercle étroit, car la patrie et le monde agissent sur lui. — Dans quelle mesure pouvons-nous préférer le présent au passé? Comment témoigner à l'Etat ma reconnaissance? Grillparzer, symbole de la vieille Autriche et de Vienne.

Il est à noter que, même dans les écoles réales, des sujets portent sur l'antiquité classique; voici quatre sujets proposés, la même année, dans la cinquième classe d'une école réale autrichienne : Rencontre d'Hector et d'Andromaque. — Pour quelles raisons la culture intellectuelle de la Grèce a-t-elle été si rapide? — Légende et vérité sur les commencements de Rome. — Le théâtre des Grecs. Ailleurs on comparera l'Iphigénie de Gœthe et celle d'Euripide, ou l'on étudiera Néoptolème dans le *Philoctète* de Sophocle. Cela ne doit pas nous étonner, car, dans les réalgymnases ou

10

dans les écoles réales allemandes ou autrichiennes, les traductions d'auteurs latins ou grecs figurent parmi les auteurs allemands étudiés. Ce sera, pour les classes moyennes, l'*Odyssée,* dans la traduction de Voss; pour les classes supérieures, les chefs-d'œuvre des tragiques grecs, de Virgile, ou même d'Aristote et de Platon.

Pour la correction des devoirs, les professeurs s'inspirent des mêmes idées qui ont présidé au choix de ces sujets : les maîtres du *Theresiengymnasium,* d'après les instructions de leur directeur, doivent porter leur attention sur quatre points principaux : 1° Le sujet est-il bien compris? 2° Le plan est-il clair et logique? 3° Toutes les parties importantes de la démonstration sont-elles approfondies ou superficielles, logiquement aussi bien qu'historiquement? 4° La qualité du style. Ici encore, on aperçoit la prépondérance attribuée au fond.

D'ailleurs, il faut l'avouer, le fond y est la partie la plus intéressante. J'ai eu l'occasion d'examiner de nombreuses dissertations allemandes. Etaient-elles bien écrites? Je ne saurais me prononcer. Ce que j'ai constaté, c'est que trop souvent elles n'étaient pas composées au sens où nous entendons le mot[1]. Presque jamais d'exorde : on entre immédiatement en matière; peu de transition entre les alinéas, où les idées chevauchent quelquefois les unes sur les autres. Rarement une conclusion. En un mot, des idées justes, piquantes, parfois originales, mais qui pourraient être mieux présentées. Le mal — car, à nos yeux, et même, je crois, aux yeux des Allemands et Autrichiens, il y a mal — me semble d'ailleurs tenir principalement à cette préférence toujours accordée au fond sur la

1. En 1902, j'avançais déjà que pour la forme nous obtenions de meilleurs résultats qu'en Allemagne. On m'a reproché — en Allemagne, s'entend — de ne pas donner de preuves. Mais il me faudrait, pour cela, imprimer des liasses de dissertations écrites par des élèves allemands et français.

forme, aussi bien pour le grec ou le latin que pour l'allemand ou le français.

* * *

Du moins cette façon de concevoir l'enseignement de la langue maternelle conduit-elle dans l'ensemble à de meilleurs résultats que la nôtre? Y a-t-il, en Allemagne et en Autriche, une « crise de l'allemand », analogue à notre fameuse « crise du français »? C'est ce que j'ai essayé de chercher dans un voyage de plusieurs mois qui, d'avril à juillet, m'a conduit dans les parties les plus diverses de l'Allemagne et de l'Autriche. La réponse des maîtres interrogés a été à peu près unanime : les élèves, allemands ou autrichiens, ne savent pas leur langue aussi bien qu'on pourrait le désirer.

Quelles raisons donne-t-on pour expliquer cet état de choses? Avant tout, le peu de temps dont on dispose pour enseigner l'allemand : en effet, dans les hautes classes, sur une moyenne de 27 à 35 heures obligatoires, on ne consacre guère à la langue maternelle que trois heures par semaine, c'est-à-dire, relativement, beaucoup moins que chez nous, et il n'est pas question d'augmenter le temps réservé à cet enseignement. On fait valoir de plus, *presque partout*, que, chez eux, les enfants entendent généralement des conversations sur des sujets terre à terre et une langue peu correcte : la preuve en est que la « crise de l'allemand » sévit avec moins d'acuité sur les élèves des gymnases, recrutés dans les classes les plus cultivées. On invoque, en outre, d'autres raisons, valables seulement pour tel ou tel pays : en Allemagne, la lenteur d'esprit des élèves (c'est l'opinion de nos collègues allemands que je reproduis); en Autriche, l'influence des nombreux idiomes et dialectes qui se partagent le pays et corrompent fâcheusement la langue allemande (jusqu'à l'empereur actuel, les souverains de l'Autriche, au lieu de parler allemand, ne s'exprimaient-ils pas en viennois?). Dans les très grandes villes, il faut ajouter l'action des journaux, souvent inférieurs aux nôtres pour la langue et le style, et celle du sport, avec ses termes hybrides. Dans les villes moyennes et petites, on se plaint que les élèves ne lisent pas ou qu'ils lisent des romans mal écrits.

Pour essayer de remédier au mal, du moins en partie, les nouveaux programmes autrichiens ont étendu à presque toutes les classes des exercices qui, jusqu'à présent, étaient réservés aux deux dernières classes du gymnase et à la dernière classe de l'école réale. Les élèves y faisaient de petites conférences sur des sujets se rattachant à l'enseignement. Ils parlaient, par exemple, de l'art aux Pays-Bas durant le dix-septième et le dix-huitième siècle, de la vie de Shakespeare, des études universitaires de Gœthe, des souffrances de Werther, aussi bien que du caractère de Mahomet dans le *Mahomet* de Voltaire, des relations entre Voltaire et Frédéric II, des *Amphitryon* de Molière et de Kleist, de la sophistique chez Socrate, de la signification historique de Vienne, de la façon de comprendre l'histoire grecque au dix-neuvième siècle, de Richard Wagner, de Napoléon à Toulon, de la vie de Cicéron, ou même de la photographie comme art. Dorénavant ces exercices commenceront dès la classe qui correspond à notre troisième. Ils seront généralement préparés, mais quelquefois improvisés. Ils consisteront d'abord en récits, en résumés, en impressions personnelles. Puis, dans notre première, on ajoutera des sujets littéraires. Enfin, pour la dernière année de l'école réale et les deux dernières du gymnase, on fera des essais de discours : aussi, dans ces classes, la durée de l'exposition, jusque-là fixée à dix minutes par élève, sera doublée. De plus, on y tiendra compte davantage de la personnalité de l'élève, et le maître pourra lui laisser le choix du sujet à traiter. Enfin, les camarades du jeune conférencier seront admis à prendre part à la critique. Les meilleurs résultats pourraient être attendus de ces exercices, pratiqués chez nous depuis longtemps et avec succès, si la place qui leur est attribuée n'était pas mesurée bien parcimonieusement, chaque semaine une demi-heure en moyenne dans les gymnases et les réalgymnases, une heure dans les écoles réales! C'est toujours un progrès, et il serait à souhaiter que la mesure fût imitée par l'Allemagne, où je n'ai jamais entendu les élèves développer oralement une matière que dans les classes supérieures : encore n'ai-je pas vu pratiquer souvent cet exercice, et l'exposition de l'élève était-elle presque toujours lue, ou du moins apprise par cœur.

En résumé, les élèves allemands ou autrichiens me semblent bien connaître leur littérature, mais posséder moins bien leur langue, dans tous les cas la savoir moins bien que leurs maîtres ne le souhaiteraient. Et le mal tient à des causes plus profondes encore que chez nous; il sera donc plus difficile encore à guérir.

CHAPITRE III

L'ENSEIGNEMENT DES LANGUES ANCIENNES

A. — Remarques générales.

Jusqu'en ces dernières années, presque tous les grands philologues étaient Allemands et enseignaient en Allemagne ou en Autriche : avions-nous plus de quatre ou cinq noms à opposer à cette foule d'hommes éminents, ou tout au moins érudits et laborieux, dont s'honorent l'Allemagne et l'Autriche? A Stuttgart, à Bielefeld, à Cöthen, à Berlin, à Vienne, ou à Leipzig, paraissent continuellement de nouvelles éditions, toujours plus savantes, quelquefois trop : cependant, chez nous, la collection des éditions Hachette à l'usage des professeurs est interrompue, et nous n'avons rien de comparable à la collection Teubner; les éditions allemandes que nous recommandons à nos étudiants en licence ou à nos futurs agrégés sont, presque toujours, des éditions faites pour les classes. Un travail purement scientifique, en France, trouve difficilement un éditeur; encore fait-il la grimace en l'acceptant et déclare-t-il qu'il l'imprime uniquement par considération pour l'auteur : en Allemagne ou en Autriche, il y a toujours un libraire, et non des moindres, prêt à accueillir le travail le plus volumineux et le moins attrayant sur les littératures classiques; il va même jusqu'à le payer, quitte à vendre le volume plus cher, pour assurer à l'auteur une juste rémunération. Il est vrai qu'il est assuré d'une vente relativement considérable en France auprès des philologues, trop nombreux encore, qui sont disposés d'avance à admirer le moindre travail publié en Allemagne, à le préférer à un ouvrage analogue écrit par un Français, et qui attachent, on me permettra de le dire, une importance exagérée à toutes les thèses et aux moindres programmes. Enfin, sauf la *Revue de philologie*, la *Revue des études anciennes*, la *Revue des études grecques* et la *Revue critique*, avons-nous rien à comparer à la *Berliner Philologische Wochenschrift*, au *Philologus*, au *Rheinisches Museum*, à l'*Hermes*, aux *Neue Jahrbücher*, à la *Wochenschrift für klassiche Philologie*, à la *Zeitschrift für das bayrische Gymnasialwesen*, et à tant d'autres périodiques?

Comment expliquer que l'Allemagne soit ainsi la terre d'élection et, pour ainsi parler, le paradis des langues classiques? La raison n'est pas que le grec et le latin disposent d'une part plus considérable que chez nous : si, en valeur absolue, un plus grand nombre d'heures est attribué à ces deux langues[1], nous avons vu que, relativement, elles ne sont pas mieux traitées que chez nous. En second lieu, ni en Allemagne ni en Autriche les langues anciennes ne sont à l'abri des attaques dont elles sont l'objet dans notre pays : aussi bien, en 1901, les nouveaux programmes prussiens ont-ils diminué le nombre d'heures accordé au grec et au latin; quant à l'Autriche, la récente création des réalgymnases marque un affaiblissement du grec. La véritable explication se trouve, je crois, dans la différence du but assigné à cet enseignement en France ou dans les deux autres pays. Chez nous, c'est un moyen en vue d'une fin; nous voulons exercer l'intelligence en dépaysant l'esprit, forcé de pénétrer une pensée et un style aussi différents que possible des nôtres, et former le goût en lui présentant des modèles où les sentiments les plus généraux, partant les

1. *Cf.* p. 24, 26, 190, n. 1, et p. 206, n. 1.

plus humains, sont exprimés dans la forme la plus parfaite et la plus pure. En Allemagne et en Autriche on étudie ces deux langues à peu près exclusivement pour elles-mêmes.

L'Autriche, à vrai dire se propose timidement, par l'étude du latin (*non du grec*), d'éveiller un peu le goût et le sens du style. En effet, le but à poursuivre pour l'enseignement du latin, c'est d'amener les élèves, « par des lectures approfondies, à connaître ce qu'il y a de plus important dans la littérature latine et, par suite, à comprendre la vie morale (*Kulturleben*) des Romains; de les mettre en état de traduire un texte qui n'offre pas de difficultés particulières; d'éveiller le sens de la forme ». Pour le grec, les programmes disent simplement : « Lecture approfondie de ce qu'il y a de plus important dans la littérature grecque, autant que le permet le temps restreint. » Mais, en Allemagne, rien de semblable. D'après les nouveaux programmes prussiens, le but de l'enseignement du grec et du latin est de permettre aux élèves de connaître les écrivains et les œuvres les plus remarquables de la Grèce et de Rome, et, par eux, d'entrer dans la vie intellectuelle et dans la civilisation (*in das Geistes und Kulturleben*) de l'antiquité. Les plans d'études de Saxe s'expriment plus nettement encore : « A sa sortie du gymnase, l'élève doit :

« 1° Connaître, pour les avoir suffisamment pratiqués, les auteurs portés au programme des gymnases; il doit avoir acquis aussi, sur les institutions et les mœurs romaines, les notions nécessaires pour comprendre ces auteurs;

« 2° Etre assez maître de la langue latine pour expliquer, même sans préparation, des passages d'auteurs latins qui n'offrent pas une difficulté particulière, et pour traduire sur-le-champ en latin, sans fautes grossières contre la grammaire et le style, des morceaux allemands de difficulté moyenne. »

*
* *

De cette divergence fondamentale entre notre pays d'une part, l'Allemagne et l'Autriche de l'autre, dérivent un certain nombre de différences secondaires. Le latin et le grec étant étudiés pour eux-mêmes, il importe que les élèves connaissent à fond les sciences accessoires qui seront pour eux la clef d'un grand nombre de difficultés, avant tout la grammaire. Elle tient toute la place durant les deux premières années de latin ou de grec; ensuite, pendant deux ans, elle en occupe environ la moitié; souvent même les programmes fixent sa part jusque dans la classe la plus élevée.

Voici, pour la Prusse et l'Autriche, la répartition dans les gymnases, entre la grammaire et l'explication, des heures attribuées au latin et au grec.

1° *Latin.*

	NOMBRE D'HEURES TOTAL		GRAMMAIRE		LECTURE	
	Prusse.	Autriche.	Prusse.	Autriche.	Prusse.	Autriche.
Première année........	8	8	8	8		
Deuxième —	8	7	8	7		
Troisième —	8	6	4	2 1/2	4	3 1/2
Quatrième —	8	6	4	1 1/2	4	3 1/2
Cinquième —	8	6	4	1	4	5
Sixième —	7	6	3	1	4	5
Septième —	7	5	2	1	5	4
Huitième —	7	5	2	1	5	4
Neuvième —	7		2		5	

2° *Grec.*

Première année........	6	5	6	5		
Deuxième —	6	4	6	4		
Troisième —	6	5	2	1	4	4
Quatrième —	6	5	1	1	5	4
Cinquième —	6	4	1		5	4
Sixième —	6	5	1		5	5

Cette division a un avantage : elle permet de s'assurer que la grammaire a toujours la part qu'on a jugé nécessaire de lui départir. Toutefois, à observer les élèves, il m'a semblé qu'elle présentait un grand inconvénient, qui est de les ennuyer, malgré tout l'art que déployait le professeur pour les intéresser. Je crois que le meilleur système serait celui que j'ai, dans un établissement, trouvé appliqué aux grandes classes : toutes les heures de grec ou de latin commençaient par une revision de la grammaire, qui durait de cinq minutes à un quart d'heure. C'est là une façon de procéder qu'il y aurait intérêt à généraliser, afin de ne jamais laisser les élèves oublier leur grammaire, qui, seule, leur permet de comprendre véritablement un texte latin ou grec, au lieu de se borner à en deviner le sens. Chez nous, au contraire, plus de grammaire grecque ni latine en première, plus de grammaire latine en seconde, et, en troisième, simplement une « revision de la grammaire latine à l'occasion des exercices de la classe ». Je crains fort que cette revision ne soit pas faite toujours, ni complètement, et que les professeurs de première ne soient généralement, à la veille du baccalauréat, obligés de recommencer presque toute la besogne de leur collègue de quatrième. La manière de procéder en Allemagne pour les deux langues, et en Autriche pour le latin, évite cet inconvénient.

Elle en a d'autres. L'on accable trop souvent les élèves sous une masse de menues irrégularités et de règles de détail, dont ils ne trouveront que très rarement l'application dans les textes et qui leur font perdre un temps assez considérable : ces irrégularités, pour la plupart, n'auraient nul besoin d'être enseignées *ex professo* ni d'affilée; il suffirait que le maître en rendît compte à l'occasion. Certes, les grammaires latine et grecque employées maintenant en Allemagne et en Autriche sont moins compliquées, partant moins volumineuses, que celles dont on se servait en 1900, surtout que celles de 1850, pieusement conservées dans les bibliothèques des professeurs; néanmoins elles sont encore de taille respectable, et jamais on ne les introduirait dans nos classes. Aussi bien ne plaisent-elles pas à tous les élèves allemands et autrichiens : dans plusieurs établissements, ils les appellent « livres de punition » (*Strafgesetzbuch*). Elles n'agréent pas davantage à bien des parents, et cette importance exagérée accordée à la grammaire n'a pas peu contribué à l'impopularité des gymnases, et parfois des professeurs, que l'on considérait comme des pédants cherchant à étaler leur science, des athlètes jonglant avec les aoristes, les irréels, les potentiels et les propérispomènes[1].

De même que la grammaire, la métrique est enseignée très à fond. Nos élèves n'en savent certainement pas assez; mais, assurément, les jeunes Allemands ou Autrichiens en savent trop. Au concours de l'Ecole normale et des bourses de licence, voire à l'agrégation, des candidats se trompent grossièrement sur la scansion d'hexamètres et de pentamètres. En Allemagne et en Autriche, l'hexamètre et le pentamètre, c'est le pain quotidien; c'est jeu d'enfants. J'ai entendu des *Primaner* lire du Sophocle en tenant compte à la fois du sens, de l'accentuation et de la métrique, avec une telle perfection que M. Louis Havet aurait pu les proposer comme modèles, pour les exercices de ce genre, à ses élèves de la Sorbonne. Il y a plus : la métrique logaédique n'a pas de secrets pour eux; ils parlent de rythme égal, double, sesquialtère, avec une aisance surprenante; ils comprennent même ce qu'ils disent, et, généralement, on les comprend. Ce n'est pas tout : dans les hautes classes, les élèves étudient la métrique des chœurs. On en scande les vers

1. *Cf.* Ebner, *Magister Oberlehrer, Professoren*, p. 161 et 185.

isolément, puis le maître distingue les différentes parties rythmiques, en dégage le caractère, en montre l'enchaînement et le rapport à l'idée; pour terminer, il lit le morceau en tenant compte du rythme. Les élèves l'imitent ensuite et finissent par déclamer le passage en chœur. Je ne suis pas sûr que les explications proposées soient toujours les plus exactes; je suis sûr qu'elles sont comprises. J'ajoute que la métrique grecque et latine se rapproche beaucoup plus de la métrique allemande que de la nôtre; en outre, si les professeurs ne ménagent pas aux enfants ou aux jeunes gens les explications théoriques, ils les rendent plus faciles à retenir en faisant apprendre, pour l'hexamètre, le pentamètre, le trimètre iambique, le tétramètre catalectique trochaïque et les strophes d'Horace, quelques vers ou une strophe-type, à laquelle la classe se reporte, en cas d'hésitation.

D'une façon générale, tout ce qui concerne les *Realien* est très bien su en Allemagne et en Autriche. J'ai été étonné de voir les élèves connaître à fond la mythologie, la géographie de la Grèce ancienne et de la Gaule, la topographie de Rome, l'histoire de l'art ou les monnaies : il importe de se souvenir que les établissements d'enseignement secondaire allemands et autrichiens sont très riches en cartes, et que certains possèdent une fort belle collection de monnaies, montrée aux élèves chaque année et commentée devant eux. En résumé, les maîtres leur fournissent des notions que nous leur donnons moins complètement, quelquefois insuffisamment, mais qu'ils doivent posséder pour atteindre le but fixé par les programmes, et, dans la pratique, s'ils veulent réussir à l'examen de maturité.

*
* *

Pour le choix des auteurs et des ouvrages expliqués, pour la manière de les expliquer, nous aurons à faire des remarques analogues. Les élèves doivent connaître les écrivains les plus remarquables de la Grèce ou de Rome, qui leur serviront à se faire une idée de la vie et de la civilisation antiques. Voilà pourquoi, dans les classes, on lit tant les œuvres de caractère historique ou philosophique, alors qu'on donne peu de place aux comiques ou aux élégiaques latins. On jugera mieux de cette tendance en parcourant la liste, très brève, des auteurs latins ou grecs proposés pour les différentes classes par les nouveaux programmes autrichiens.

3e classe. Quelques vies de Cornélius Népos, ou choix de Quinte-Curce.

4e classe. César, *Guerre des Gaules* (environ trois livres).

5e classe. Ovide, choix des *Métamorphoses* et des *Fastes*. Choix de Tite-Live. — Xénophon ou Arrien, *Anabase* (choix). Homère, *Iliade* (choix).

6e classe. Salluste, *Catilina* ou *Jugurtha*. Cicéron, au moins une *Catilinaire*. Virgile, *Énéide* (choix). — Hérodote (choix). Plutarque, une vie. Homère, *Iliade* (choix).

7e classe. Cicéron (choix). *Lettres* de Cicéron ou de Pline le Jeune. Suite de Virgile ou morceaux choisis des élégiaques. — Discours politiques de Démosthène (deux petits ou la 3e *Philippique*). Platon, *Apologie*. Homère, *Odyssée* (choix).

8e classe. Tacite et Horace (choix). — Platon, un grand et un petit dialogue ou un choix. Aristote, quelques échantillons. Une tragédie de Sophocle et d'Euripide.

C'est également le double but visé qui dicte le choix des passages pris comme textes d'explication parmi les ouvrages inscrits au programme : ce choix des maîtres avait souvent à s'exercer en Allemagne, alors qu'en Autriche il était, jusqu'à présent, sévèrement guidé par les instructions ministérielles ; la liste donnée ci-dessus montre que, maintenant, leur goût pourra souvent se donner libre carrière.

En parlant de la façon dont l'unité de l'enseignement est réalisée, nous avons eu l'occasion de montrer, pour Horace ou Virgile, comment on explique les pièces qui font connaître la vie, le caractère de ces poètes et les groupes principaux de leurs œuvres, et, pour Ovide, que l'on préfère, dans les *Métamorphoses*, les parties qui jettent quelque lumière sur l'antiquité mythique et légendaire.

Pour que les élèves connaissent encore plus complètement les grands écrivains latins et grecs, les explications faites en classe sont complétées par des lectures supplémentaires contrôlées en classe. Mais, dira-t-on, rien de particulier à l'Allemagne et à l'Autriche dans cette prescription, que renferment aussi nos programmes de 1902. Il est vrai : ici encore nous avons imité nos voisins, et nous avons eu raison. Mais le contrôle me semble, en Allemagne et en Autriche, plus précis que chez nous, et surtout la mesure est réellement appliquée. A la fin des programmes autrichiens se trouve l'indication exacte des morceaux lus *privatim* par les élèves des différentes classes. Prennent part à cet exercice, dans les petits établissements, tous les élèves à peu près, et, dans les moyens et les grands, une proportion qui varie du dixième aux deux tiers, selon l'intérêt que sait éveiller le maître, selon la classe (à la veille de l'examen de sortie, on n'a guère de loisirs), enfin selon que l'établissement est ou non dans un pays de langue allemande, car, dans le second cas, aux matières ordinaires s'ajoute l'étude obligatoire de l'idiome parlé dans le pays. Dans la sixième classe d'un gymnase du Tyrol, province où l'on parle l'italien, sur 40 élèves, 7 avaient lu chez eux le *Catilina*, 9 la *deuxième Catilinaire*, 18 un choix du *de Bello civili* (livre III). Dans la huitième classe d'un gymnase de Vienne, sur 16 élèves, un avait lu l'*Enéide* (VIII), 2 l'*Enéide* (V), un quatrième l'*Enéide* (III) et 24 odes du livre I d'Horace; de cette même classe, 7 élèves avaient étudié chez eux des textes grecs, très différents, suivant leurs goûts : ceux-ci des dialogues (*Ion, Phédon, Euthyphron*) de Platon, d'autres l'*Electre* ou l'*Ajax* de Sophocle, le *Discours sur la couronne* ou deux *Philippiques*, presque tous d'un à trois chants de l'*Odyssée*.

*
* *

Du moment que l'on étudie le latin et le grec pour eux-mêmes, comme en Allemagne, ou presque uniquement pour eux-mêmes, comme en Autriche, il est bien certain que la façon d'expliquer, en classe, les passages ainsi choisis parmi les auteurs portés au programme ne sera pas la même que dans nos classes. De fait, on ne se préoccupe pas toujours assez de chercher l'équivalent allemand tout à fait précis du terme ou de l'expression latine[1]; on donne assez peu d'attention à la traduction, qui, toujours exacte en gros, est trop près du mot-à-mot ou trop libre[2]; on ne s'attache pas toujours suffisamment à respecter le mouvement de la phrase latine ou grecque, à conserver le parallélisme des divers membres, à mettre en lumière le terme important; bref, elle revêt une tenue moins littéraire, un caractère moins esthétique que celui que nous nous efforçons toujours de lui donner[3]; elle

1. S'il est bon de rendre *Aquilo* par « vent du nord », il l'est moins de traduire *dumtaxat* (Horace, *Sat.*, II, 6, 42) par « naturellement », ou *mordent* (*ibid.*, 45) par « gênent », ou de rendre le grec ἀμφιπίπτειν simplement par « embrasser » (*umfangen*).

2. Dans un passage de César, *B. G.*, I, 19, 5, *petit atque hortatur* a été traduit par *il prie instamment* (*er bittet inständig*); I, 20, 1, *Diviciacus, multis cum lacrimis Cæsarem amplexus, obsecrare cœpit* : *cœpit* est traduit aussitôt après Diviciacus; I, 20, 2, *scire se illa esse vera* est traduit par *il sait que tout cela est vrai* (*dass alles wahr sei*), etc.

3. Une seule fois, j'ai assisté à un travail analogue à celui que

donne moins aux élèves le goût de la forme précise et harmonieuse.

Dans le commentaire, on s'attache surtout à bien faire comprendre ce que l'écrivain a voulu exprimer : les remarques porteront sur le sens des mots, sur les phénomènes grammaticaux, prosodiques ou métriques, sur le fond, sur ce que les Allemands appellent des *Realien*[1]. Pour mieux faire comprendre ces *Realien,* les professeurs ont recours soit aux projections, toutes les fois que les établissements possèdent un appareil à cet usage, soit à des gravures ; mais le second de ces moyens a donné lieu à tant d'exagérations, a fait perdre tant de quarts d'heure, que, par une réaction injustifiée, il est, actuellement, presque abandonné.

Malheureusement, sauf exception, ce commentaire sur le fond, souvent indispensable, toujours utile, semble, dans les deux pays qui nous occupent, exclure le commentaire de forme : à propos de l'épode 2 d'Horace, on explique aux élèves la philosophie du poète ; on leur parle de l'*ataraxie;* on leur demande ce qu'ils pensent de cette conception de la vie... et c'est tout. Ou bien encore le commentaire sur le fond se borne à une constatation : le professeur exposera ou fera démêler par ses élèves le plan d'une pièce d'Horace, la marche d'un dialogue de Platon, l'action d'une tragédie de Sophocle et le développement des caractères, le lien logique unissant les différentes parties d'un discours ; mais, sauf exception, il n'ira pas plus loin ; il ne montrera pas l'art avec lequel est construit un dialogue de Platon, ou ce que le plan d'une œuvre peut offrir de défectueux ou d'habile. Quant aux remarques de forme, elles sont généralement faites soit pour

nos maîtres font faire à leurs élèves. Un jeune Autrichien ayant traduit mot à mot une expression latine par : « Verse-moi Bacchus, » le professeur critiqua *Bacchus* comme trop littéral, rejeta *le vin* comme manquant de poésie, et *le jus de la vigne* comme expression toute faite ; il admit : « les présents de Bacchus. »

1. Pas une fois je n'ai entendu de critique de texte.

elles-mêmes, soit sans rapport au morceau étudié : si l'on appelle l'attention sur les tournures intéressantes au point de vue du style, c'est surtout en vue des thèmes à venir; les particularités de la langue et du style de Tacite seront expliquées aux jeunes gens avec autant de compétence que de netteté, mais on se gardera de leur montrer pourquoi l'historien use de ces moyens d'expression nouveaux. En un mot, des deux parties que M. Maurice Croiset souhaitait de trouver dans une explication grecque[1], commentaire de grammaire et de langue, préparant un commentaire historique, moral et littéraire, il ne rencontrerait guère, en Allemagne, ou en Autriche, que la première. Assurément il en serait satisfait, mais regretterait l'absence de la seconde.

Malgré les prescriptions des programmes, deux fois seulement en Allemagne et cinq fois en Autriche, dans les nombreuses classes auxquelles j'ai assisté, j'ai entendu des observations purement littéraires; car je ne comprends pas sous ce nom les rapprochements purs et simples avec les auteurs allemands : «Par quel poète allemand ce passage a-t-il été imité? Où? Quelqu'un sait-il le passage par cœur? X, récitez. Bien! » Ces remarques esthétiques, si rarement entendues, étaient d'ailleurs très fines et compensaient, en quelque sorte, leur rareté par leur qualité; même à distance, même dans le recul de six mois ou de sept ans, j'entends encore ces observations délicates et néanmoins à la portée des élèves sur telle épître d'Horace, sur la composition psychologique du discours de Terpios à Ulysse (*Odyssée*, XXII), sur les sentiments que l'aède s'efforce de toucher dans l'âme du héros. Il y a peut-être, chez nous, dans certaines classes, quelque exagération esthétique et littéraire, mais je ne crains pas de dire que, en Allemagne et en

1. *Revue internationale de l'enseignement*, 1903, 2, p. 19 sqq.

Autriche, il y a manque. Il a été signalé et regretté plus d'une fois dans le pays même, mais il est difficile à corriger. Il tient aux programmes, d'abord, surtout en Allemagne, mais plus encore à la manière dont les *Altphilologen* sont formés et dont leurs examens sont conçus; dans les Universités, ils entendent un enseignement purement scientifique, donné par des maîtres éminents qui n'ont presque jamais appartenu à l'enseignement secondaire, et, de toute façon, considèrent qu'ils n'ont pas à s'occuper de la manière dont les étudiants d'aujourd'hui mettront demain la science acquise à la portée d'enfants ou de tout jeunes gens. Quant aux candidats à l'examen, pourquoi se soucieraient-ils du commentaire littéraire ou esthétique? Leurs juges ne seront-ils pas leurs maîtres de l'Université qui composeront le jury, soit sans adjonction d'éléments étrangers (c'est le cas général), soit en grosse majorité?

Dès lors, pour réussir à l'examen, ils n'ont à s'occuper que de science pure, et ils ne s'occupent que d'elle. Mais, dans le stage, les professeurs d'enseignement secondaire pourraient enseigner à leurs futurs collègues la nécessité et l'art de ce commentaire esthétique. Sans revenir sur ce que nous avons été amenés à dire touchant la façon dont sont choisis les établissements où sont envoyés les stagiaires[1], le stage est court, surtout en Autriche, le travail à fournir bien gros. D'ailleurs les mentors eux-mêmes ont été formés comme ceux qu'ils sont chargés de guider et ne voient pas non plus l'utilité de remarques littéraires. Et voilà pourquoi les choses resteront longtemps encore ce qu'elles sont, pourquoi longtemps encore les élèves allemands et autrichiens apprendront à bien comprendre les textes, mais non pas à découvrir et à sentir leur beauté.

1. Page 72.

*
* *

La nature des leçons choisies et des devoirs préférés s'explique par des raisons analogues à celles qui ont déterminé les auteurs ou passages à expliquer et la façon de les expliquer. Les leçons de texte ne sont pas données régulièrement, comme chez nous : elles sont rares, à cause du surmenage, découvert il y a quelques années, comme chez nous, et signalé plus justement que chez nous. Quant aux passages appris par cœur, ce sont au moins autant ceux qui résument un ouvrage, une forme de période, un rythme de vers, que ceux où l'on admire l'élévation du sentiment ou la beauté de la forme; à ce point de vue, les élèves se graveront même dans la mémoire un ou deux vers isolés, s'ils donnent le plan d'une œuvre ou d'une partie d'une œuvre; telle édition d'Horace, publiée en Autriche par l'un des hommes qui, au ministère, concilient avec le plus d'intelligence le goût de l'antiquité et le juste sentiment de ce que réclame la culture moderne, se termine par une liste de vers et passages à apprendre. C'est ainsi qu'en Allemagne, de tout le livre I de l'*Enéide*, les élèves sauront les vers 1-33 (sorte de sommaire de l'œuvre), 124-143 (discours de Neptune aux vents) et 198-207 (discours d'Enée à ses compagnons pour les réconforter). Pour un gymnase autrichien, la liste complète des morceaux appris dans les quatre classes supérieures.

5e classe : Tite-Live, I, 29 (destruction d'Albe); Ovide, *Tristes*, I, 3, 1-62. — Iliade, I, 1-100; 437-439 (ces deux vers caractéristiques pour le rythme).

6e classe : Cicéron, *première Catilinaire*, 1. — En grec, parties différentes des chants IV et VI de l'*Iliade*, au choix des élèves, environ cinquante vers par élève.

7e classe . Cicéron, *Pro Roscio Am.*, §§ 64-68 (sur le

parricide); Virgile, *Enéide*, II, 199-224 (mort de Laocoon); IV, 219-258 (Mercure envoyé à Enée). — Démosthène, *Philippiques*, I, §§ 1 et 28 (conclusion); Homère, *Odyssée*, I, 1-35, et VI, 110-140 (incertitudes d'Ulysse au moment où il est réveillé par les cris des suivantes de Nausicaa).

8e classe : Horace, *Odes*, I, 1, et III, 30 (*Exegi monumentum*).

Enfin, de la version et du thème, le devoir considéré en Allemagne, aujourd'hui encore, comme le plus important, c'est, non pas la version, qui enseigne moins le latin ou le grec que la langue dans laquelle on traduit, et qui fait une large part au goût littéraire, mais bien le thème, qui exige la connaissance approfondie de la grammaire de la langue où l'on traduit, de cette grammaire à laquelle on consacre tant d'heures et de soin. Cependant, depuis quelque temps il y a un gain léger en faveur de la version. C'est une version que les *Realgymnasiasten* doivent faire à l'examen de maturité, tandis que les *Gymnasiasten* ont à la fois un thème et une version. Jusqu'à cette année, l'Autriche imitait l'Allemagne; dans les derniers programmes, elle semble se rapprocher de nous et faire pencher la balance du côté de la version. Comme texte de thème, l'on ne prend pas un morceau d'un écrivain allemand; on prétend que la traduction en latin serait trop difficile; peut-être; mais surtout c'est encore la langue maternelle qu'enseigne cet exercice, par la nécessité où il force l'élève de pénétrer la valeur propre de tous les termes et de toutes les expressions pour les transporter dans une langue où elles n'ont pas d'équivalent. On choisit de préférence des thèmes d'imitation, faits avec ou plutôt sans dictionnaire[1] : ils servent tout à la fois à contrôler l'attention des élèves, à éprouver leur connaissance de la grammaire, l'étendue de

1. *Cf.* un texte de thème d'imitation dans mon rapport sur l'*Enseignement des langues anciennes et modernes,* p. 69-70.

leur vocabulaire et leur sens de la phrase latine ou grecque. Chez nous, l'interprétation du texte français joue un rôle beaucoup plus considérable : « Thème bien compris est à moitié traduit. » Là-bas, aucun travail de ce côté, les textes allemands étant fabriqués *ad usum discipulorum*.

A ces devoirs, bien connus de nous, s'ajoutent, dans les gymnases allemands, les travaux dont nous avons dit un mot : au nombre de deux par an pour chacune des matières principales, ils se rapportent aux auteurs expliqués. En 3e inférieure, par exemple, les élèves ont parlé de la bataille contre les Nerviens et des machines de guerre chez les Romains; l'année suivante, ils ont étudié le grec, et dissertent sur la vie et les œuvres d'Ovide, sur Arioviste, sur les mouvements stratégiques des deux partis à la bataille de Cunaxa et sur le caractère du Cyrus le Jeune. Pour les hautes classes, les sujets sont de caractère un peu différent; en première supérieure, ils porteront sur la manière dont Cicéron, dans le *Pro Milone*, montre que Milon était en état de légitime défense, sur la prise de possession du pouvoir par Tibère, sur Socrate et Polémarque, enfin sur Agamemnon d'après Homère.

*
* *

Etant donné cette façon de concevoir l'enseignement des langues classiques, il est assez remarquable que l'on ne fasse pas aux élèves un cours suivi de littérature latine ou grecque. On se contente, lorsqu'on aborde un nouvel auteur, de leur indiquer, sous forme d'interrogation plutôt qu'à la manière d'une leçon, les principales dates de la vie et des grands ouvrages de l'écrivain. On tâche de leur faire lire quelques morceaux de tous les grands prosateurs et poètes latins et grecs, en s'efforçant, comme je l'ai montré, de choisir les passages étudiés de manière à fournir une idée aussi exacte et aussi complète que possible de ces auteurs. Quand on doit cesser la lecture d'un auteur, on résume les caractères de son talent en s'appuyant sur les textes étudiés, mais on aime mieux s'abstenir de parler d'un écrivain, que de ne pas fournir aux élèves les documents nécessaires pour asseoir leur jugement ou contrôler les appréciations qu'on leur soumet. C'est leur donner une excellente habitude d'esprit; offre-t-elle une compensation suffisante à ce que ces études littéraires ont généralement de restreint et d'incomplet? C'est ce que je n'oserais affirmer. Au surplus, rien ne nous empêcherait d'imiter, pour l'enseignement de la littérature, les Allemands et les Autrichiens; de même on devrait, à leur exemple, réserver dans toutes les classes une part à la grammaire, à condition de continuer à ne pas enseigner le grec ou le latin pour eux-mêmes, mais avant tout pour les services que leur étude peut rendre dans la formation de l'esprit, de l'intelligence et du goût.

B. — Observations sur l'enseignement du latin[1].

1° *La prononciation.*

Ce que l'on se préoccupe, avant tout, de donner aux enfants, c'est une prononciation correcte du latin. Pour le dire tout de suite, la prononciation allemande du latin attribue tout simplement aux sons du latin la valeur qu'ils auraient en allemand; elle est donc fondée sur le même principe que la nôtre : il est impossible

1. On se souvient que le latin est enseigné dans toutes les classes des gymnases et réalgymnases à forme normale, à partir de la troisième inférieure dans les gymnases et réalgymnases de réforme allemands, à partir de la cinquième classe dans les réalgymnases de réforme autrichiens. Il dispose chaque semaine, à travers toute la série des classes, de 68 heures dans les gymnases prussiens, de 49 dans les gymnases autrichiens et les réalgymnases prussiens, de 45 dans les réalgymnases autrichiens, de 30 dans les réalgymnases de réforme autrichiens.

d'en douter, si l'on songe à la manière dont on prononce le grec dans les écoles d'Allemagne et d'Autriche; d'ailleurs, certains professeurs n'ont pas fait difficulté de me dire que la principale objection qu'ils dirigeaient contre les écoles de réforme où la première langue enseignée est le français, c'est que la façon de prononcer le même son est absolument différente ou, pour mieux dire, opposée en allemand et en français; de là perte de temps très sensible, ce qui n'a pas lieu pour le latin. Il est d'ailleurs incontestable que la prononciation allemande du latin se rapproche plus de la véritable que la nôtre, la moins vraisemblable de toutes, exception faite pour celle des Anglais; toutefois, on peut douter si le *c* latin ne se prononçait pas toujours *k* plutôt que *ts*, son qui, de l'autre côté du Rhin, lui est donné devant plusieurs voyelles. Je crois donc que, sans aller aussi loin que le voudraient certains réformateurs, et pour s'en tenir aux choses à peu près incontestables, il n'y aurait aucun inconvénient à prononcer l'*s* dure, à donner à l'*u* le son de *ou*, à l'*i* toujours le son de *i* et au *c* toujours le son de *k*; il faudrait environ cinq minutes pour l'enseigner aux élèves, et huit jours pour les y habituer. On éviterait ainsi les nombreuses confusions d'orthographe et de sens entre des mots très différents que nous prononçons de la même manière, *possis* et *poscis*, *posses* et *posces*, *sis* et *scis*, etc.

Mais il serait encore plus important, je crois, d'accoutumer les élèves à donner aux voyelles latines, comme l'on fait en Allemagne et en Autriche, leur valeur de longues ou de brèves. Il suffit, pour y arriver, de leur apprendre trois ou quatre règles générales très faciles à exposer ou à retenir, et, en ce qui touche les voyelles qu'elles ne régissent pas, d'avoir bien soin, la première fois qu'on rencontre un mot où il s'en trouve, de le prononcer et de le faire prononcer conformément à la quantité, de dire, je suppose, *labōres*, *păter* et *nŏvi*, au génitif de *nŏvus*. Inutile d'enseigner les règles de détail : les élèves les dégageront d'eux-mêmes, et, quand ils auront entendu *labōres*, *honōres*, *dolōres* ou *legēbam*, *fugiēbam*, *silēbam*, ils diront d'eux-mêmes *colōres* ou *dicēbam*. Dans tous les cas, les élèves allemands et autrichiens semblent acquérir ces notions sans aucune peine; au bout de quelque temps, ils les appliquent sans y penser et ils acquièrent une finesse d'oreille vraiment extraordinaire. Nos élèves, je crois, arriveraient bien vite au même résultat; ils ne confondraient plus *lĕgi*, infinitif, et *lēgi*, parfait; *lĕgis* et *lĕges* de *lĕgo*, avec *lēgis* et *lēges* de *lex*; *rēges* et *rēgis* de *rex*, avec *rĕges* et *rĕgis* de *rĕgo*, etc. J'ajoute que, si cette réforme était admise, elle permettrait de supprimer l'enseignement théorique de la prosodie, actuellement donné en quatrième, et faciliterait la connaissance de la métrique. Mais il faudrait d'abord attacher plus d'importance, dans les différents examens et concours, à la connaissance impeccable de la prosodie.

Prononcer les syllabes avec leur valeur conduit naturellement à faire sentir la syllabe accentuée, ce qu'on exige dans les classes allemandes et autrichiennes. Je sais bien que cela est plus facile pour les Allemands et les Autrichiens que pour nous, car ils sont habitués à avoir, dans leurs mots, un accent très fortement senti, tandis que, dans notre langue, il est souvent peu sensible; mais, en admettant qu'on ne lui donnât pas toute l'intensité voulue, ce serait déjà beaucoup que de ne plus le placer immuablement sur la dernière syllabe, mais de le mettre à sa place, conformément aux règles si bien connues et si simples de l'accentuation latine. Au point de vue pratique, ce serait un nouveau moyen d'éviter des confusions entre certains mots. Mais surtout, dans un pays comme le nôtre, où l'on tient, avec raison, à ce que nos élèves connaissent bien leur langue maternelle, ne doit-on pas les rendre capables d'en connaître les sources? Or, comment bien comprendre le passage des mots latins en français, si on ne donne pas aux sons et aux syllabes leur valeur et aux mots leur véritable physionomie?

Il y aurait donc là quelque chose de beaucoup plus utile pour nous que pour les Allemands et les Autrichiens; pourtant ce sont eux qui y attachent le plus d'importance. Tout mot rencontré pour la première fois est prononcé d'abord par le maître, puis par un certain nombre d'élèves, enfin, généralement, par toute la classe; pendant la première année, et souvent plus tard encore, il en est ainsi pour la plupart des phrases latines, et, quelquefois, pour former l'oreille des élèves, le maître fait faire aux enfants des versions orales; au début de l'enseignement, lorsqu'un mot latin est prononcé, l'élève accompagne la prononciation de la syllabe accentuée d'un accent aigu imaginaire; dans toutes les classes, même dans la plus élevée, on arrête impitoyablement tout élève qui a commis une faute contre l'accentuation et la quantité, et on exige de lui la prononciation correcte. Il y a là, peut-être, un excès; les nouveaux programmes eux-mêmes considèrent comme superflu de s'occuper des finesses de prononciation. De fait, sous prétexte de bien prononcer le latin, j'ai vu certains professeurs des plus distingués se contorsionner la bouche, la langue et la gorge, et finir par émettre une série de sons analogues à ceux que prononce un Français qui commence l'étude de l'anglais : comme ils exigeaient de leurs élèves la même perfection, que de temps perdu pour un résultat problématique! D'autre part, à donner trop d'importance à ces questions, on en arrive, comme je l'ai constaté souvent, à s'occuper, en lisant les poètes, de la scansion plus que du sens, et à s'arrêter à la fin de chaque vers, y eût-il même un enjambement qui rendît inintelligible le vers considéré isolément. S'il fallait sacrifier une chose, ce serait l'étude de la quantité et de l'accentuation plutôt que la connaissance de la langue. Mais les deux peuvent coexister et même se prêter un mutuel appui, à condition, je le répète, que l'on attribue à chaque partie de l'enseignement l'importance qu'elle mérite.

2° *La grammaire.*

Il faut se souvenir d'abord que, sauf dans les gymnases et réalgymnases de réforme, on consacre cinq ans à l'étudier : elle devrait donc être sue imperturbablement, si l'on se bornait au strict nécessaire. La marche suivie n'est pas la même que chez nous : on adopte presque toujours, pour les deux premières années, celle que prescrivent les nouveaux programmes autrichiens.

Première année. — Les cinq déclinaisons régulières; les lois des genres; adjectifs et adverbes avec les degrés de comparaison; les pronoms les plus importants; les noms de nombre indispensables; les quatre conjugaisons régulières, à l'exception de la troisième mixte et des verbes déponents; les prépositions et les conjonctions les plus importantes. On note que la troisième mixte et les déponents sont rejetés à la deuxième année : ces conjugaisons sont, paraît-il, trop difficiles pour les élèves.

Deuxième année. — Complément de la morphologie. L'interrogation indirecte, la proposition infinitive et l'ablatif absolu. Dans certains Etats d'Allemagne, on ajoute les questions de temps et de lieu. Il est à remarquer qu'on débute, dans la syntaxe, par les règles que nous estimons les plus difficiles, mais dont l'application se rencontre le plus souvent.

Troisième année. — Autriche : les prépositions; syntaxe de la phrase simple : au centre, le substantif. — Allemagne : l'essentiel de la syntaxe des cas, des temps et des modes; en particulier, concordance des temps et conjugaison périphrastique.

Quatrième année. — Autriche : syntaxe de la phrase complexe : au centre, le verbe. Conjonctions. — Allemagne : compléments sur la syntaxe des cas, des temps et des modes.

Cinquième année. — Autriche : revision. — Allemagne : revision et complément de la syntaxe des temps et des modes.

Dans les années suivantes, on se borne à revoir et à approfondir.

En second lieu, conformément à ce que j'ai indiqué plus haut, la grammaire est apprise en classe, car les élèves n'ont qu'à revoir chez eux les règles qui leur ont été exposées, à moins qu'elles ne leur aient été enseignées d'une manière inductive, c'est-à-dire qu'ils ne les aient tirées eux-mêmes d'exemples bien choisis. Elle est, en un certain sens, apprise d'une façon plus scientifique que chez nous, car, dès la sixième, on distingue, dans les déclinaisons, le radical et les désinences; on pose les désinences avant d'enseigner la déclinaison ; les élèves écrivent au tableau *parebimus*, par exemple, en distinguant les divers éléments de cette forme, et ils apprennent une foule de lois générales, par exemple sur le genre des substantifs. On ne répugne pas même à l'emploi des termes scientifiques latins pour désigner les phénomènes grammaticaux que nous appelons de termes français plus faciles à comprendre. Par exemple, le génitif après les verbes « accuser, condamner », etc., s'appelle *genitivus criminis,* la proposition infinitive, *accusativus cum infinitivo,* et la concordance des temps, *consecutio temporum.* Il est vrai que, d'autre part, on ne recule pas, bien au contraire, devant l'emploi de règles en vers, qui diminuent l'effort de la mémoire. On me permettra de dire que j'ai été très étonné de trouver encore, non seulement enseignées, mais très employées, des formes comme *amatum iri, auditum iri,* d'un emploi si rare pourtant chez les auteurs latins.

Naturellement, durant un temps plus ou moins long, un an et demi dans les gymnases et réalgymnases de réforme, deux ans et demi dans ceux qui suivent le plan d'études ordinaires, tous les exercices sont destinés à graver dans l'esprit les formes et les règles apprises : ce sont, comme on le pense bien, des exercices analogues à ceux que nous proposons à nos élèves, mais, la première année, des thèmes et encore des thèmes, au moins pendant les trois premiers trimestres, ensuite des thèmes et des versions, mais toujours plus de thèmes. Lorsque le thème a été fait par écrit à la maison, voici la marche suivie dans la correction : chaque phrase est traduite par un élève, sans lire préalablement le texte supposé connu : quand il y a une faute, le professeur la fait corriger par un autre élève; si un écolier a une explication à demander, il lève la main ou se lève simplement; la phrase est ensuite répétée par un deuxième élève; pendant ce temps, les autres rectifient sur leurs cahiers les erreurs qu'ils ont pu commettre, et le maître, qui se promène dans la classe, surveille la correction. Ces phrases servent de point de départ à de petits exercices; si elles étaient à l'actif, elles sont mises au passif; le singulier est remplacé par le pluriel. Souvent, à la classe suivante, les enfants doivent être en état de reproduire le corrigé de mémoire, le maître ou l'un d'entre eux lisant le texte. Lorsqu'il s'agit de phrases entièrement nouvelles qui vont être traduites sur-le-champ, le professeur demande quels sont les mots dont on ignore l'équivalent en latin; si on lui demande la traduction de mots déjà connus, il la fait dire par un élève, en rappelant la place où l'on a trouvé ce vocable pour la première fois; si, au contraire, on a raison de l'interroger, il essaye de faire deviner la traduction du mot proposé, en se servant du français, par exemple, dans les écoles de réforme; il écrit enfin au tableau le mot allemand ainsi que sa traduction jusque-là ignorée. Puis il attire l'attention sur la difficulté que présente la phrase. Alors seulement il demande à un élève de traduire la phrase, et à un autre de répéter la traduction donnée. Il arrive ensuite que toute la classe redise cette traduction avec le livre, puis sans livre. Quand il s'agit d'application de règles plus délicates, comme l'accord du relatif, on débute par une analyse logique très serrée, présentée toujours sous forme de questions et de réponses. Pour les phrases de version, préparées ou non, on suit une marche analogue : avant tout une analyse logique sous forme de construction, puis la traduction ; ces deux opérations sont répétées chacune par un élève; enfin vient la traduction sans construction, suivie quelquefois d'un corrigé du professeur. Quand la traduction est improvisée, le maître procède pour les mots nouveaux comme plus haut; lorsque le sens a été indiqué soit par les élèves, soit par lui, il l'inscrit au tableau. Ces phrases de version sont, elles aussi, modifiées séance tenante par le maître, pour fournir aux élèves l'occasion d'un nouvel exercice. *Mutatis mutandis,* la marche suivie dans les autres classes pour la correction des thèmes et des versions est analogue à celle que nous venons d'indiquer.

C'est à la grammaire qu'il faut rattacher la stylistique, à laquelle, dans les quatre dernières années d'études, on consacre, chaque semaine, d'une demi-heure (Autriche) à une heure (Allemagne). On insiste surtout sur la place des mots, la construction des périodes, et particulièrement sur la synonymique : on part généralement d'exemples. Je n'ai trouvé qu'une fois un cours de stylistique théorique; il ne semblait pas intéresser beaucoup les élèves.

3° *Le vocabulaire.*

Tous ces exercices, on le voit, servent également à l'acquisition du vocabulaire, et souvent les élèves ont à écrire, pour le lendemain, les mots nouveaux vus au cours des explications. On fait également apprendre par cœur, tout simplement, des listes de mots. Les préparations ont aussi pour but d'augmenter le vocabulaire : toute la classe, en effet, comme nous l'avons mentionné, doit préparer le morceau donné, et les mots ou expressions nouvelles sont inscrits sur un cahier spécial, le « cahier de préparation ». On attache une grande importance à cet exercice; le cahier de préparation est examiné soigneusement par le maître et sert, autant que les devoirs écrits, à juger du travail et des progrès. On s'arrange surtout, comme nous l'avons indiqué, de manière à ne pas laisser oublier les mots appris : à propos d'un nom d'animal, on demande tous les noms d'animaux appris jusque-là; à propos d'un adjectif en *-osus*, tous les adjectifs en *-osus;* si le verbe *disco* se rencontre, la classe se remémorera tous les termes relatifs à l'instruction, et le substantif *procella* servira d'occasion pour repasser tous les mots relatifs à la température; d'une façon générale, on dira en même temps les mots qui se rattachent aux verbes rencontrés au cours de l'explication. Ce sont d'excellents exercices d'étymologie. Nous avons noté qu'à l'aide des phrases de thème ou de version, on en formait d'autres : c'est encore un moyen de repasser ou, si l'on aime mieux, de ressasser le vocabulaire.

De plus, souvent, en Autriche, particulièrement dans les petites classes, le maître pose, en latin, des questions se rattachant aux phrases déjà vues. Les élèves y répondent, d'abord en allemand, puis en latin, au moyen des mots, tours et expressions mêmes qu'ils trouvent dans les phrases étudiées. De cette manière, ils apprennent très rapidement et très sûrement tout ce qui se rattache aux pronoms et adverbes interrogatifs, ainsi qu'à la façon de poser les questions. Plus tard, lorsque l'on a abordé les auteurs, certains professeurs, surtout en Allemagne, après chaque explication, posent, en latin, des questions simples relatives au passage que l'on vient de traduire et composées exclusivement de mots connus : les élèves répondent dans la même langue, sans fatigue, à ce qu'il m'a semblé, et même avec une certaine fierté : toute la peine — encore, de leur aveu, est-elle légère — est réservée aux maîtres, qui d'ailleurs ne l'épargnent pas, parce que c'est une excellente leçon de stylistique, surtout en ce qui touche la place des mots. Pour la traduction de l'allemand en latin, il en est une meilleure qui consiste, lorsqu'un morceau assez long a été expliqué, à donner la traduction allemande, soit de toute une phrase, soit de fractions plus ou moins longues, surtout de celles qui ont appelé un commentaire, et à faire reconstituer le texte latin par les élèves. Sans tomber dans l'excès de certains novateurs qui veulent enseigner les langues mortes comme les langues vivantes, on aurait avantage, il me semble, à introduire dans nos classes ces petites conversations latines, puisque, dans les premières classes, elles font gagner du temps pour l'acquisition du vocabulaire et la connaissance de la grammaire, et plus tard permettent une revision rapide de la morphologie, de la syntaxe et des mots.

Dans tous ces exercices, les élèves énoncent toujours les substantifs avec le genre, le génitif et le sens, les prépositions avec le ou les cas qu'elles gouvernent, enfin les verbes avec les temps primitifs et les expressions très usitées (*bellum gerere*, par exemple, à propos de *gerere*), qu'ils ont servi à composer; cette façon de procéder m'a paru féconde en résultats heureux.

4° *Les explications.*

Il faut, comme on sait, y distinguer deux groupes : explications contrôlées en classe, explications faites en classe; en outre, les nouveaux programmes autrichiens conseillent, pour les deux dernières années de latin, lorsqu'il s'agit de passages faciles, d'exercer les élèves à comprendre en lisant sans traduire. Les explications faites en classe peuvent avoir été préparées à la maison ou être improvisées : on ne fait expliquer sans préparation que des morceaux qui n'offrent pas grande difficulté, et lorsque les élèves sont familiarisés avec l'auteur étudié. Pourtant, dans les deux ou trois dernières années, on fera traduire rapidement en classe tel discours de Cicéron. Pour la partie du texte à préparer, j'ai relevé trois systèmes : l'un, le plus fréquent, consiste à donner le même nombre de lignes ou de vers pour toute la classe; un autre consiste à distinguer deux parties, l'une obligatoire, l'autre facultative; enfin, rarement, la classe est divisée en deux ou trois groupes qui doivent préparer des morceaux différents.

Lorsque l'on aborde un nouvel auteur, on commence donc toujours par des explications préparées. Mais, d'abord, le maître donne aux élèves toutes les indications nécessaires pour bien comprendre l'œuvre en question : au début, il fait la préparation devant eux et avec eux, leur montrant comment, à propos de l'auteur ou de l'ouvrage choisi, ils doivent se servir de leur dictionnaire, et ce qu'ils auront à inscrire sur leur cahier de préparation. Au fur et à mesure que l'on avance, il devient plus avare d'explications; mais il est rare, même dans les hautes classes, qu'en donnant la préparation pour la fois suivante, le professeur ne signale pas les difficultés, n'indique pas les moyens d'en triompher, ou même, parfois, n'en fournisse pas la traduction. Mais, dira-t-on, à quoi servent les éditions que les élèves ont entre les mains? D'abord elles ne sont pas toujours munies de notes; souvent elles ne possèdent que des observations grammaticales, métriques, archéologiques ou historiques, et un lexique des noms propres. De plus, est-il une édition, si bonne soit-elle, qui explique tout ce qu'il faut dire à des élèves déterminés, ayant lu certains auteurs, et possédant telle somme de connaissances? Si elle était dans ce cas, elle cesserait d'être bonne, parce qu'elle deviendrait presque une traduction. Le professeur allemand et autrichien crée ainsi perpétuellement une série d'éditions exactement adaptées aux besoins et aux connaissances de ses élèves : il supprime pour eux le travail inutile ou superflu, sans toucher à l'effort nécessaire et fructueux. Rien de meilleur, rien de plus recommandable, si nous pouvions, chez nous, habituer éditeurs classiques, professeurs et élèves à des éditions sans notes, ou du moins sans notes au bas des pages.

Sur la façon d'expliquer en classe des textes préparés, je n'ai rien noté d'original. Parfois le maître, en coup de sonde, pose rapidement quelques questions sur le sens des mots ou expressions difficiles. Dans tous les cas, l'élève interrogé traduit rapidement, *sans lire le texte, sans mot-à-mot;* lorsqu'il semble n'avoir pas compris, le professeur essaye de le mettre sur la voie par l'analyse logique, en lui faisant décomposer la phrase en propositions principale et subordonnées; il n'appelle les camarades à la rescousse que s'il n'obtient aucun résultat par ce moyen. Puis vient le commentaire, conçu dans le sens indiqué plus haut; il est précédé ou suivi par un corrigé du professeur, au cours duquel il demande plus d'une fois pourquoi il traduit de telle ou telle façon. En ce qui touche l'explication improvisée, voici généralement comment on procède. S'il est nécessaire, résumé de la partie déjà expliquée, ou revision rapide et sans lire le texte de ce qui a été vu la fois précédente. On aborde alors du nouveau : quelquefois le professeur lit d'abord la phrase et indique ou demande le sens des mots isolés difficiles; ensuite vient, presque toujours, une analyse logique, sous forme de construction, à moins que la phrase ne soit, sur l'invitation du maître, décomposée en propositions principale et subordonnées. La traduction donnée alors n'est-elle pas satisfaisante, le maître demande si personne n'a rien à corriger. Habituellement on ne s'arrête pas après chaque phrase : on lit et on explique tout un petit développement. D'ailleurs, sauf exception, la lecture du texte ne doit pas plus aider les élèves allemands ou autrichiens à comprendre que les nôtres : en France, on lit nonchalamment et en tâchant de démêler ce que contiennent les notes; là-bas, on semble mettre sa gloire à lire aussi vite que possible.

Quels sont les résultats obtenus par ce système, qui ressemble assez peu au nôtre? En 50 minutes, j'ai entendu, dans la classe la plus élevée d'un gymnase de Bavière, revoir Horace, *Epîtres* I, 11 et 13, 1-9, puis expliquer la fin de l'épître 13; on a vu peu de nouveau, la revision ayant pris beaucoup de temps. Dans une seconde inférieure d'un réalgymnase de Prusse, on a repris ou traduit 68 vers des *Métamorphoses*. Dans la classe supérieure d'un gymnase d'Autriche, on a, en quarante minutes, déchiffré Horace, *Satires*, II, 6, 32-68, avec remarques de détail et commentaire.

En un an, durant la dernière année scolaire, voici les textes vus dans un gymnase autrichien, où l'on dispose d'un nombre d'heures relativement faible[1], enfin dans un gymnase et un réalgymnase de Prusse. En Saxe et en Bavière, où l'on dispose d'un plus grand

1. On lit à peu près le même nombre d'ouvrages dans un gymnase allemand de réforme.

nombre d'heures, on lit naturellement davantage encore.

Gymnase autrichien, 3e classe : six vies de Cornélius Népos; morceaux choisis de Quinte-Curce. — 4e classe : César, *B. G.*, I, IV, V, 1-19, VI, 11-29; Ovide, morceaux choisis des *Métamorphoses* et des *Fastes*. — 5e classe : Tite-Live, I et parties choisies de II; Ovide, morceaux choisis des *Métamorphoses, Fastes, Tristes* et *Pontiques*. — 6e classe : Salluste, *Jugurtha;* Cicéron, *1re Catilinaire;* César, *B. C.*, choix de I et III; Virgile, *Eglogues*, 1, 5, 9; *Géorgiques*, II 109-176 et 458-540; *Enéide*, I. — 7e classe : Cicéron, *De imperio Cn. Pompeii; Pro Archia; Lælius;* Virgile, *Enéide*, II, IV, VI et IX, 224-445. — 8e classe : Tacite, *Germanie*, 1-27; *Annales*, I, II, 1-26, 53-58, 69-74; III, 1-19; Horace, *Odes choisies* (14 du livre I, 9 du livre II, 8 du livre III, 2 du livre IV); *Epodes*, 2 et 13; *Satires*, I, 1, 6, 9; II, 7; *Epîtres*, I, 1, 2, 6, 7, 10; II, 1, 3.

Gymnase prussien. — Troisième inférieure : César, *B. G.*, I-IV (choix). — Troisième supérieure : César, *B. G.*, V-VII, et *B. C.* (choix); Ovide, choix des *Métamorphoses*. — Seconde inférieure : Cicéron, *1re Catilinaire* et *De Imperio;* Tite-Live, II; Ovide, choix des *Métamorphoses;* Virgile, *Enéide*, I et II (choix). — Seconde supérieure : Cicéron, *Pro Ligario* et *Pro Dejotaro;* Salluste, *Jugurtha* (choix); Tite-Live, XXIII; Virgile, *Enéide*, IV, VI, VII, IX, X, XII, choix (deux mille vers). — Première inférieure : Cicéron, *De Suppliciis, Songe de Scipion* et choix de *Lettres;* Tacite, *Dialogue des orateurs* (choix) et *Agricola;* Horace, *Odes*, I et II, choix d'*Epodes* et de *Satires*. — Première supérieure : Cicéron, *Pro Milone, Tusculanes*, I et V (choix); Tacite, *Germanie* et *Annales*, I et II (choix); Horace, *Odes*, III et IV et choix d'*Epodes*.

Réalgymnase prussien. — Seconde inférieure : Cicéron, *1re Catilinaire;* César, *B. C.*, III; Ovide, morceaux choisis. — Seconde supérieure : Cicéron, *De*

Imperio; Salluste, *Jugurtha* (choix), et Ovide, morceaux choisis. — Première inférieure : Cicéron, *Pro Ligario, Pro Dejotaro;* Tite-Live, XXX (choix); Virgile, *Enéide,* I et II (choix). — Première supérieure : Cicéron, *Pro Milone* et *De Senectute;* Tacite, *Germanie* (choix); Horace, *Odes* (choix).

Il y a donc quelque exagération à écrire : « Le nombre des passages expliqués est prodigieux. Dans une classe ainsi menée (il s'agit d'un gymnase allemand), on a vu réellement les œuvres les plus célèbres des littératures anciennes[1]. » Mais il est certain que nos élèves ne pourraient que gagner à expliquer un nombre plus considérable de pages. Sans prétendre supprimer ces explications approfondies qui font l'honneur de notre enseignement et qui sont, pour l'esprit, d'un profit incalculable et incomparable, du moins pourrait-on les réserver pour les seuls passages qui sont dignes d'un tel commentaire. Je ne conseillerais pas de renoncer absolument à la traduction dite mot-à-mot, quoiqu'elle donne de fâcheuses habitudes d'esprit et de style; mais on devrait y recourir le plus rarement possible, et, dans tous les cas, la laisser de côté pour toutes les explications non improvisées. Enfin si, pour les morceaux préparés et les revisions, on abordait directement l'explication sans relire le texte, qui doit être connu, on gagnerait assez de temps pour augmenter d'un bon tiers le temps véritablement consacré à la lecture, sans que ces trois mesures, toutes matérielles, puissent, je crois, emporter avec elles l'ombre d'une conséquence fâcheuse.

5° *Leçons et devoirs.*

Pour les leçons d'auteurs ou de grammaire, je n'ai qu'à renvoyer à ce que j'ai dit plus haut; je rappelle-

1. Kozlowski et Renaud, *Revue universitaire,* 1905, 2, p. 25.

rai seulement que les leçons d'auteurs sont assez peu nombreuses et données à intervalles indéterminés. Comme devoirs (un ou deux par semaine dans les classes inférieures, ensuite, en moyenne, un tous les quinze jours ou même moins), on trouve, durant les premières années, les exercices de grammaire mentionnés plus haut, d'autres aussi, comme les fautes commises à corriger sur le cahier, les mots nouvellement vus à grouper, quelquefois la traduction d'un passage expliqué à reproduire par écrit. L'on trouve ensuite quelques versions, les thèmes de grammaire ou d'imitation, et en outre, dans les gymnases allemands, les travaux en allemand, à raison de deux par an et par classe, donnés à partir de la quatrième sur des sujets se rapportant à l'enseignement et, en particulier, aux auteurs expliqués[1].

On demandera sans doute quelle est la difficulté des versions, qui permettent de deviner le niveau des études latines. On en jugera en se reportant aux textes suivants.

Textes donnés en composition dans un gymnase autrichien (temps variable; avec dictionnaire). — Cinquième classe (notre seconde) : Tite-Live, II, 33, alinéas 4 à 9; et Ovide, *Fastes,* II, 687-710. — Sixième classe : Salluste, *Catilina,* LVII, 5 à LVIII, 9, et Virgile, *Enéide,* V, 835-856. — Septième classe, Cicéron, *Pro Murena,* chap. 16, et Virgile, *Enéide,* VIII, 102-125. — Huitième classe, Tacite, *Annales,* IV, 12, et Horace, *Odes,* IV, 8, 1-20.

Textes proposés à l'examen de maturité dans des gymnases autrichiens (trois heures; avec dictionnaire) : Cicéron, *Tusculanes,* II, 10-12. — Ovide, *Héroïdes,* XII, 31-68; *Métamorphoses,* XV, 19-57 (sauf 51-52); *Pontiques,* III, 7. — Properce, *Elégies,* III, 7, 1-36. — Tite-Live, XXIV, 13, ou XXXIX, 51.

1. *Cf.* p. 149.

Textes proposés à l'examen de maturité dans des réalgymnases allemands (trois heures; avec dictionnaire) : Cicéron, *Catil.*, III, 1, 3 ou 2,5; *Pro Sulla*, 14-16 (*Et quoniam... congressu jungeretur*). — Quintilien, X, 1, 105-112. — Tite-Live, IX, 33, 3-34, 5; 23, 16, 3-12; 27, 28, 1-5 et 8-12.

Ces textes, donnés à l'examen final, n'offrent pas de difficulté particulière; mais ils sont assurément moins faciles et surtout plus longs que ceux que doivent traduire au baccalauréat les candidats de la section A ou des sections B et C. Cependant ils sont mieux compris que chez nous; en gros, la traduction est plus exacte; mais les nuances ne sont jamais rendues comme dans nos bonnes copies; d'ailleurs, on l'a vu, ce n'est pas l'important. Sur 10 copies, une mérite la note très bien, 2 la note bien, 6 la note passable; une seule est insuffisante. Avec notre façon de corriger, les notes ne seraient pas absolument les mêmes. Ces versions m'ont semblé, dans leur genre, bien supérieures aux thèmes, ces traductions de textes artificiels qui ne prouvent, chez ceux qui les ont écrites, qu'une connaissance réelle de la grammaire. C'est beaucoup, à vrai dire, dans la conception autrichienne, et particulièrement allemande.

C. — Observations sur l'enseignement du grec[1].

1° *La prononciation.*

On donne à la prononciation du grec la même attention qu'à celle du latin. En ce qui touche la valeur attribuée aux différents sons, les maîtres n'éprouvent pas grande difficulté, car on a suivi la même règle ici

1. Le grec est enseigné à partir de la troisième inférieure dans les gymnases allemands, de la seconde inférieure dans les gymnases de réforme, et de la troisième classe dans les gymnases autrichiens. Chaque semaine, à travers toute la série des classes, il dispose de 36 heures en Allemagne, de 28 en Autriche.

que pour le latin : on prononce les différents sons comme en allemand. Mais cette façon de prononcer ne peut se défendre. Si, dans les mots allemands *das Bein* et *klein*, par exemple, le groupe *ei* se prononce comme *aï* dans le français *bail*, il est bien certain que λύειν ou ποιεῖν ne sauraient recevoir la prononciation *luaïn* et *poiaïn*; de même il est antiscientifique de dire *Odyssoïs* et *basiloïs* (Ὀδυσσεύς, βασιλεύς), parce que telle est la valeur attribuée à la diphtongue *eu* dans des mots allemands comme *neu* ou *Steuer*; enfin, parce que l'on prononce *Oto* en allemand, sans faire sentir le double *t*, ce n'est pas une raison suffisante pour dire ἀλα, au lieu de ἀλλά. Il y a même là une grosse faute, le premier *o* de *Otto* étant bref en allemand, et le premier α de ἀλλά long en grec. Toutefois, la prononciation du χ — la même que celle du *ch* allemand — est plus voisine que la nôtre de celle des Grecs d'autrefois, sans compter qu'elle distingue en parlant le χ du κ; il y aurait donc avantage à l'adopter, si la plupart des gosiers français ne répugnaient à l'émission de ce son.

Mais il n'y a pas utilité à emprunter à l'Allemagne ou à l'Autriche l'importance qu'elles attachent à la prononciation exacte des longues et des brèves et à la connaissance exacte de l'accentuation. Pour ce qui est de la quantité, elle est indiquée pour deux voyelles (ο et ω, ε et η); en second lieu, nous n'avons pas, à la savoir, la même utilité qu'en ce qui touche le latin. Cette dernière raison est valable aussi pour l'accentuation. Dans les classes allemandes, durant les deux premières années consacrées à l'enseignement du grec, les élèves ne prononcent jamais un mot grec sans indiquer par un signe tracé dans l'air, en arrivant à la syllabe accentuée, l'accent qu'elle porte : aigu, grave ou circonflexe; jusqu'à la fin des classes, on rectifie la moindre erreur d'accentuation. Mais que de temps perdu à enseigner et à revoir les règles! Combien de minutes employées, pendant chaque heure, à répéter des mots mal accentués! Elles pourraient recevoir une meilleure destination. D'ailleurs les nouveaux programmes prescrivent de ne pas attacher une importance trop grande aux fautes contre la prononciation, et des hellénistes comme M. de Willamowitz-Moellendorff déclarent cet enseignement superflu. Il semble donc qu'on pourrait se contenter de *faire lire* les mots grecs avec l'accent, sans d'ailleurs trop insister sur ce point; mais il n'est pas indispensable que les élèves écrivent l'accentuation, sauf quand elle sert à distinguer deux vocables ou deux formes; dans tous les cas, il importe qu'ils continuent à écrire les esprits, qui sont régis par des lois simples et générales et sont utiles à savoir, au moins pour reconnaître les mots grecs passés en français.

2° *La grammaire.*

Comme pour le latin, l'enseignement de la grammaire suit une marche plus lente qu'en France. Il dure quatre ans dans les gymnases allemands et autrichiens de type normal, trois dans les gymnases de réforme. Voici la marche suivie dans les gymnases ordinaires. La première année est consacrée à l'accentuation, à la prononciation, à la déclinaison régulière et à la conjugaison régulière; on laisse de côté les verbes à liquide et les verbes en μι. La deuxième année, l'on termine la morphologie, l'on apprend les verbes irréguliers les plus importants et les prépositions; enfin, l'on étudie un peu de syntaxe, les règles principales en Autriche, les règles élémentaires en Allemagne. Aussi, en Autriche, dans les troisième et quatrième années de grec, accorde-t-on à la grammaire grecque, chaque semaine, une heure seulement, qui est employée à revoir et à compléter les notions étudiées. En Allemagne, dans ces deux classes, le temps dévolu à la grammaire est plus grand, car il faut apprendre la syntaxe, dont on n'a presque rien vu. Par suite, comme il est facile de le deviner, les élèves allemands et autrichiens possèdent leur grammaire grecque plus sûrement que les nôtres : les connaissances en morphologie ou en syntaxe d'un *Abiturient* autrichien et surtout allemand égalent ou même surpassent celles dont témoignent nos candidats à l'Ecole normale.

Quant à la façon d'enseigner la grammaire, elle ne m'a rien offert qui m'ait frappé; j'ai seulement noté un procédé qui consiste à faire conjuguer un temps d'abord à l'endroit, puis à l'envers, pour s'assurer que les élèves le savent imperturbablement et sont capables de le conjuguer pour ainsi dire mécaniquement. Les élèves n'apprennent jamais le duel : c'est là une simplification heureuse, car c'est une forme qui se rencontre assez rarement dans les auteurs et que les Grecs, on le sait, laissèrent rapidement tomber en désuétude. Par contre, malgré les recommandations des programmes, on leur enseigne trop souvent des détails sans intérêt et sans importance. Il m'a semblé, ici encore, que la grammmaire était apprise d'une manière assez scientifique; lorsqu'il s'agit d'enseigner à conjuguer le parfait des verbes dans lesquels la finale est précédée d'une muette, on explique soigneusement aux élèves les lois phonétiques qui entrent en jeu, et, pour prendre un autre exemple, les verbes irréguliers sont réunis en groupes, suivant que tel ou tel phénomène rend compte des irrégularités apparentes. Par contre, on est surpris d'entendre encore, à l'optatif aoriste actif, des formes comme λύσαις, λύσαι, λύσαιεν, au lieu des formes λύσειας, λύσειε(ν), λύσειαν, attestées par les inscriptions et admises dans les grammaires dont se servent nos élèves. Pour les exercices sur la grammaire et la façon de les faire ou de les corriger, je n'ai qu'à renvoyer à ce que j'ai dit touchant le latin.

3° *Le vocabulaire.*

De même, en ce qui concerne le vocabulaire, j'ai vu seulement que, dans certaines classes, les mots nouveaux étaient immédiatement notés sur un petit cahier spécial. Nous rencontrons, ici encore, mais bien plus rarement, et seulement en Allemagne, les questions posées en grec aux élèves sur un passage qu'ils viennent d'expliquer et à l'aide de mots connus. Quoiqu'ils aient moins de pratique de cette langue que du latin, ils ne semblent pas éprouver plus de peine à répondre. De cette manière, sans fatigue, ils revoient le vocabulaire et repassent la grammaire. Cependant il ne m'a pas semblé que le gain tiré de ces exercices fût aussi net que pour le latin.

4° *Les explications.*

La méthode suivie est la même que dans les explications latines. Tous les élèves prennent une grande part à l'explication, et le rôle de l'analyse logique est considérable, *même dans les hautes classes.* Lorsque le texte étudié est une pièce de théâtre, — et l'on explique toujours une tragédie dans la classe la plus élevée, souvent dans celle qui précède, — les différents personnages sont généralement confiés à autant d'élèves.

Aussi les résultats obtenus sont-ils aussi satisfaisants que pour le latin. Voici ce que j'ai entendu expliquer durant une classe de cinquante minutes. Première inférieure d'un gymnase allemand : revoir les chapitres 15 et 16 d'*Euthyphron*, expliquer le chapitre 17 préparé, déchiffer le chapitre 18, soit, en tout, deux pages revues et trois pages lues. Dans la même classe d'un autre établissement, la revision porta sur les vers 750 à 805 d'*Œdipe roi*, et l'explication improvisée sur les vers 806 à 833. Dans la classe supérieure d'un gymnase autrichien, on a, de l'*Odyssée*, XXII, expliqué les vers 195 à 237, qui étaient préparés, et déchiffré les vers 238 à 267.

Dans toute la série des classes, on arrive à traduire un nombre de pages raisonnable. Dans un gymnase de Bavière, pays où les études classiques sont particulièrement florissantes, on a expliqué en 5e classe (= troisième supérieure) : *Anabase*, I ; — en 6e (= seconde inférieure) : Xénophon, *Anabase*, II-IV; Homère, *Odyssée*, I, V-VII avec coup d'œil sur les livres II-IV; — en 7e (= seconde supérieure) : Hérodote, VII-VIII (choix); Homère, *Odyssée*, XVI-XVII; XX-XXIV; — en 8e (= première inférieure) : Lysias, *Contre Eratosthène;* Démosthène, 1re et 2e *Olynthiennes;* Homère, *Iliade*, I-XII (à raison de deux heures par semaine); Sophocle, *Antigone;* — en 9e (= première supérieure) : Platon, *Apologie* et *Criton;* Homère, *Iliade*, XIII-XXIV (choix comprenant les deux tiers des vers); Sophocle, *Antigone*.

Dans un gymnase de réforme de Prusse, on a expliqué : en seconde inférieure, un peu d'*Anabase*. — En seconde supérieure : Xénophon, *Anabase*, II-IV; *Helléniques*, II-IV (choix); Homère, *Odyssée* (choix comprenant des chants VI et IX et environ 800 vers des chants I, V, VII et VIII). — En première inférieure : Hérodote, VIII (la moitié à peu près); Thucydide, quelques chapitres; Platon, *Criton* et *Apologie; Odyssée*, choix d'environ 2,000 vers; Eschyle, *les Perses*, 249-526; en outre, comme lecture privée, la plus grande partie des chants I, II, XI de l'*Iliade*, une tragédie d'Euripide, et Platon, *Euthyphron*. — En première supérieure : Thucydide, choix; Platon, *Gorgias* et *Protagoras; Iliade*, XII, XV, XVI, XVIII, XIX, XXI, XXII, XXIV; Sophocle, *Antigone;* Euripide, *Iphigénie en Tauride;* choix de lyriques grecs.

En Autriche, enfin, les élèves de la cinquième classe

ont expliqué dans une Anthologie deux cents pages de l'*Anabase*, ainsi que la *Cyropédie*, VIII, 1-26, et X, et vu, presque dans leur intégrité, les chants I et II de l'*Iliade*. En sixième classe, on a lu également de l'*Anabase* (VI, 66-87, VII), de la *Cyropédie* (X), de l'*Iliade* (II, 74-756; VI, IX, XVI), plus de l'Hérodote, dans des Morceaux choisis. Dans la septième classe, ont été traduits les deux premières *Olynthiennes*, les *Philippiques* I et III, et six chants de l'*Odyssée* (I, III, V, VI, IX, XIII). Enfin la dernière année a été consacrée à Platon, *Apologie* et *Criton*, et à l'*Antigone* de Sophocle.

5° *Leçons et devoirs.*

Je n'ai pas besoin de répéter ce que j'ai dit pour le latin; naturellement, les passages d'auteur appris sont moins nombreux et les devoirs moins fréquents. Comme pour le latin, les travaux écrits consistent en thèmes et en versions ; dans les gymnases allemands les thèmes sont de beaucoup les plus nombreux, car les versions n'apparaissent qu'en seconde supérieure, lorsque l'étude du grec est commencée depuis trois ans; en Autriche, dès l'abord, les versions sont aussi bien partagées que les nôtres et, dans les deux dernières années, sont nettement préférées au thème. Ces versions sont assez difficiles : on pourra en juger par les textes suivants, proposés à l'examen de maturité, traduits en trois heures avec dictionnaire et bien compris par sept élèves au moins sur dix, comme je m'en suis assuré en parcourant les copies.

1° Gymnases de réforme (même difficulté que dans les gymnases suivant le plan d'études ordinaire) : Isocrate, *Panégyrique*, 54-58 inclus. — Lysias, *Contre Eratosthène*, 4-11 inclus. — Platon, *Ménexène*, p. 240 A, Αἰτιασάμενος-241 A, διεπράξαντο; *Charmides*, p. 153, ἧκον μὲν-154 A, ἐμὸν δὲ ἀνεψιόν; *Ménon*, commencement, p. 70-71 D, ἅπερ ἐκείνῳ. — Xénophon, *Cyropédie*, 7-9 inclus.

2° Gymnases autrichiens : Démosthène, *Symmories*, §§ 35-40. — Euripide, *Iphigénie à Aulis*, 1211-1246. — *Oreste*, 348-381, 384, 385, 392. — Hérodote, IV, 97-98. — Platon, Συμπόσιον, 220 C, οἷον δ' αὖ-321 B, καὶ ὁ ἕτερος. — *Protagoras*, 10 jusqu'à 220 A, ὅ τι χρήσαιτο αὐτῷ. — Xénophon, *Helléniques*, IV, 2, 1-6, ou VII, 1, 28-31.

Tous ces textes sont assez longs, offrent un certain nombre de difficultés, et je doute que nos élèves de A s'en tirent aussi bien que leurs camarades autrichiens ou allemands.

Si l'on désire se rendre compte de la force respective des différentes classes et de la progression, on pourra s'en faire une idée en se reportant aux textes suivants, donnés comme composition dans un gymnase autrichien : 5e classe (notre seconde), *Anabase*, IV, 5, 3-7, et *Iliade*, XIII, 456-471, 476-477. — 6e classe : *Iliade*, XIII, 170-197, et Hérodote, VII, 234-235 (choix). — 7e classe : Démosthène, 2e *Philippique*, §§ 20-21, et *Odyssée*, IV, 306-331. — 8e classe : Platon, *Lysis*, IV, et Xénophon, *Helléniques*, I, 5, 10.

Enfin, dans les gymnases allemands, pour le grec comme pour le latin, les élèves doivent traiter en allemand, chaque année, deux questions se rapportant aux auteurs expliqués.

CHAPITRE IV

OBSERVATIONS SUR L'ENSEIGNEMENT[1] DES LANGUES VIVANTES[2]

A. — La méthode employée.

Il n'est pas inutile de l'indiquer, quoi que puissent en penser certains professeurs de langues vivantes, car, sur plusieurs points, non des moins importants, elle diffère de celle que nous employons depuis 1902. Sans doute, en Allemagne ou en Autriche, comme chez nous, la méthode grammaticale pure a disparu : en 1900, j'avais encore visité des écoles réales supérieures où, pendant cinq ans sur neuf, les deux tiers

1. Je me suis surtout occupé ici du français. Pour l'anglais, je suis peu compétent, et cette langue est moins enseignée que le français; mais je me suis assuré, en visitant des classes, que les méthodes suivies sont les mêmes pour les deux langues.

2. Le français est enseigné obligatoirement dans tous les établissements, sauf dans les gymnases autrichiens. Il figure au programme des quatre dernières années des gymnases bavarois, des six dernières années des réalgymnases autrichiens et bavarois, des sept dernières années des gymnases et réalgymnases prussiens; il est étudié dans toutes les classes des écoles réales allemandes (neuf ans) ou autrichiennes (sept ans) et des écoles de réforme allemandes (neuf ans). Il dispose chaque semaine, à travers la série des classes, de 47 heures dans les écoles réales supérieures prussiennes, de 29 dans les réalgymnases prussiens, de 28 dans les écoles réales autrichiennes, de 22 dans les réalgymnases autrichiens (21 pour les réalgymnases de réforme) et 20 pour les gymnases prussiens. L'anglais, lui, ne dispose que de 25 heures dans les écoles réales supérieures prussiennes (six dernières années), de 18 dans les réalgymnases prussiens (id.) et de 9 dans les écoles réales autrichiennes (trois dernières années).

du temps étaient consacrés à la grammaire; en 1902, je ne puis dire que je l'aie entendu appliquer dans toute sa pureté, ou, pour parler comme ses adversaires, dans toute son horreur, mais j'ai souvenir de deux ou trois leçons à peu près entièrement consacrées, dans les hautes classes, à l'enseignement de la grammaire, à la correction d'un thème ou à un commentaire en allemand des morceaux expliqués; sans parler de celles-là, n'est-il pas vraisemblable qu'il devait en être ainsi dans les classes où le maître déclinait ma visite, sous le prétexte d'un travail urgent qu'il était impossible de remettre? Cette année, durant trois mois, ni en Allemagne ni en Autriche, ni dans les grandes villes ni dans les petites, je n'ai trouvé la moindre trace de méthode grammaticale : il est vrai que j'ai peu visité les gymnases allemands, où elle doit posséder encore quelques adeptes.

Les principes fondamentaux sont les mêmes que chez nous. On apprend la langue étrangère, avant tout, pour la parler; on ne l'enseignera donc pas au moyen de l'allemand; dès le début, on se servira, suivant le cas, du français ou de l'anglais. De plus, on fera sa part à la grammaire; mais ce ne sera plus le centre de l'enseignement. En second lieu, l'on étudie le français pour lui-même, et non pour savoir l'allemand : d'où cette conséquence naturelle que la composition française, sous toutes ses formes, de la plus simple à la plus difficile, sera, *autant que possible,* préférée aux thèmes et aux versions, comparaison perpétuelle entre la langue étrangère et la langue maternelle; mais les thèmes et les versions ne seront pas rejetés. Enfin, l'enfant doit parler d'abord, ensuite écrire, ne faire des devoirs écrits, ne se servir du livre qu'après avoir, en classe, par des exercices oraux, pris quelque teinture du français, qu'après avoir entendu débiter par le maître et répété lui-même les phrases du livre.

Mais ces principes ne sont pas appliqués avec la

même rigidité ni de la même façon qu'en France. Chez nous, les instructions du 15 novembre 1901 relatives à l'enseignement des langues vivantes disaient sagement (§ 10) : « Dans tout le cours des études, le professeur se servira *surtout*[1] de la langue étrangère : il s'interdira l'usage de la langue française, *sauf dans le cas où elle lui est indispensable pour rendre ses explications plus claires, plus courtes et plus complètes*[1]. » Depuis on a été plus loin : les programmes pour les classes de seconde et de première écrivent : « La classe se fait *uniquement*[1] dans la langue étrangère, » et, même en quatrième et en troisième, les instructions de 1908 prescrivent au maître de faire comprendre exclusivement à l'aide de la langue étrangère le texte à expliquer. Elles ne permettent l'emploi du français que pour s'assurer qu'un texte a été compris; encore cette autorisation est-elle restreinte à la quatrième et à la troisième. En Allemagne et en Autriche, on n'est pas si absolu; les nouveaux programmes autrichiens écrivent nettement et sagement : « Dans les rapports avec les élèves et dans l'enseignement, le professeur doit se servir du français *autant qu'il le peut*[2], de la langue maternelle *autant qu'il est nécessaire*[2]. Dans tous les cas, il doit se préoccuper d'être compris de tous les élèves. » Voici dans quels cas la langue maternelle est employée : d'abord, comme le conseillaient les instructions françaises de 1901, toutes les fois qu'elle aide à gagner du temps, pour expliquer, entre autres, les règles de grammaire un peu délicates, dans les pays où elles ne doivent pas toutes, comme en Bavière, être exposées d'abord au moyen de la langue maternelle. Les maîtres ont aussi recours à elle pour les élèves moins intelligents, quand il est bien avéré qu'ils ne saisissent pas une explication importante. C'est par elle également qu'ils font com-

1. C'est moi qui souligne.
2. Souligné par les programmes.

prendre le sens des termes abstraits, que la méthode Berlitz a vainement essayé de rendre clairs au moyen de mots concrets déjà connus, si bien qu'elle a dû faire céder ses principes sur ce point. D'autre part, la langue maternelle est un moyen de contrôle; elle permet de s'assurer que les élèves ont bien saisi une explication ou compris le sens d'un mot ou d'un passage : voilà pourquoi j'ai vu souvent le maître, quand un élève se trompait sur l'acception d'un mot, en faire donner la traduction allemande, et pourquoi j'ai entendu plus d'une fois un morceau français récité en allemand. J'ignore si, à l'origine, les promoteurs de la méthode directe repoussaient systématiquement de leur classe tous les termes allemands; mais je sais que, dès 1900, j'en ai entendu dans la bouche des hommes qui passent pour le mieux représenter cette méthode.

Il est vrai que la méthode nouvelle est aujourd'hui plus facilement acceptée en Allemagne et en Autriche qu'elle ne l'est en France : si, de 1890 à 1900, telle maison de librairie allemande a publié, pour ou contre la méthode directe, de quoi remplir une bibliothèque, aujourd'hui les néophilologues sont d'accord sur tous les points importants; je crains que chez nous il n'en soit pas encore tout à fait de même, et que la moindre fissure ne devienne bientôt une lézarde dangereuse qui ébranlerait l'édifice. De plus, on est loin, en Allemagne et en Autriche, des 25 élèves que nos instructions fixent comme maximum pour les classes de langues vivantes. Heureux sont les néophilologues lorsqu'ils n'ont pas plus de 40 élèves ! Il ne faut pas oublier, enfin, que les professeurs allemands et souvent autrichiens doivent enseigner l'anglais en même temps que le français et qu'il leur faut chaque jour, durant trois ou quatre leçons, souvent à la file, parler deux langues étrangères en donnant la plus grande attention aux mots et aux tournures qu'ils emploient eux-mêmes et dont se servent les élèves. Les forces humaines ont des limites, d'autant que les professeurs de langues vivantes, en Allemagne et en Autriche, les savent, du moins pour les deux tiers, théoriquement plus que pratiquement. Après avoir étudié des grammaires françaises très bien faites, avoir admiré la pleine possession du français qu'elles semblaient révéler, j'étais étonné, lorsque je venais à connaître personnellement les auteurs du livre, de me trouver en présence d'hommes qui s'exprimaient lentement, avec difficulté et non sans fautes.

Les professeurs allemands et autrichiens sont les premiers à le reconnaître; ils me disaient souvent : « Nous ne parlons pas assez à notre gré. » Aussi bien n'est-ce pas à eux qu'il faut s'en prendre de cette infériorité. Je ne sais pas de corps composé, dans l'ensemble, d'hommes plus intelligents, plus travailleurs et plus capables de rendre les meilleurs services, si on les mettait en état de le faire ; malheureusement il n'en est rien, et tous leurs efforts n'arrivent pas à corriger le vice originel, la façon dont ils sont formés.

A l'Université, pendant les six ou huit semestres qu'ils y passent, ce qu'ils apprennent surtout, ce n'est pas le français moderne, pour nous tenir à cette langue, mais les langues romanes en général, et, en particulier, celle de la *Chanson de Roland* ou du *Roman de Renart*. Je ne suis même pas sûr que les professeurs d'Université soient tous en état de faire leur cours en français; dans tous les cas, le professeur Victor souhaitait, il y a quelques années, de leur voir connaître le français moderne, et ce n'est pas la connaissance pratique du français moderne qui, à l'*examen d'Etat*, notre agrégation, joue le rôle capital. A côté du professeur se trouve, il est vrai, un lecteur, qui doit diriger des exercices pratiques, mais il ne se rencontre pas dans toutes les Universités, et la modicité des appointements attachés à cette fonction fait qu'elle ne reçoit pas toute l'importance qu'elle mérite.

L'influence exercée à l'Université de Berlin par un professeur français véritablement digne de ce nom montre les résultats auxquels l'Allemagne et l'Autriche pourraient arriver dans toutes les Universités.

On le voit : aux futurs professeurs de langues vivantes les Etats allemands ou autrichiens n'accordent pas régulièrement d'indemnité pour ce séjour à l'étranger qu'on exige chez nous des boursiers de licence et d'agrégation pour les langues vivantes. On a publié des livres excellents pour guider à Paris l'étudiant allemand; mais seules des villes opulentes comme Francfort-sur-le-Mein ou des Etats qui semblent la patrie d'adoption des langues vivantes, comme la Saxe, envoient le jeune professeur en France ou en Angleterre. Je me trompe : en Prusse aussi, des bourses de voyage sont accordées[1], mais presque toujours elles sont attribuées à des maîtres en fonction depuis dix ou quinze ans. Que si les professeurs veulent aller à l'étranger à leurs frais, — le cas se présente, quoique rarement, — il leur faut, d'abord, obtenir un congé, qu'on ne leur accorde pas toujours, en raison de la pénurie de professeurs de langues vivantes, et, souvent, payer leur suppléant sur leur traitement. En Autriche, les bourses sont données quelquefois avant l'examen, mais plus souvent après; elles ne dépassent pas 1,000 couronnes. Les congés sont accordés assez facilement. Si l'on songe qu'il serait utile, avant d'enseigner une langue étrangère et après l'avoir étudiée d'une manière approfondie dans sa patrie, d'aller passer un an au moins dans le pays où on la parle, puis d'y retourner tous les deux ou trois ans pour en conserver le maniement rapide et oublier les fautes que l'on ne peut pas ne pas apprendre au contact d'élèves, on comprendra qu'il soit difficile aux néophilologues allemands et autrichiens de parler exclusivement fran-

1. En Prusse, cette année, la somme inscrite au budget pour cet objet est de 28,800 marks. La bourse ne dépasse pas 1,500 marks.

çais ou anglais. Mais, dira-t-on, les Etats allemands qui échangent avec nous des assistants auraient là un moyen de fournir sans grands frais à ces futurs professeurs de français un séjour en France? Encore faudrait-il qu'ils choisissent toujours de futurs professeurs de français. Quant à nos assistants, les professeurs prussiens et saxons ne manquent pas d'utiliser la présence de nos jeunes compatriotes, lorsque leur établissement en possède un; mais ceux-ci, malgré tout le soin avec lequel ils sont choisis, ne possèdent toujours ni la compétence ni le tact nécessaires pour donner les leçons convenables.

Sur l'emploi de la langue maternelle, il y a donc une divergence assez forte et qui tient en partie, mais en partie seulement, à la formation des professeurs et à l'organisation de l'enseignement. De même, l'on accorde à la grammaire une place plus importante que dans nos programmes : en Allemagne, elle figure au programme de six classes au moins dans les réalgymnases, de sept classes dans les écoles réales supérieures; en Autriche, elle est étudiée six ans dans les réalgymnases, sept ans dans les écoles réales. On ne distinguerait donc pas, comme chez nous, trois périodes : l'une (VIe et V^e), grammaire et prononciation; la deuxième (IVe et IIIe), grammaire et vocabulaire; la troisième, lecture des auteurs; ou, si on les distinguait, la troisième pourrait être résumée par les mots : grammaire et lecture. La grammaire, en effet, est regardée comme un moyen pour atteindre une fin plus importante qu'elle-même, mais comme un moyen qui a son importance en lui-même, puisqu'il représente les lois fondamentales conformes au génie de la langue, et que, par suite, elle contribue à la formation de l'esprit. En 1900, en 1902, en 1903 et en 1904, j'ai assisté, vers la même époque, à des leçons faites dans une toute petite classe d'un réalgymnase de réforme, par un des représentants les plus éminents et les plus connus de la méthode directe; chaque année, j'ai pu le constater, la part réservée à la grammaire était plus considérable.

De plus, l'application de cette méthode mixte varie, dans le détail, non seulement avec le caractère du professeur et sa connaissance de la langue, mais avec la force des élèves et aussi avec la nature de l'établissement où l'enseignement est donné. En effet, lorsqu'on passe, en Allemagne, d'un gymnase à une école réale, par exemple, on remarque bien vite que, si la méthode employée est la même dans les grandes lignes, les résultats cherchés sont différents. C'est, d'ailleurs, ce que veulent les programmes, qui donnent pour but à l'enseignement du français dans les gymnases : « Arriver à comprendre les écrivains français des trois derniers siècles; quelque habitude de parler et d'écrire; » tandis qu'ils disent pour les réalgymnases et écoles réales : « Exercer les élèves à parler et à écrire, » et qu'ils ajoutent pour les écoles réales : « Connaissance approfondie du système grammatical. » Aussi, dans les gymnases, la conversation est-elle presque toujours négligée ou même sacrifiée : l'on s'occupe surtout de grammaire et d'explications de textes. Je me demande si l'on ne laisse pas de côté la partie sur laquelle il conviendrait d'insister. Je sais que les professeurs de langues vivantes, dans les gymnases, disposent de trop peu de temps, et quelquefois, encore maintenant, ne savent pas assez le français pour arriver aux mêmes résultats que leurs collègues des autres établissements; il est bien évident qu'ils doivent préparer leurs élèves au devoir exigé d'eux à l'examen de maturité et qui n'est pas une dissertation. Toutefois, si l'on réfléchit que, dans les gymnases, c'est par l'étude du latin et du grec que l'on prétend former l'esprit des enfants, on sera porté à se demander s'il ne serait pas plus logique, dans l'enseignement des langues vivantes qu'on y donne, de réserver la première place à la pratique de la langue : d'ailleurs, inversement, dans les écoles réales, où, comme langues, les élèves n'apprennent que les langues étrangères, les programmes ne recommandent-ils pas d'insister sur la grammaire? Ils sont surtout précis en Autriche, où les instructions aux maîtres s'expriment ainsi qu'il suit : « Outre ce premier devoir (donner la connaissance pratique de la langue), l'enseignement du français, dans nos écoles réales sans latin, en a un second, tout formel : comme le latin dans les gymnases, il doit être un instrument de formation logique, et, particulièrement, approfondir la connaissance de la langue maternelle. » Nos instructions de 1908 témoignent d'un souci analogue, lorsque, pour les classes du second cycle, elles montrent que l'enseignement des langues vivantes devra se différencier, suivant qu'il s'adressera aux élèves des sections A et C ou des sections B et D. Mais elles voient dans les langues modernes « un instrument de culture intellectuelle » (ce sont leurs propres expressions), plus que de formation logique; en outre, elles rapprochent, à tort, des élèves qui ont étudié six ans le latin, et d'autres qui n'ont jamais appris que l'allemand ou l'anglais : les programmes allemands ou autrichiens distinguent soigneusement ces deux catégories d'élèves, et il semble qu'il y aurait eu avantage à les séparer.

B. — Remarques sur l'application de la méthode.

Naturellement, et avec plus de raison que pour le grec ou le latin, puisqu'il s'agit d'une langue parlée, où il faut comprendre son interlocuteur et se faire comprendre de lui, on s'occupe avant tout de donner aux élèves une prononciation courante, sûre, vivante, avec l'accent correctement placé. L'on peut saisir d'une façon concrète cette importance attachée à la prononciation dans ces lectures publiques de morceaux français ou anglais préparés, faites par un Français ou un Anglais, et sur lesquelles nous aurons lieu de revenir : maîtres et élèves, à l'envi, notent sur leur texte la prononciation des sons qui offrent pour eux quelque difficulté, et, à la sortie, les professeurs accablent le récitateur de questions ou d'objections, car certains livres allemands proposent, pour la prononciation de quelques sons ou mots français, des règles bizarres, arriérées ou trop étroites.

Mais, pour amener les élèves à prononcer couramment, distinctement et purement, on a moins souvent recours à la phonétique qu'en 1900 ou en 1902, ou même que chez nous, où elle est conseillée pour l'anglais. On se sert encore, dans un certain nombre de classes, des tableaux imaginés par M. le professeur Victor et qui portent, imprimés en couleurs différentes, des lettres ou des signes qui représentent les sons. L'emploi de ces couleurs est très judicieux; elles servent à distinguer nettement, par exemple, les sons que ne possède pas l'allemand, et, par suite, à mettre tout de suite les élèves en garde contre certaines prononciations vicieuses. On fait d'abord prononcer les sons isolés par un élève ou par toute la classe, ou bien on demande à un enfant de montrer sur le tableau un son prononcé par le maître ou un camarade. Les résultats sont excellents pour la prononciation, mais moins satisfaisants pour l'orthographe. Aussi a-t-on presque généralement renoncé à ce système. Toutefois, presque partout, on familiarise les élèves avec la lecture de l'écriture phonétique, à laquelle on a recours dans les livres, lorsque l'orthographe n'indique pas la prononciation. Il est même très rare que l'on explique aux enfants, pour les sons qui leur sont nouveaux, la place des organes, et en particulier de la langue, comme le conseillent chez nous les instructions de 1908 : presque toujours, en Allemagne, toujours en

Autriche, le professeur n'a recours à ce moyen qu'en désespoir de cause. Encore ne donne-t-il pas des explications, qui risqueraient d'être mal comprises, l'enfant n'ayant sur la conformation du gosier que des notions sommaires; il se borne, par des moyens empiriques, à faire mettre les organes voulus dans la position convenable, et quelquefois il attire l'attention de la classe sur les moyens employés, lorsqu'ils sont faciles à saisir. J'ai vu plutôt employer une méthode qui consiste à graver dans l'esprit des élèves des mots-types contenant chacun un des sons de la langue française; ils servent, pour ainsi dire, d'étalons. Ces mots sont inscrits par les élèves sur un cahier spécial, et quelquefois par le maître sur un tableau placé constamment sous les yeux des élèves. Ce système des mots-types entraîne comme conséquence naturelle, mais non obligée, l'étude de toutes les façons dont le même son peut être orthographié en français : en Autriche surtout, on s'occupe souvent de donner tout de suite aux élèves quelques notions à ce sujet. Je n'ai jamais eu l'occasion de voir le phonographe employé pour faire entendre aux élèves l'articulation et le débit correct : je sais que ce moyen commence à se répandre en Allemagne et en Autriche.

Après les sons, ou plutôt avec les sons, les mots : le professeur prononce un mot qu'il fait répéter, ou écrit un mot qu'il fait lire par un élève ou en chœur; quand il y a erreur, le vrai son est montré sur le tableau, et toute la classe doit redire le son correct et le mot entier. D'ailleurs il est rare que l'on mette sous les yeux des élèves des mots isolés; généralement, comme nous le verrons, ils appartiennent à de petites phrases simples, dont l'on étudie toutes les parties séparément et de très près. D'où la nécessité d'habituer presque tout de suite les enfants à articuler une phrase entière, correctement et couramment, surtout en faisant convenablement les liaisons. On y parvient de différentes façons : par la phonétique, en écrivant les sons et non les lettres (mais ce moyen, nous l'avons vu, est assez rarement employé); on fait aussi apprendre aux élèves de petites chansons ou de petites poésies, dont l'utilité principale est d'indiquer la liaison (mais, en Autriche, on aime mieux s'en tenir, la première année, à la prose, pour des raisons faciles à apercevoir). En définitive, la manière la plus fréquente de procéder ressemble étrangement à celle que recommandent nos programmes : pendant la première et souvent la deuxième année d'enseignement, aucune phrase n'est lue par les élèves qui n'ait été prononcée d'abord par le maître; quelquefois même il détache d'abord les mots difficiles à prononcer, qu'il fait dire par un élève; dans tous les cas, il ne laisse pas continuer la lecture avant que la phrase proposée n'ait été lue correctement et couramment. D'ailleurs, même dans les classes les plus élevées, le maître lit souvent le morceau étudié, soit avant l'explication comme modèle, soit après comme corrigé. C'est aussi à former l'oreille, non moins qu'à éprouver les connaissances en orthographe, que servent les dictées, à condition que le professeur n'aille pas trop vite, prononce distinctement et s'arrange de manière à ce que la correction même soit un profit pour les élèves. En outre, les élèves apprennent ainsi la ponctuation française, si différente de l'allemande. C'est pour toutes ces raisons que les dictées sont fréquemment données, en Allemagne et en Autriche, même pour l'anglais, dans la plus haute classe.

En même temps que la prononciation exacte, l'enfant apprend un certain nombre de mots. D'une façon générale, l'acquisition du vocabulaire se fait par les mêmes moyens que chez nous, ou plutôt elle se fait chez nous par les mêmes moyens qu'en Allemagne, puisque l'Autriche et la France ont imité les procédés imaginés et appliqués d'abord à la *Musterschule* ou à la *Liebigrealschule* de Francfort. On nomme aux élèves tous les termes relatifs à leur corps, à leurs vêtements, à la salle de classe, aux mouvements ou aux gestes qu'ils peuvent faire. Chaque fois que l'on rencontre un mot nouveau, il est répété par un ou plusieurs élèves, puis par la classe entière, et écrit au tableau, quelquefois en orthographe phonétique, surtout pour l'anglais. On ordonne à un élève d'aller à la porte, de l'ouvrir ou de la fermer, à un autre de venir près de la chaire, de monter sur l'estrade, d'écrire au tableau, d'effacer ce qu'il a marqué, etc. L'Autriche fait un emploi très abondant de ce procédé, emprunté à la méthode Gouin, et une bonne grammaire publiée assez récemment à Vienne tire presque tous les exercices de ces séries d'actions recommandées aussi par nos programmes. Puis, en comptant les fenêtres, les bancs ou les élèves, on enseigne les noms de nombre, qui offrent matière à des exercices variés, addition, soustraction, etc. La connaissance des noms de nombre entraîne celle des dates, si bien que, au bout de très peu de temps, le professeur peut demander le quantième du jour, celui de la veille ou du lendemain, à moins que, au moment où il entre, toute la classe ne lui annonce d'elle-même que l'on est au 12 mai 1902, en ajoutant une foule d'autres détails, qu'il est dix heures, que c'est la troisième leçon de la matinée et qu'il ne manque pas d'élèves, etc. Me sera-t-il permis d'observer, à ce propos, que j'ai été surpris d'entendre désigner le dimanche comme le premier jour de la semaine, et ajouter l'article devant les noms de mois : *le* janvier, *le* mai? Une fois ce répertoire épuisé, on a recours à des tableaux muraux bien connus. Quand les écoles n'en possèdent pas, ce qui est rare, les maîtres dessinent, d'une façon plus schématique qu'artistique, une fleur, un arbre, une maison, un jardin, etc. ; d'ailleurs, ce dont ils s'occupent, c'est de faire reconnaître aux enfants tel ou tel objet. Lorsque les élèves sont plus avancés, *et jusque dans les classes supérieures*, il arrive qu'on leur met sous les yeux, non plus des figures schématiques ou des tableaux composés d'avance en vue de l'enseignement, mais des images tirées de journaux illustrés français ou anglais et représentant des scènes contemporaines.

Pour empêcher les élèves d'oublier les mots ainsi acquis, on leur donne comme devoirs, suivant les classes, d'écrire les mots nouveaux révélés dans la dernière leçon, de composer dix phrases à leur choix sur ces termes, de répondre à des questions sur le morceau qu'ils viennent d'expliquer, ou d'écrire une rédaction résumant les explications données touchant un tableau ou une image. D'autre part, il est bien rare que l'on épuise du premier coup le contenu d'un tableau; on aime mieux réserver pour l'année suivante une partie des questions auxquelles il peut donner lieu, afin que les élèves aient ainsi l'occasion de repasser ce qu'ils ont déjà vu. Enfin, il serait bien extraordinaire qu'au cours des explications données on n'ait pas rencontré des mots de même famille ou de même sens; de là des questions perpétuelles, destinées à graver les termes appris dans la mémoire des enfants; souvent, pour s'assurer que l'orthographe est bien connue, le professeur fait épeler les mots; malheureusement, dans cet exercice, on ne donne pas toujours aux lettres, entre autres à l'*e* muet et à l'*h*, leur valeur française.

A partir de la deuxième ou de la troisième année, la connaissance du vocabulaire est développée par les dictées, qui ne se rattachent plus exactement aux morceaux étudiés; surtout elle est enrichie par les leçons apprises et par la lecture des auteurs. Au cours de l'explication, lorsque se rencontre un mot nouveau, le professeur essaye d'en faire trouver la signification par les élèves, en les comparant, au besoin, dans les gymnases et les réalgymnases, avec le latin, et, lorsqu'il s'agit de l'anglais, avec les termes français; il ne l'indique que s'ils ne réussissent pas à comprendre; le mot, quelquefois écrit au tableau, reste lié au passage où il a été vu, et, quand il se présente une seconde fois, le maître ne manque pas de demander : « Dans quel morceau l'avons-nous expliqué d'abord? » Enfin l'on n'hésite pas, comme pour le latin et le grec, à donner comme leçons des listes de mots ou d'expressions. Il n'est pas rare, comme en latin et en grec, que l'on enseigne aux enfants des lois générales sur le genre des substantifs. J'ajoute que, dès que l'occasion s'en présente, on rapproche d'un verbe le substantif qui en est dérivé ou inversement, ou, plus généralement, d'un terme quelconque, ceux qui signifient la même chose ou le contraire; dans certains établissements, des exercices de ce genre sur les mots du devoir se placent à la suite de tout devoir. C'est par ces divers procédés successifs que les jeunes Allemands arrivent à pouvoir lire à peu près couramment, même dans les gymnases, Corneille ou Racine, et, lorsqu'ils sortent des réalgymnases ou des écoles réales, à soutenir une conversation sur un sujet simple.

Mais, pour y réussir, il faut encore un intermédiaire qui rattache ces notions éparses et donne au langage la correction voulue; il manque la grammaire. Elle est, je le rappelle, enseignée lentement et, de plus, systématiquement : on ne se contente pas plus que chez nous de connaissances éparses; nulle part, ni à Francfort ni ailleurs, les notions grammaticales ne sont données au hasard de la rencontre; partout l'enseignement est aussi méthodique qu'en France. La marche n'est d'ailleurs pas tout à fait la même pour les établissements identiques en Autriche et en Allemagne. On le comprend : le but proposé à l'enseignement des langues vivantes n'est pas le même dans les deux pays, non plus que le temps dont disposent les professeurs. En Allemagne comme en Autriche, les parties qui, dans l'enseignement du français, semblent difficiles sont, en morphologie, les pluriels des noms composés, des noms propres et des mots étrangers ; en syntaxe, surtout le style indirect, la concordance des temps, l'accord du participe dans ses parties délicates et la négation : on les réserve aux classes supérieures. Enfin, la grammaire est enseignée inductivement, marche conforme à l'esprit de la méthode en général, et qui, de plus, forçant l'élève à tirer la règle d'exemples qu'il doit rapprocher, développe en lui l'activité d'esprit et l'effort de réflexion. Mais l'enfant n'y réussit pleinement de lui-même qu'après un certain temps, guidé par le professeur; de plus, en s'astreignant à suivre rigoureusement ce procédé, on s'expose à des pertes de temps assez importantes, surtout dans les classes supérieures; aussi, le cas échéant, les néophilologues d'Allemagne et d'Autriche font-ils, sans scrupule, la part de la déduction. Ce qui est important, c'est que la morphologie régulière et la syntaxe élémentaire ne soient pas, aux yeux des enfants, quelque chose de froid et d'inanimé, mais la forme vivante de pensées qu'ils ont cent fois entendu exprimer ou exprimées eux-mêmes. Quant aux parties plus compliquées de la syntaxe (et ici, naturellement, c'est à notre langue que je pense), elles sont, sauf exception, rendues plus compliquées encore par la façon dont elles sont enseignées ou traitées dans les livres mis entre les mains des élèves. On ne fait pas suffisamment abstraction des menues exceptions sans importance, ou bien l'on n'essaye pas de ramener à une loi générale toutes les règles particulières; de là, pour les élèves, une fatigue réelle et capable de dégoûter des caractères moins appliqués que ceux des jeunes Allemands. Il m'a semblé qu'ils arrivaient plus vite à se débrouiller en apprenant un certain nombre de phrases-types, étudiées successivement, dont la portée a été précisée par des exercices ; on y trouve, prévues et résumées, parmi les difficultés de notre syntaxe, celles qu'il est vraiment utile de surmonter. J'ai été surpris d'entendre, à peu près partout, conjuguer le subjonctif sans la conjonction *que : je mette, tu mettes,* etc., *j'aie aimé, tu aies aimé,* etc. De même j'ai été assez étonné de voir placer sur le même plan tous les temps, même ceux qui, en France, sont peu employés, le passé défini, caractéristique du Midi, l'imparfait du subjonctif, spécialité des grammairiens, ou le passé antérieur.

A cet enseignement de la grammaire se rattachent un certain nombre d'exercices oraux et écrits. En classe, lorsqu'un élève a été désigné pour faire telle ou telle action, comme nous l'avons vu plus haut, l'a accomplie et expliquée, souvent toute la classe, pour ainsi dire automatiquement, répète ce qu'il vient de dire, s'habituant ainsi à transposer une phrase de la première personne du singulier à la troisième. De même pour le pluriel, quand, au lieu d'un élève, on en choisit, pour aller au tableau ou pour ouvrir les fenêtres, deux ou trois qui, par là, sont forcés de former le pluriel des verbes qu'ils ont l'intention d'employer. Lorsque l'on conjugue un temps d'un verbe, l'indicatif présent, par exemple, on fait entrer chaque personne dans une proposition tour à tour affirmative, négative ou interrogative : *J'aime, tu n'aimes pas, aime-t-il ?* etc. Enfin, la moindre phrase est la matière d'une analyse logique sous forme de questions, qui gravent dans la mémoire différentes façons de les poser. Les devoirs consisteront à changer le masculin en féminin, le singulier en pluriel, la première personne en deuxième ou troisième, le présent en passé ou en futur, l'actif en passif, etc. Plus tard on demandera de relever dans un ou plusieurs morceaux désignés, soit toutes les formes d'un verbe qui y sont contenues, soit tous les emplois de tel ou tel mode, soit enfin les types des différentes propositions. Les élèves pourront aussi avoir à écrire un certain nombre de phrases où ils appliqueront la règle qu'on vient de leur expliquer. C'est alors seulement que se placent les thèmes, thèmes d'exercices et non fragments d'auteurs français ou anglais; la correction a lieu d'une façon analogue à celle que j'ai indiquée pour le latin. Il faut ajouter que la connaissance de la grammaire est aussi développée et affermie par les exercices, dont l'objet propre est de donner à l'élève l'habitude de manier la langue correctement et avec souplesse.

C'est, en premier lieu, l'obligation imposée aux élèves de former toujours une phrase complète; d'abord, ils n'ont qu'à répéter une explication et à reproduire la tournure et les mots employés par le professeur; ensuite ils peuvent couler la réponse qui leur est demandée dans le moule de phrase indiqué par la question, les mots ne leur étant pas fournis, ou, inversement, trois mots leur étant donnés, un substantif et deux adjectifs, ils doivent en composer une phrase; puis, on les habitue à transformer une phrase affirmative en négative ou interrogative; alors ils en viennent à parler. On fait passer en questions et réponses, les unes et les autres sorties de la bouche des élèves, le contenu d'un morceau étudié de près ou d'un devoir, thème ou dictée, à moins que, huit jours après qu'il a été vu, on ne leur demande de raconter l'anecdote qui en fait le sujet en termes différents de ceux qu'a employés l'auteur. Jusqu'ici, le fond est fourni, les élèves ont, pour ainsi dire, un terrain solide et connu sur lequel ils peuvent s'appuyer; on va plus loin : on leur demande de répondre à des questions sur un thème quelconque, inattendu, sur la façon dont ils ont passé la journée précédente, par exemple, ou, s'il y a un plan de Paris dans la classe, sur la route qu'ils suivront de la gare de l'Est au Champ-de-Mars, en indiquant les rues importantes qu'ils croisent et les monuments qu'ils rencontrent. On en arrive ainsi, dans les hautes classes, à leur demander de petites expositions de dix à quinze minutes, où ils racontent un événement historique, la défaite des Francs et la mort de Roland à Roncevaux, résument, d'après le livre qu'ils expliquent, les causes de la Révolution française, ou retracent les grandes lignes et les principales péripéties d'une histoire qu'ils viennent de lire. Malheureusement (c'était le cas sur deux des trois petites conférences que j'ai entendues), l'élève qui parlait semblait avoir écrit et appris par cœur toutes ses phrases; une seule fois, dans la classe d'un réalgymnase bavarois qui correspond à la première inférieure, j'ai eu l'impression que le jeune homme improvisait, sinon complètement, du moins presque toujours. Ailleurs, même dans les plus petites classes, on improvise de petits dialogues ; d'abord ils se rattachent étroitement au morceau étudié; ensuite ils s'en éloignent de plus en plus; enfin les élèves les choisissent eux-mêmes; ils les tirent généralement des événements qui intéressent l'école, la ville ou le pays (le *Zeppelin !*). J'ai noté avec plaisir que l'on avait renoncé à un procédé assez usité en 1900 : il consistait à faire apprendre par les élèves des gallicismes et des proverbes français, qui devaient donner au style et au discours une allure toute française. Malheureusement, il n'en était rien; car les élèves les plaquaient au hasard et parfois à contresens.

C. — Les leçons et les devoirs.

Pour les devoirs, au nombre de vingt par an environ, on se borne aux dictées durant les deux premières années; à partir de la troisième année de français, dans les deux pays, on donne à reproduire librement des morceaux expliqués en classe, à répondre à des questions relatives aux textes étudiés, à résumer des morceaux un peu longs, à mettre en prose une fable ou à écrire des lettres. Mais là commence le désaccord : en Autriche, le devoir principal, à partir de la troisième classe, est la version dans les réalgymnases, la version et le thème dans les écoles réales; la composition d'anglais, à l'examen de maturité, est toujours une version; celle de français est une version (réalgymnase), un thème (écoles réales), et parfois une narration française facile (écoles réales), lorsque la force des élèves le permet. On considère donc, en Autriche, que, sauf exception, les professeurs n'ont pas assez de temps à leur disposition pour que leurs élèves arrivent à écrire le français correctement. Aussi bien, dans les gymnases prussiens, le devoir français imposé aux élèves pour le *Maturitätsexamen* est-il également une version; dans les réalgymnases, il y a une composition soit de français, soit d'anglais, qui est indifféremment une dissertation ou une version; enfin, dans les écoles réales supérieures, où il y a une composition de français et une d'anglais, l'une des deux doit être une dissertation et l'autre un thème.

Par suite, en Allemagne, dans les hautes classes des réalgymnases et des écoles réales supérieures, l'exercice principal est la narration ou la dissertation française, surtout à partir de la seconde supérieure. On demande d'abord aux élèves de raconter par écrit une histoire lue par le maître une fois, dont le contenu est expliqué au moyen d'un certain nombre de questions habilement choisies et qu'ils relisent eux-mêmes une fois encore sur le livre; ensuite on va plus loin : le maître se borne à lire, soit en français, soit en allemand, l'histoire à reproduire, et quelques questions sont posées. C'est alors seulement qu'on passe aux narrations françaises proprement dites. D'abord l'élève se fixe à lui-même son sujet, soit qu'il ait à exposer, comme dans la méthode Gouin, toute une série d'actions faites en vue d'un but déterminé, soit qu'on lui impose une petite narration. A ce moment, on lui enlève son libre arbitre; on lui demande de décrire un tableau commenté en classe : « une maison chinoise, » ou connu : « la bataille de Gravelotte et la charge du IIe corps; » il doit raconter une excursion aux environs, peindre la ville qu'il habite, dire la saison qu'il préfère et pour quelles raisons, ou faire, sous forme de lettres, le récit d'une journée de vacances. Enfin apparaissent les dissertations françaises, quelques-unes morales : « Noblesse oblige; Travaillez, prenez de la peine, » la plupart historiques ou littéraires. En effet, on aime à tirer les sujets des auteurs expliqués. Ce sera l'analyse d'un livre, le résumé d'une tragédie, le récit des événements qui se sont passés avant le moment où commence une pièce, qu'elle suppose et fait connaître, la peinture du caractère ou l'appréciation du rôle d'un personnage, le Renard dans les *Fables* de La Fontaine, ou M. Poirier. Si l'on a lu récemment l'*Histoire des croisades* de Michaud, les élèves auront à parler des résultats des croisades. Vient-on d'expliquer *Horace* de Corneille, les sujets proposés seront les suivants : Histoire légendaire de Rome jusqu'au combat des Horaces et des Curiaces. — Tracer le portrait de Camille d'après les deux premiers actes. — Exposer le rôle que joue dans la tragédie le combat entre les trois Horaces et les trois Curiaces. Après avoir fait expliquer l'*Avare*, deux dissertations paraîtront, l'une sur l'exposition, l'autre sur l'intrigue. Quelquefois même les élèves dissertent sur des sujets de littérature allemande ou anglaise, sur la *Cloche* de Schiller ou le *Jules César* de Shakespeare. Je rappelle que, inversement, le professeur d'allemand, lorsqu'il enseigne en même temps le français, donne parfois des dissertations allemandes sur un sujet de littérature française. Rares sont les devoirs sur le style d'un ouvrage, comme « les comparaisons de la *Jeune Captive* ».

En somme, en seconde supérieure, les sujets ressemblent singulièrement à ceux que nous donnons à nos élèves de quatrième et de troisième : Le Chêne et le Roseau. — Le désastre de Roncevaux. — La rue. — Analyse du deuxième acte de *Mademoiselle de la Seiglière.* — Le combat des Horaces et des Curiaces. — L'hiver. — Dans les classes de première supérieure et inférieure, sur dix sujets, sept, en moyenne, se rapportent à l'histoire ou à la géographie, deux à la littérature; le dernier sera, très souvent, le récit d'événements auxquels l'élève aura assisté lui-même. Cette proportion n'est pas étonnante : comme auteurs français d'explication, on le verra, sont choisis de préférence ceux qui aident à connaître l'histoire ou les mœurs de la France. Peut-être y a-t-il beaucoup de sujets ayant trait aux événements glorieux, soit pour l'Allemagne, soit pour la Prusse, dans ce qu'un directeur appelle « sa mission allemande »; mais n'est-ce pas là une tendance assez naturelle, surtout pour qui se souvient de l'idée qui, en Allemagne, domine l'enseignement secondaire tout entier? Voici, par exemple, quelques sujets donnés l'an dernier à l'examen de maturité : Napoléon et la Révolution. — Fleuves et côtes de France. — Racontez l'intrigue de l'*Avare* et appréciez-la en peu de mots. — Pourquoi Alceste veut-il se retirer du commerce des hommes? — Faites connaître les causes de la guerre franco-allemande de 1870 et racontez la marche victorieuse de nos troupes jusqu'à l'investissement de Metz. — On le voit, on ne s'adresse pas à l'imagination. Les narrations veulent de la mémoire et du bon sens; les sujets historiques exigent de la mémoire et du jugement; les sujets littéraires demandent surtout de la mémoire et de la clarté, puisque jamais, ou du moins presque jamais, il ne s'agit de comparer deux ouvrages ou deux écrivains. On se conforme donc à l'esprit de la méthode : on habitue les enfants uniquement à manier la langue française; on réserve à d'autres exercices le soin de former leur goût, et un peu leur imagination[1].

Dans le mode de correction de ces devoirs, rien de particulier à relever : un élève lit ce qu'il a écrit, le professeur corrige, au fur et à mesure, ce qui manque de correction, d'élégance et de relief. Toutefois, quand il s'agit d'une matière bien déterminée, comme « la Détresse des Niebelungen », par exemple, on fait lire par plusieurs élèves la partie de leur travail qui correspond à l'exposition, je suppose, et l'on remet à une autre heure la correction de ce qui représente la péripétie ou le dénouement. On se propose ainsi d'éviter l'ennui en ne consacrant pas toute une heure aux seules corrections, et aussi de gagner du temps, car, si l'on examinait une composition entière avant de passer à la suivante, les observations relatives à l'exorde risqueraient d'être oubliées; il faudrait les renouveler, d'où une perte de temps. Mais l'inconvénient de ce système, c'est que le maître peut mal juger la composition de l'ensemble : il est vrai que ce n'est pas là ce que l'on regarde comme le plus important.

La correction des versions se fait exactement comme pour le latin et le grec : explication et traduction. Même dans les hautes classes, rien qui fasse penser aux justes recommandations de nos programmes touchant la bonne tenue de la traduction, dont on se contente là-bas qu'elle soit exacte et correcte, ou le profit esthétique que des remarques de détail feront naître pour l'élève.

1. De même pour les sujets de dissertation anglaise à l'examen de maturité (je traduis) : Elisabeth et Philippe II. — La vie de Shakespeare. — La bataille de Leipzig. — Commerce anglais et colonies anglaises. — Les colonies anglaises en Amérique jusqu'à la fin de la guerre de l'indépendance des États-Unis. — Le caractère de Brutus dans le *Jules César* de Shakespeare. — Les songes dans *Jules César*.

Les leçons ne sont ni plus fréquentes ni plus régulières que pour le grec et le latin. En les donnant, on se propose, non de meubler la mémoire des élèves de morceaux intéressants au point de vue littéraire ou esthétique, mais, comme nous l'avons dit, d'enrichir leur vocabulaire. Aussi les fait-on réciter à toute la classe ou à une portion de la classe plus souvent qu'à un élève seul, et procède-t-on à des revisions constantes, surtout en Autriche.

D. — La lecture des auteurs.

Dans les classes supérieures, tous ces exercices tiennent moins de place que la lecture. En ce qui touche le choix des auteurs étudiés, il faut, ici encore, distinguer soigneusement l'Autriche de l'Allemagne.

En Allemagne, il est guidé par les mêmes principes que celui des devoirs à faire : c'est le point de vue purement pédagogique qui domine. On prend, autant que possible, des ouvrages qui intéressent les enfants et retiennent leur attention en piquant leur curiosité, — des ouvrages qui servent à connaître les mœurs, les coutumes, l'histoire et la géographie de la France, — enfin des ouvrages modernes qui enseignent la langue d'aujourd'hui. En d'autres termes, on veut que les écoliers lisent avec plaisir les ouvrages qu'on met entre leurs mains et en y puisant des connaissances précises de choses concrètes. Je ne discute pas la valeur de ces principes, je les crois même appropriés au but que l'on poursuit; je voudrais seulement mettre en lumière les conséquences qui en découlent.

D'abord, de ce point de vue, on choisira de préférence non plus ceux de nos écrivains qui représentent le mieux tel ou tel genre (cette étude est réservée aux futurs professeurs), ou bien ceux qui révèlent le plus nettement les traits caractéristiques de l'esprit français, mais ceux qui plaisent le plus aux Allemands, c'est-à-dire, en dernière analyse, ceux qui possèdent les mêmes qualités que les écrivains allemands, Béranger, pour son lyrisme (?) impersonnel et sentimental, et Daudet, pour cette union si curieuse de sentimentalité et d'ironie, qu'on appelle là-bas *humour*. Au contraire, on repousse les pièces de Corneille comme infectées par le *pathos*, et les tragédies de Racine comme manquant de naturel.

En second lieu, l'on aura tendance à préférer le dix-neuvième siècle. Le dix-septième est représenté souvent par Molière, — c'est, de tous nos auteurs, celui qu'on lit le plus, — moins fréquemment par La Fontaine, Racine et Corneille, très rarement par Boileau. Au dix-huitième siècle, Voltaire et Montesquieu réunissent quelques suffrages, et c'est à peu près tout. Par contre, dans notre siècle, je connais peu d'écrivains, de Chateaubriand à M. Zola (avec la *Débâcle* naturellement) et de Victor Hugo à M. Emile Richebourg, qui ne figurent au moins une fois sur les programmes.

De même la poésie, abstraction faite de la poésie dramatique, sera peu étudiée, car le commentaire qu'elle réclame est avant tout esthétique. On étudiera quelquefois La Fontaine et Béranger, parce que, suivant un professeur allemand, « leur naturel et leur simplicité pénètrent jusqu'au cœur de l'enfant, le forment et l'ennoblissent » ; avec cela, quelques poésies philosophiques de Voltaire, un peu de Victor Hugo, surtout les pièces sur Napoléon Ier, très peu de Lamartine, mais pas de Musset, pas de Vigny, sauf dans les morceaux choisis.

Si nous passons aux différents genres, la tragédie est représentée à peu près uniquement, pour le dix-septième siècle, par le *Cid, Athalie, Britannicus*; de Molière, on lit l'*Avare*, le *Bourgeois Gentilhomme*, les *Femmes savantes* et le *Misanthrope*; les autres pièces rarement, autant dire pas du tout. Du dix-huitième siècle, on ne choisit guère que *Zaïre* et le *Barbier de Séville*. La tragédie du dernier siècle offre, sur les programmes, un mélange fort disparate : *Hernani* et *Ruy Blas* y ont comme voisins *Louis XI*, *l'Honneur et l'Argent* et *Adrienne Lecouvreur*. Pour la comédie, l'auteur le plus étudié est Scribe, avec douze pièces, principalement avec *le Verre d'eau* et *Bataille de dames*. Ensuite viennent *Mademoiselle de la Seiglière* et *le Gendre de M. Poirier*, parce que l'on y voit une étude historique sur certains côtés de la Restauration et du règne de Louis-Philippe. La liste est complète avec *la Joie fait peur*, *le Testament de César Girodot* et un ou deux proverbes de Musset.

Pour le roman, la part du dix-septième et du dix-huitième siècle est fort restreinte, pour ne pas dire nulle. Au dix-neuvième siècle, on néglige complètement Flaubert et les Goncourt, à peu près complètement Balzac; de George Sand, on ne lit que *la Petite Fadette* et *la Mare au Diable*, encore très rarement. On étudie beaucoup de Daudet, *Contes choisis*, *Lettres de mon moulin*, *le Petit Chose* et *Tartarin de Tarascon;* beaucoup de Souvestre, *Au coin du feu*, *Un Philosophe sous les toits*, *Sous la tonnelle*, *la Clairière;* beaucoup d'Erckmann-Chatrian, de Theuriet et d'Emmanuel Arène; on accueille libéralement *En Famille* et *Sans Famille*, d'Hector Malot; on donne une part assez large au *Tour du monde en quatre-vingts jours*, sans oublier Pierre Loti, René Bazin, Jules Claretie, et Gyp.

Mais c'est l'histoire qui tient la plus grande place : on ne néglige aucun ouvrage historique, surtout s'il raconte des guerres où l'Allemagne a triomphé, ou si, montrant les efforts de la France vers l'unité, il fait paraître plus précieuse, aux yeux des jeunes Allemands, l'unité enfin conquise. De Vigny, on connaît *Cinq-Mars;* des frères Margueritte, le *Désastre*. De

Ludovic Halévy on lit peu *l'Abbé Constantin;* on étudie beaucoup son *Invasion.* On ignore souvent Francisque Sarcey comme critique; bien des écoliers ont expliqué son *Siège de Paris.* On ne sait généralement pas que M. Gabriel Monod a formé toute une école historique; on voit surtout en lui l'auteur de *Français et Allemands.* Aussi trouve-t-on, parmi les auteurs étudiés, non seulement les grands historiens, les Guizot, les Thiers, les Mignet, les Augustin Thierry, les Michelet, les Michaud, mais des hommes de second ordre, un Lanfrey, dont la *Campagne de 1806-1807* est assez souvent étudiée, « parce qu'il montre, dit un Allemand, comment Napoléon foula aux pieds les étrangers, surtout les Allemands »; mais des anecdotiers ou des romanciers à prétentions historiques, le comte d'Hérisson, Erckmann-Chatrian; mais nos précis d'histoire, Duruy, Lavisse, Blanchet et Dhombres; mais les ouvrages les plus récents, ceux de M. Chuquet, du général Niox ou du lieutenant-colonel Rousset sur la guerre de 1870[1].

D'ailleurs, voici la liste exacte des ouvrages fran-

1. Veut-on savoir exactement les auteurs qui, en 1901, étaient le plus étudiés dans les établissements prussiens d'enseignement secondaire pour les garçons? En tête, on trouve Molière; ensuite, *longo sed proximus intervallo,* se présente Erckmann-Chatrian; il est suivi d'assez loin par Mme Bruno, l'auteur de *Francinet* et du *Tour de France par deux enfants;* Daudet, Racine et Thiers viennent ensuite, en groupe, devançant Souvestre, Lanfrey, Scribe et le comte d'Hérisson. Taine, Corneille et Sarcey sont respectivement 12e, 13e et 14e; Coppée et Voltaire sont voisins, l'un 20e, l'autre 21e; Victor Hugo, 32e, est placé immédiatement à côté de Georges Duruy; nos autres grands écrivains sont dans les derniers, derrière MM. Figuier et Paganel. Mêmes surprises si l'on cherche à se rendre compte des ouvrages qui sont le plus fréquemment choisis comme textes d'explication. C'étaient, dans les gymnases : l'*Avare,* l'*Histoire d'un conscrit de 1813,* l'*Expédition d'Egypte,* de Lanfrey; les *Femmes savantes,* les *Origines de la France contemporaine* et le *Tour de France par deux enfants.* Dans les réalgymnases, l'ordre est : le *Tour de France,* l'*Expédition d'Egypte,* l'*Histoire d'un conscrit,* l'*Avare* et le *Misanthrope.* Enfin, dans les écoles réales, on donne la préférence à *l'Histoire d'un conscrit* et au *Tour de France.*

çais et anglais lus, pendant l'année scolaire 1908-1909, dans divers établissements :

I. Français. — Gymnase de Prusse. 3e supérieure : Lavisse, *Histoire de France*. — 2e inférieure : recueil de contes et récits; choix de romanciers du dix-neuvième siècle. — 2e supérieure : Tœppfer, *Nouvelles*; Monod, *Allemands et Français*. — 1re inférieure : Sandeau, *Mademoiselle de la Seiglière*; Taine, *Origines de la France contemporaine*. — 1re supérieure : Molière, *le Malade imaginaire*; Souvestre, *Un Philosophe sous les toits*.

Réalgymnase d'une petite principauté. 2e inférieure : livre de lectures sur Paris et la France; Molière, *Bourgeois Gentilhomme*. — 2e supérieure : Sarcey, *Siège de Paris*; Sandeau, *Mademoiselle de la Seiglière*. — 1re inférieure : Molière, *Précieuses ridicules*; Lanfrey, *Campagne de 1806-1807*. — 1re supérieure : Molière, *Avare*; Hugo, morceaux choisis; Guizot, *Histoire de la civilisation en Europe*.

Ecole réale supérieure de Prusse. 3e inférieure : Bruno, *le Tour de France*; Girardin, *la Joie fait peur*; Jules Verne, *le Tour du monde*. — 3e supérieure : Bruno, suite; Erckmann-Chatrian, *Conscrit de 1813*; Daudet, *le Petit Chose*; Paganel, *Frédéric le Grand*. — 2e inférieure : choix de nouvelles modernes; Paganel; d'Hérisson, *Journal d'un officier d'ordonnance*; Sarcey, *Siège de Paris*; Duruy, *Histoire de France*. — 2e supérieure : Racine, *Iphigénie*; Molière, l'*Avare*; Barthélemy, *Voyage du jeune Anacharsis*; Lanfrey, *Campagne de 1809*; Daudet, *Nouvelles choisies*. — 1re inférieure : Racine, *Athalie* et *Phèdre*; Molière, *Précieuses ridicules* et *Femmes savantes*; G. Sand, *la Petite Fadette*; Lanfrey, *Campagne de 1809*; choix de nouvelles du dix-neuvième siècle. — 1re supérieure : Molière, *Précieuses ridicules*, *Femmes savantes* et *Tartuffe*; Racine, *Phèdre*; Lanfrey, *Campagne de 1809*; Taine, *Napoléon Bonaparte*; morceaux choisis de Gaston Paris, Taine, Brunetière et Texte relatifs à l'histoire de la littérature française.

II. Anglais. — Réalgymnase de Prusse. 2e inférieure : Marryat, *The Settlers in Canada*. — 2e supérieure : Macaulay, *Lord Clive*, et Tennyson, *Enoch Arden*. — 1re inférieure : Shakespeare, *Jules César*, et Macaulay, *Histoire d'Angleterre*. En lecture personnelle : Dickens, *A Christmas Carol*. — 1re supérieure : Shakespeare, *Macbeth*, et Dickens, *a Tale of two Cities*. En lecture personnelle : Macaulay, *Warren Hastings*.

Ecole réale supérieure. 3e supérieure : Chambers, *English History* ; Marryat, *The Three Cutters*. — 2e inférieure : Chambers, *English History* ; Corbet-Seymour, *Romantic Tales* ; Marryat, *Children of the new Forest* ; Irving, *Sketch Book*. — 2e supérieure : Macaulay, *Histoire d'Angleterre* ; Franklin, *Autobiography*, *The Spectator* ; Dickens, *Sketches*. — 1re inférieure : Spencer, *First Principles of synthetic Philosophy* ; Byron, *Childe Harold* ; *Contes* de Kipling ; Dickens, *A Christmas Carol* ; Scott, *The Lady of the Lake* ; Shakespeare, *Coriolan* et morceaux choisis. — 1re supérieure : Shakespeare, *le Roi Lear* et *Macbeth* ; Macaulay, *Histoire d'Angleterre* ; Carlyle, *les Héros* ; Georges Elliot, *Silas Maner* ; morceaux choisis de romanciers.

Faire servir les œuvres littéraires à enseigner l'histoire, chercher dans les poésies l'occasion d'un commentaire de langue plutôt qu'esthétique, choisir les livres, non pas exclusivement d'après leur valeur littéraire, mais surtout pour les détails qu'ils offrent sur les mœurs, ne pas toujours s'adresser aux auteurs qui donnent l'idée la plus juste et la plus complète de la littérature, c'est une conception qu'on trouverait un peu étroite, si l'on ne se souvenait que le point de vue pédagogique prime tout et que le point de vue littéraire ne vient qu'en seconde ligne. J'ajoute que celui-ci gagne du terrain. D'après les statistiques, le nombre des œuvres strictement historiques choisies comme textes d'explication tend à diminuer, et quelques maîtres laissent absolument de côté tous les livres relatifs à la dernière guerre; on fait plus attention également à la tenue littéraire des ouvrages, et je n'ai plus trouvé dans les classes allemandes, depuis 1905, ces ouvrages français pour les enfants ridiculement écrits et sottement composés, que j'avais vus dans certains établissements en 1900 et encore en 1902. Certains professeurs de français en Allemagne ne craignent pas d'écrire : « Ce qui règle la mesure dans laquelle un texte français ou anglais peut être lu à l'école, c'est sa valeur esthétique et le profit qu'il offre à l'intelligence. » Sans aller aussi loin, beaucoup font lire, dans chacune des classes supérieures, un chef-d'œuvre de tout premier ordre, à côté des ouvrages destinés à faire connaître l'histoire, les mœurs, les coutumes et le génie de la France. Un autre moyen est également employé pour concilier la tendance utilitaire et la tendance esthétique : en classe, on explique des ouvrages qui appellent des remarques historiques; mais les élèves doivent étudier, chez eux, des livres ou des pièces qui sont simplement belles; naturellement, par des questions posées, le professeur s'assure que la tâche a été remplie.

En Autriche, au contraire, c'est plutôt le côté littéraire qui domine : les nouveaux programmes proposent comme but à l'enseignement du français dans les hautes classes, « la connaissance de quelques-unes des œuvres les plus remarquables de la littérature française des trois derniers siècles, ce qui permettra de pénétrer dans la vie intellectuelle et morale du peuple français ». Par suite, dans la cinquième classe des réalgymnases ou écoles réales, on lira des morceaux de poésie, de prose didactique ou une œuvre en prose facile du dix-neuvième siècle. Pour les deux autres années, sans négliger la poésie ou la prose didactique, on fera étudier des chefs-d'œuvre dramatiques ou lyriques. Les instructions antérieures écrivaient déjà : « Dans les classes V, VI, VII, la lecture ne se propose pas seulement d'enrichir le vocabulaire; elle poursuit encore un but littéraire et esthétique : les élèves doivent être amenés à comprendre les formes artistiques du style, et, par suite, être mis en présence des représentants les plus autorisés de ces formes artistiques. » Aussi les écrivains de cinquième ordre ne sont-ils pas admis aussi libéralement sur les programmes des classes en Autriche qu'en Allemagne : à côté des chefs-d'œuvre du dix-septième siècle, on ne lira guère, comme pièces de théâtre, que *Mademoiselle de la Seiglière, la Joie fait peur, la Pierre de touche* et *le Verre d'eau;* par contre, nos grands lyriques du dix-neuvième siècle sont assez souvent étudiés.

Malheureusement, le peu de temps mis, en Autriche, à la disposition des professeurs de langue vivante ne permet pas de lire un grand nombre d'œuvres. Ainsi, dans la 6e classe d'une école réale tchèque, on lira un recueil de nouvelles et Sarcey, *le Siège de Paris;* dans la 7e, Scribe, *le Verre d'eau.* Ailleurs, dans la 6e classe d'une école réale allemande, on verra deux petits recueils de contes faciles; dans la 7e classe, Molière, *le Bourgeois gentilhomme,* et, comme lecture privée, un choix des *Lettres de mon moulin.* Il est peu d'écoles où l'on ait le temps de lire davantage. Pour l'anglais, on ne voit guère qu'un ouvrage, dans la dernière classe. Mais il ne faut pas oublier que, chez eux, la plupart des élèves lisent un ouvrage chaque année, le contrôle de la lecture étant fait par le professeur.

Cette façon de choisir les auteurs, différente dans les deux pays, n'a d'ailleurs aucune répercussion sur la manière de faire expliquer les textes : elle est identique en Allemagne et en Autriche. S'il s'agit d'une explication préparée, après un bref résumé de ce qui précède, pour rafraîchir la mémoire des élèves, le texte est lu, au contraire de ce que nous avons noté pour le latin et le grec : c'est qu'il s'agit de vérifier la pureté de la prononciation. Lorsqu'on explique un auteur dramatique, le maître désigne autant d'élèves que de personnages. Puis... l'on traduit, une fois sur deux, comme dans la méthode grammaticale; du moins, par des questions artificieusement choisies, le maître s'assure-t-il que le texte a été compris. Lorsqu'un morceau un peu long a été lu, un élève est chargé de le résumer en français, ce qui n'empêche pas le maître de poser une foule de petites questions incidentes à un aussi grand nombre d'élèves que possible. Sur les questions posées à propos du texte, je reviendrai plus loin.

Lorsqu'on déchiffre le texte, le maître fournit préalablement toutes les indications nécessaires pour que rien n'arrête; quelquefois même, dans les petites classes, il signale les mots nouveaux pour la prononciation et le sens. Puis il lit lui-même, dans les classes inférieures et moyennes, une page ou deux et les fait reprendre par les élèves : lorsqu'il n'a pas expliqué d'avance les mots nouveaux, il le fait au cours de sa lecture, en s'assurant que les indications sont bien comprises. Ensuite, pour être certain qu'il n'y a pas d'erreur dans l'intelligence du texte, il demande la traduction de quelques phrases en allemand, un résumé du morceau, pose des questions ou les laisse poser par les élèves; dans les petites classes, une place est réservée à l'analyse logique. Cette méthode est appliquée aussi dans les classes supérieures, avec cette différence que le professeur ne lit pas le morceau; il se borne à signaler au passage les mots nouveaux, que les élèves notent sur un cahier spécial, si ce ne sont pas des termes trop rares, et à lire quelquefois un passage, lorsqu'il trouve que l'élève chargé de cette tâche s'en est mal tiré; dans une classe le maître faisait souligner les gallicismes au crayon sur le livre.

Parfois aussi, les élèves commencent par traduire en allemand une page ou deux; alors seulement ils lisent le texte : cette façon de procéder offre l'inconvénient de faire prédominer l'allemand; il est certain qu'elle disparaîtra à mesure que les maîtres posséderont mieux la langue vivante qu'ils sont chargés d'enseigner.

Au cours de l'explication, le professeur pose des questions, et parfois, quand un morceau, ou du moins un passage formant un tout, a été lu ou expliqué, le maître fait un petit commentaire. Sur quoi portent questions et commentaires? Avant tout sur le fond, l'histoire, la civilisation, les mœurs, les coutumes, en un mot les *Realien;* souvent intervient une comparaison avec les choses du pays; le professeur s'attache à ne rien laisser d'obscur, et les élèves ne craignent pas de l'interroger si un mot les arrête. J'ai entendu aussi fréquemment des remarques sur le vocabulaire (synonymes, familles de mots, etc.) ou sur la stylistique. Le professeur mettra ou fera mettre en relief la suite des idées ou les principaux traits de caractère des personnages. C'est, en outre, dans cette partie de la classe que se placent les notions sur l'histoire de la littérature française. A propos de *Britannicus,* on donnera les dates essentielles de Racine et de Corneille, on énumérera leurs principales œuvres et on rappellera les sources auxquelles ils ont surtout puisé leurs tragédies. L'explication du *Cid* fournira l'occasion de parler de la tragédie classique en général, et des trois unités en particulier. En étudiant *Athalie,* on racontera l'histoire de la pièce sur la scène française, ce qui conduit à parler du « Théâtre-Français », de Talma et de Rachel. Tout en expliquant le *Monde où l'on s'ennuie,* le professeur avisé trouvera le moyen de montrer la nature d'influence que les femmes ont exercée sur la littérature française. C'est ainsi que les élèves allemands seront mis en état de traiter les sujets littéraires proposés à l'examen de maturité. Mais, *pas une fois*, dans toutes les classes que j'ai visitées, le commentaire ne s'est aventuré du côté de l'esthétique, car, ici encore, je me refuse à considérer comme littéraires les comparaisons pures et simples avec un écrivain allemand ou tchèque. Même dans le détail, rien d'analogue à ce que conseillent, un peu ambitieusement, nos instructions de 1908 pour la quatrième et la troisième : « Conduire les élèves à voir nettement quels sont les mots les plus significatifs d'une strophe ou d'une phrase, à découvrir le rôle ou la portée de l'une ou de l'autre dans la poésie ou le morceau, à dégager l'émotion, le sentiment ou l'idée qui ont inspiré l'écrivain, leurs correspondances avec le rythme et le style. »

E. — Résultats.

Quels sont les résultats obtenus par cette méthode? La prononciation n'est pas exempte de fautes. Le désir, louable en soi, d'enseigner aux enfants la façon de prononcer usitée maintenant en France dans la conversation courante, amène à des exagérations : on est étonné d'entendre, à peu près partout, supprimer les *e* muets dans la prononciation et dire : *p'tit; je n'trouve; larg'ment; f'sait; Charl' Quint; c'roi; d'sa corde; si tu m'donnes la victoire; reçut l'baptême*. J'explique de la même façon et je ferai la même observation sur les *M'sieu*, que j'ai entendu, dans toutes les classes sauf six, sortir de la bouche des élèves, et sur l'absence de liaisons, surtout après le *t* et l'*s* : je n'ignore pas que c'est là une des grosses difficultés de la langue française, mais, vraiment, il n'y aurait aucun inconvénient à lier davantage. On commet toujours les fautes classiques : *loui, boucolique, subchtantif, couvernement, rétarder, bézoin, emperèr, voui, vuit, Magsimilien, bétalch* (bétail), *détalch* (détail), *possibel, remborder, afait*, *gommun*, *Nâbôlion*, *che*, *chénéral*, *chambe*, *chamais*, *Chorches* (Georges), *chipier* (gibier), *prune*, (brune), *salâtes*, *paissiblement*, *plis* (plus). Parfois aussi, à entendre les *lating*, *allemang*, *moing*, *retieng*, *bieng*, *ung*, *nomme* (nom), *bangdoulière*, *nongchalance*, je me serais cru dans le midi de la France.

Naturellement, je n'ai pas relevé toutes ces fautes dans la même classe ni dans la même province[1]; elles sont surtout fréquentes chez les petits, et quand le maître, n'ayant pas séjourné assez longtemps en France, n'a pas l'oreille suffisamment habituée à la véritable prononciation française pour saisir et corriger toutes les fautes. Aussi bien les signalé-je par impartialité plutôt que pour montrer que la perfection n'est pas encore atteinte; car il serait injuste de rendre les professeurs allemands responsables de la conformation du gosier de leurs élèves. Dans tous les cas, je puis affirmer que Moritz Trautmann n'écrirait plus, comme il y a trente ans, que la prononciation du français dans les écoles est purement atroce. La preuve c'est que, lorsqu'un mot est mal prononcé par un élève, il se rencontre toujours un camarade pour corriger la faute; il y a plus : beaucoup d'élèves, même parmi les petits, me comprenaient quand, en classe ou à la sortie, je leur adressais quelques questions. Aussi, des jeunes gens qui, le gosier assoupli par des exercices intelligents, sortent maintenant de l'école, viennent faire un tour en France (car, en ce qui touche l'anglais, je suis incompétent), on dira tout de suite, en les entendant : « Ce sont des Allemands, » mais on les comprendra toujours et ils ne seront pas ridicules. D'ailleurs les Allemands savent bien eux-mêmes que leur prononciation du français ou de l'anglais n'est pas parfaite, et c'est pour la corriger, dans la mesure

1. Les Saxons, par exemple, ont surtout du mal à prononcer l'*s*, les dentales et les palatales; en Moravie, l'*ü* est prononcé *i*, et l'*e* prononcé *é*.

du possible, qu'ils ont organisé les récitations dont je parlais plus haut.

Comme leur prononciation est passable, ils comprennent non seulement leur professeur, mais un Français également. Ici l'on me permettra de citer les expériences que j'ai faites. Dans presque toutes les classes auxquelles j'ai assisté, les professeurs me priaient de m'entretenir avec leurs élèves, et partout, même chez les petits, chez des élèves de cinquième, qui commençaient leur deuxième année de français, j'ai constaté que, sept fois sur dix, après l'émoi causé par les deux ou trois premières questions, j'étais compris. J'ajoute que je parlais d'abord lentement, mais que, à la fin, la vitesse de mon débit était à peu près celle d'une conversation entre Français. Lorsque, en 1900, je faisais des « récitations », je reliais les morceaux lus par quelques phrases portant sur des questions de littérature : ces phrases étaient généralement bien comprises. A partir de 1903, j'ai substitué aux récitations des conférences faciles sur des sujets à portée des élèves. Même dans les gymnases de Bavière, où le français n'est enseigné que dans quatre classes, où *dix* heures, en tout et pour tout, sont consacrées au français chaque semaine, j'étais suivi : je m'en assurais, d'abord en m'efforçant de trouver quelques remarques plus ou moins humoristiques, quelques anecdotes plus ou moins piquantes, et en observant alors mes auditeurs, ensuite en posant des questions aux élèves pendant ou après ma conférence. De plus, les professeurs tenaient à voir exactement ce que les élèves n'avaient pas compris, et ne manquaient pas de m'écrire le résultat de leur enquête[1].

Cependant il ne faut rien exagérer : dans les récitations, seule une assez faible partie des jeunes gens comprenait bien la scène de *Mademoiselle de la Sei-*

1. Ceux que cette question intéressera trouveront des détails plus complets dans la *Revue universitaire*, 1905, 1, p. 209 sqq.

glière où Destournelles décide le vieux gentilhomme à donner à Bernard Stamply la main de sa fille; seule une toute petite élite saisissait le comique profond de la scène entre M. Jourdain et son maître de philosophie, et sentait tout le charme du *Sous-Préfet aux champs*. Quant au français écrit, les élèves comprennent assez couramment et sans grosse faute des textes difficiles, comme le *Cid* ou *Britannicus*. Ce que je dis ne s'applique exactement qu'aux élèves allemands : les élèves autrichiens déchiffrent assez vite le *Bourgeois gentilhomme*, par exemple, mais, en raison du peu de temps consacré à notre langue, ils ne comprennent un Français que s'il parle de choses très simples et très lentement; de même, ils ne peuvent s'exprimer en français que sur des choses infiniment concrètes, celles qu'ils ont apprises dans les quatre premières années, où les maîtres, dans les écoles réales, disposent de six, puis de cinq, ensuite de quatre heures par semaine, chiffre qui tombe à trois pour la cinquième, la sixième et la septième classe[1]. Il y a une différence très frappante entre la force des élèves au sortir de la quatrième classe des écoles réales autrichiennes et au sortir de la septième : pour la conversation, ils semblent n'avoir fait aucun progrès; et cela se comprend, la lecture absorbant les trois heures ou à peu près.

La situation est plus favorable en Allemagne, où le temps dévolu à l'enseignement du français est plus considérable. Sans doute, les jeunes Allemands, eux aussi, possèdent surtout bien les termes concrets, les seuls pour lesquels vaut pleinement la méthode directe. Sans doute, les progrès sont bien plus rapides dans les deux ou trois premières années que par la suite, la part réservée à la langue parlée étant plus considérable. Cependant, comme je l'ai dit, les élèves sont, dans les deux ou trois dernières années, en état

1. Dans les réalgymnases, 5 heures en troisième classe, 4 heures en quatrième et en cinquième, ensuite 3 heures.

d'imaginer de petits dialogues ou même de faire de petits exposés sur des questions de littérature française, ce qui suppose la connaissance d'autres mots que les termes concrets. A Nuremberg, dans l'avant-dernière classe d'un réalgymnase, un élève fit, en français, un résumé très intéressant, très facile à suivre et même très mordant, d'un ouvrage que l'on avait expliqué; je copie textuellement sur mon carnet *toutes* les fautes de prononciation ou de langue que j'avais notées : *chamais; marier quelqu'un*, pour *épouser quelqu'un;* deux emplois fautifs du prétérit pour le passé défini ou indéfini; *m'avoir retardé* pour *m'être retardé; continia.*

Pour les travaux écrits[1], j'ai relevé dans les versions une très grande inégalité, aussi bien en Allemagne qu'en Autriche : à côté de devoirs presque sans faute, des copies qui, chez nous, feraient honte à un élève de neuvième. En Allemagne, où les élèves des réalgymnases et des écoles réales supérieures font des compositions françaises, j'ai parcouru à loisir des liasses de lettres, narrations et dissertations[2]. Or y remarque des tournures comme : « De les voir me fit beaucoup de plaisir; mais bientôt il nous fallait partir; bien des choses de ma part à lui. » J'ai noté des erreurs fréquentes sur l'emploi de l'imparfait et du passé défini; les phrases sont un peu courtes, afin d'éviter les fautes; évidemment ces jeunes gens seraient embarrassés pour rendre des nuances abstraites un peu délicates; mais, somme toute, j'ai eu souvent l'impression de lire des copies écrites par des élèves français de seconde, qui ne seraient pas les premiers en français, et Kraüter ne pourrait plus dire, comme il y a vingt

1. On me permettra de noter que, en Allemagne surtout, la plupart des professeurs semblent ignorer que l'*r* d'imprimerie ne peut, dans notre écriture courante, être employée à l'intérieur des mots.

2. Dans mon *Rapport* de 1902, on trouvera des spécimens de devoir français et anglais, p. 70 sqq.

ans, que « la langue française parlée dans les écoles est un baragouin inintelligible à faire dresser les cheveux sur la tête ». Qu'on ne m'objecte pas que les élèves ont pu être aidés. Dans une classe où, à la demande du maître, j'avais raconté une histoire, le meilleur et le plus mauvais élève de la classe l'ont écrite au tableau devant moi : l'une des versions était criblée de fautes; dans l'autre je n'ai eu à corriger qu'un emploi incorrect de l'imparfait.

En ce qui touche la connaissance de la littérature française, je dois noter une infériorité de l'Allemagne comme de l'Autriche. Incontestablement, les professeurs de français allemands et autrichiens savent l'histoire de notre littérature aussi bien que nous, et probablement mieux en ce qui concerne le moyen âge : leur bibliothèque contient généralement nos précis les plus récents, nos œuvres critiques les plus neuves. Mais les élèves ne sont pas, à beaucoup près, aussi savants que leurs maîtres : ils ne connaissent l'histoire de la littérature française que dans les grandes lignes. Sans doute ils sont capables, en Allemagne, de traiter des sujets qui s'y rapportent, mais sur quelques auteurs seulement; même dans ce cas, leurs connaissances sont superficielles. Enfin, ceux de nos écrivains dont ils peuvent parler ne sont pas toujours les plus importants pour nous : en Allemagne surtout, on les choisit toujours un peu du point de vue allemand, et je n'affirmerais pas que les élèves d'un réalgymnase ou d'une école réale supérieure mettent Hugo au-dessus de Béranger.

De toute façon, les résultats obtenus sont infiniment plus satisfaisants qu'avec la méthode grammaticale. Un professeur allemand écrivait, il y a vingt ans, des élèves des écoles réales qui avaient appris les langues vivantes de cette façon : « Ils sont aussi peu capables d'écrire une lettre en français ou en anglais que de demander leur chemin à Londres ou à Paris. » En 1900, j'ai pu vérifier la justesse de cette assertion. Dans une école réale supérieure où l'on employait la méthode grammaticale (je crois que les choses ont changé depuis), des élèves des hautes classes comprirent très imparfaitement un récit assez simple, raconté en termes usuels, aussi lentement et aussi distinctement que possible, où je reprenais sous plusieurs formes la même idée ou le même détail. Au contraire, à la même époque, dans la classe correspondante d'un réalgymnase du même Etat, mais où la méthode directe était en pratique, cette histoire, dite beaucoup plus rapidement, était parfaitement comprise par les jeunes gens, qui la répétèrent sur-le-champ. Ce qui me semble surtout capital, c'est que cette méthode donne à l'enfant le goût des langues vivantes. Les classes sont si intéressantes! Pour l'animation et la vie, je n'ai rien vu de comparable à une heure de français, quand elle est dirigée par un de ces maîtres comme j'en ai rencontré plus d'un en Autriche, et surtout en Allemagne, jeunes jusque dans l'âge mûr et même jusque dans la vieillesse, pleins d'ardeur et de fougue, possédant à fond la langue qu'ils enseignent, avec cela ayant mûrement réfléchi et s'étant créé leur méthode propre, adaptée au caractère de la région où se trouve l'établissement auquel ils sont attachés. Je me rappelle encore l'émerveillement où je fus plongé la première fois que j'assistai à une classe du directeur Walter : les exercices étaient variés sans cesse, pour soutenir l'intérêt des élèves, mais tous tendaient vers la même fin; c'est à peine si les réponses attendaient les questions, et c'était, à chaque nouvelle demande, une forêt de bras se levant et de mains s'agitant; bref, on voyait que le professeur avait fait passer dans l'âme de ses élèves le goût pour les langues vivantes qui le possède et le feu qui l'anime. On m'objectera que M. Walter est un pédagogue éminent : je suis le premier à l'avouer; mais je sais par expérience qu'il n'est pas le seul, et j'ai au bout de la plume vingt noms de professeurs allemands ou autrichiens que j'imprimerais tout vifs, si je ne craignais de froisser la modestie de ceux que je nommerais, et de sembler procéder à une distribution de prix. Au contraire, lorsque la grammaire dominait tout, quel que fût l'art du professeur, un pesant ennui planait bientôt sur la classe, surtout pendant les chaudes journées de juin; le sommeil s'exhalait des règles, de leurs exceptions, et des exceptions des exceptions, si bien que, pour se tenir éveillés, les élèves, si dociles pourtant, dessinaient, s'agitaient d'une façon immodérée, mais prudente, se battant, par exemple, à coups de pied sous la table, ou même causaient quelquefois très haut. J'ai fait ces observations trois ou quatre fois; l'attitude des élèves m'a d'autant plus frappé que, d'habitude, rien n'est plus irréprochable que l'attention d'un élève allemand, ni plus admirable que la façon dont se tient une classe, fût-elle de cinquante élèves et plus.

Ce goût pour les langues vivantes met les élèves dans un état d'esprit tel qu'ils sont heureux d'apprendre le français ou l'anglais et qu'ils saisissent toutes les occasions de se perfectionner dans la connaissance de ces langues, *même en dehors de la classe*. Cela est vrai non seulement des écoles réales et des réalgymnases, mais même des gymnases allemands, quoique le français y soit considéré comme secondaire, du moment que les leçons y sont faites (ce qui, h ureusement, n'est plus une exception) par un professeur qui connaît réellement la langue, et non par un maître qui ne l'enseigne que par pis aller et pour compléter le nombre d'heures qu'il doit donner. C'est en Allemagne que s'est le plus rapidement répandue la « correspondance internationale », si importante pour les relations de peuple à peuple, plus importante encore pour juger de la faveur dont les langues étrangères jouissent dans un pays. Récitations et conférences faciles trouvent à peu près partout des auditeurs, plus toutefois en Allemagne qu'en Autriche, où le nombre d'heures accordé à l'enseignement est moins considérable. Ce goût pour les langues vivantes, les élèves formés par la méthode directe ou la méthode mixte le conservent : sortis de l'école, ils viennent assister aux récitations ou causeries. Ces connaissances, ils ne les perdent pas : j'ai eu l'occasion, cette année et l'an dernier, de rencontrer des jeunes gens qui, en 1900 ou en 1902, m'avaient été présentés dans des réalgymnases ou des écoles réales supérieures. Leur profession, avocat ou médecin, ne les porte nullement à lire du français; ils ont exceptionnellement l'occasion d'entendre notre langue ou de la parler; cependant ils s'expriment encore assez couramment, leur prononciation est restée pure, et ils comprennent un interlocuteur français. Au contraire, il m'a été donné de constater, *sans aucune exception*, que les adulteso u les élèves formés par la méthode grammaticale s'intéressent au français, mais sans excès, le comprennent assez bien à la lecture, médiocrement à l'oreille, mais sont incapables de le parler. Une preuve suffira, je crois. Dans un casino d'officiers, où l'on m'a fait l'honneur de m'inviter à plusieurs reprises en 1900, et où j'ai reçu l'accueil le plus délicatement cordial, un seul officier parlait bien le français : il l'avait appris par une méthode aussi directe que possible, ayant fait partie pendant deux ans du corps qui a occupé les provinces de l'est de la France, après la guerre de 1870. Un second avait passé un an dans une ville de langue française; il s'exprimait assez correctement et assez vite. Deux autres, à force de lire nos auteurs depuis dix ans, étaient arrivés à parler passablement, mais lentement et gauchement, en cherchant leurs expressions et leurs tours. Les vingt autres officiers, hommes distingués d'ailleurs, comme me le montra une assez longue causerie *en allemand*, comprenaient assez bien mon français, mais ne se sentaient pas en état de me répondre dans la même langue.

Le malheur, c'est que, pour obtenir un plein succès, cette méthode veuille des maîtres d'une grande habileté, d'une énergie indomptable, d'un dévouement absolu à leurs élèves et pleinement en possession de la langue qu'ils doivent enseigner. Là, plus qu'ailleurs, tant vaut le maître, tant vaut la méthode. Or, nous avons été amenés à le constater, les professeurs de français et d'anglais, en Allemagne et en Autriche, ont trop d'heures de service et n'ont pas toujours la possibilité de connaître le français ou l'anglais comme il conviendrait. Mais il est facile de remédier à ces causes d'infériorité. Le jour où elles auront disparu, l'esprit de persévérance et de discipline des élèves, joint au nombre d'heures et d'années consacrées aux langues vivantes, permettra d'obtenir, en Autriche, des résultats analogues à ceux que nous constatons chez nous, et, en Allemagne, des résultats infiniment supérieurs, auxquels la courte durée des études et le petit nombre d'heures de classe nous interdira toujours de prétendre, malgré la vivacité d'esprit de nos élèves et le talent de nos maîtres.

DEUXIÈME PARTIE

L'ENSEIGNEMENT SECONDAIRE DES JEUNES FILLES

CHAPITRE PREMIER

L'ENSEIGNEMENT SECONDAIRE DES JEUNES FILLES EN PRUSSE

L'enseignement secondaire des jeunes filles en Prusse, sous sa forme actuelle, est le plus récent du monde. L'organisation en a été fixée en août 1908 par un décret royal, signé à Wilhelmshöhe, et par deux arrêtés ministériels. Les programmes ont paru fin 1908. C'est une première raison pour l'étudier de près. De plus, cette réforme a provoqué un mouvement dans presque toute l'Allemagne. L'organisation prussienne va être imitée ou améliorée dans la plupart des Etats de l'empire. Il est donc indispensable de la connaître dans le détail.

A. — Motifs qui ont rendu la réforme nécessaire.

L'organisation qui disparaît après quinze ans d'existence (octobre 1894-avril 1909) marquait un progrès réel sur l'état de choses antérieur : elle avait élevé sensiblement le niveau de la culture chez les femmes. Mais, malgré leur nom (*höheren Mädchenschulen*, écoles supérieures de jeunes filles), les établissements d'enseignement secondaire de jeunes filles n'étaient pas placés au même niveau que ceux de garçons :

d'après les règlements, ils se rangeaient dans l'enseignement primaire. Aussi ne pouvait-on toujours y attirer et y retenir, dans la mesure souhaitable, les meilleurs maîtres ou maîtresses. En outre, les élèves sortant de l'établissement n'avaient aucun débouché.

D'autre part, ces lycées ou collèges de jeunes filles (ils étaient presque tous municipaux), qui admettaient les enfants à six ans, ne comportaient que neuf années d'études : c'était peu pour former l'intelligence et meubler l'esprit des jeunes filles. Bientôt la loi permettait qu'une dixième année fût exceptionnellement ajoutée. En réalité, l'exception devint bientôt la règle : en 1901, parmi les écoles placées sous l'administration des villes et comptant plus de huit années d'études, 66 p. 100 se contentaient de neuf classes, contre 34 p. 100 en comptant dix; en octobre 1907, la proportion est renversée, les chiffres étant devenus 35 p. 100 et 65 p. 100; dans les écoles privées, à cette même date, le système des dix classes était également préféré à l'autre, moins nettement à vrai dire (56 p. 100 contre 44 p. 100). Néanmoins les élèves avaient terminé leurs études vers seize ans, et il leur était impossible de pousser plus loin leur formation intellectuelle, sauf en de rares villes, où des sortes de cours complémentaires avaient été créés pour combler cette lacune. Ailleurs, les jeunes Prussiennes curieuses d'apprendre davantage étaient obligées de s'adresser à des établissements privés, inégalement recommandables, ou de suivre les cours des écoles normales (*Seminar*) jointes à un grand nombre d'écoles de jeunes filles. Or, ces écoles normales, essentiellement spécialisées et techniques, ne remplissaient pas les conditions cherchées.

Enfin, dans toutes les branches, les programmes donnaient plus de place à la mémoire, à la fantaisie et à l'imagination qu'à l'intelligence et au raisonnement.

Pour toutes ces différentes raisons, une réforme

des écoles de jeunes filles apparaissait comme indispensable. Des motifs aussi graves, mais d'un autre genre, faisaient désirer que l'on modifiât l'organisation des écoles normales, jointes, nous l'avons dit, à un grand nombre d'écoles de jeunes filles. C'étaient des établissements bizarres; sans lien avec l'école de jeunes filles (il fallait toujours passer un examen d'entrée), ils accueillaient dans les mêmes cours les jeunes filles qui se destinaient à l'enseignement primaire, à l'enseignement primaire supérieur ou à l'enseignement secondaire : la seule différence était que les futures « primaires » ne suivaient pas les classes de français et d'anglais. Ces écoles normales, si curieuses, n'avaient pas de programme déterminé. Les instructions se bornaient à fixer les matières de l'examen auquel les futures maîtresses devaient satisfaire à la sortie du *Seminar* : quant au plan d'études, il était tracé par les directeurs; aussi, dans le détail, variait-il d'un établissement à l'autre. Le nombre d'heures consacré aux divers enseignements était assez différent, selon les établissements, et les matières enseignées n'étaient pas toujours les mêmes. Dans telle ville, on trouvait des institutions permettant aux *Seminaristinnen* de se préparer à la pratique de l'enseignement; ailleurs elles étaient très insuffisantes ou n'existaient pas. Enfin, jusqu'à présent, la santé des *Seminaristinnen* était souvent très fatiguée par leurs études : ces jeunes filles étaient astreintes en moyenne à 29 heures de classe par semaine, et devaient en outre fournir chez elles un travail considérable pour préparer les leçons pédagogiques, faire les devoirs et s'assimiler les matières de l'examen final, où la mémoire jouait un rôle trop considérable.

B. — La marche de la réforme.

Tous ces inconvénients, surtout ceux qui touchent les *écoles de jeunes filles*, il y a beau temps qu'on les avait aperçus. C'est le 31 mars 1894 que parut le règlement sur l'organisation de l'enseignement secondaire des jeunes filles. Dès le mois d'octobre 1894, l'*Association allemande pour l'enseignement secondaire des jeunes filles* (*Deutscher Verein für das höhere Mädchenschulwesen*) faisait entendre ses protestations[1]. Comment et dans quelle mesure ont-elles trouvé un écho? L'histoire des péripéties par lesquelles a passé la question montrera comment, en Prusse, une réforme de l'enseignement secondaire arrive à maturité, et, ce qui est encore plus important, permettra de toucher du doigt l'opinion qui domine en Allemagne sur la femme, son rôle dans la famille, sa situation actuelle et future dans la société.

Chaque année, l'association pour l'enseignement secondaire des jeunes filles, celle des directeurs des écoles supérieures de jeunes filles, envoyaient des députations au ministre et des pétitions à la Chambre des députés prussienne, afin d'attirer leur attention sur la solution bâtarde donnée à la question de l'enseignement secondaire des jeunes filles. Chaque année, à une majorité toujours plus grande, la Chambre des députés émettait un vœu dans le même sens. En vain : l'administration supérieure se contenta d'autoriser la création de la dixième année. Elle ne jugeait pas les temps encore venus pour une modification du règle-

1. Sur cette question, outre de nombreux articles de journaux et la connaissance que je puis avoir de l'Allemagne, j'ai mis à profit les renseignements oraux ou écrits qui m'ont été fournis, notamment par mes collaborateurs et amis MM. Böddeker, directeur de la Kaiserin Auguste-Victoria Schule, à Stettin, et Röttgers, directeur de la Victoria Schule, à Berlin.

ment. Elle ne s'émut qu'en 1901; de 1901 à 1904, elle prépara... et garda pour elle trois projets très différents les uns des autres. « C'est qu'il s'agissait d'une question capitale pour l'histoire de la civilisation allemande, et la décision à prendre emportait une grande responsabilité de la Prusse à l'endroit des autres Etats confédérés. » Ainsi s'exprimait à Erfurt, en 1905, devant l'assemblée du *Deutscher Verein*, le représentant du ministre. Mais on savait d'ores et déjà que l'on se ralliait, en haut lieu, aux vœux exprimés dès 1895 : devant l'assemblée du Verein tenue à Dantzig en 1903, et qui réunissait presque tous les directeurs des écoles supérieures de jeunes filles, l'assurance en avait été apportée, au nom du ministre, par l'inspecteur général de ces établissements, le pédagogue Waetzoldt. En 1905, enfin, un projet fut mis sur pied et soumis — confidentiellement — aux *Schulräte* et à quelques autres personnages désignés par leur compétence.

Des observations furent par eux communiquées au ministre, qui, en janvier 1906, convoqua à Berlin, sous sa présidence, une commission consultative, toujours confidentielle, où les dames et les messieurs étaient en nombre à peu près égal. Ce qui s'y passa, on le sait en gros, par différents articles de journaux[1]. Les points à débattre étaient les suivants :

a) Remplacement des *höheren Mädchenschulen* par des *lycées* (sing. *Lyzeum*; plur. *Lyzeen*), où les études dureraient dix ans au lieu de neuf, où le but que l'on se propose serait plus élevé : l'enseignement de la langue allemande serait fortifié, celui des mathématiques introduit, celui des sciences naturelles développé. L'on s'occuperait davantage de la culture et de

1. Voir surtout les articles des deux membres de cette commission, Mlle Frieda Kundt, professeur d'école normale à Berlin (*Frauenbildung*, V), et M. Doblin, directeur du lycée de jeunes filles et de l'école normale de Hagen-en-Westphalie (*ibid.*).

la formation de l'intelligence. Les élèves des lycées seraient admises sans examen dans les *lycées supérieurs*, dont nous allons parler, et à l'école normale (*Seminar*). Là-dessus tout le monde fut d'accord.

b) Superposition aux Lycées de *lycées supérieurs* (*Oberlyzeum-Lyzeen*), établissements indépendants, où l'on approfondirait les connaissances acquises, où l'on formerait des jeunes filles et des femmes *allemandes* (avant tout), comprenant leur époque et capables de préparer l'avenir par leur collaboration et leurs efforts réfléchis et conscients. Les matières principales seraient l'allemand, — les langues (français, anglais, latin), — les sciences mathématiques et naturelles, — le dessin. Les études y dureraient quatre ans. A la fin de la dernière année serait passé un examen de sortie, analogue à l'*Abiturium*[1] des garçons, et les jeunes filles qui auraient obtenu le diplôme seraient admises dans les Universités. De cette manière serait supprimée la différence de traitement existant jusque-là entre les établissements d'enseignement secondaire de garçons et ceux de jeunes filles. Si l'on demandait aux jeunes filles quatorze ans d'études (dix ans au *Lyzeum*, quatre à l'*Oberlyzeum*), contre les douze dont l'on se contente pour les garçons (six classes, chacune des trois dernières comprenant un cours d'études de deux ans), c'est que ces derniers commencent leurs études secondaires plus tard que les jeunes filles.

Sur cette question, deux opinions différentes se firent jour. Tout le monde approuvait et la création de lycées supérieurs et le plan d'études proposé. Mais les dames de la commission n'admettaient pas que le lycée constituât un établissement autonome; elles voyaient en lui les fondations du lycée supérieur, une préparation des élèves en vue de ce lycée supérieur. Aussi propo-

1. Sur cet examen, voir p. 112, sqq.

saient-elles une bifurcation après la quatrième, d'où les jeunes filles sortent vers treize ans. A partir de la troisième, il y aurait eu, comme nous disons, deux sections, assez voisines de nos sections latin-langues et sciences-langues, ou, pour ne pas sortir de l'Allemagne, se rapprochant des *réalgymnases* et des *écoles réales supérieures :* il semble bien, en effet, que les promoteurs de ce projet aient été hantés par l'idée de donner à l'enseignement secondaire des jeunes filles, au lieu de l'uniformité de programmes, créée par la loi de 1894, une variété calquée sur l'enseignement secondaire des garçons. Comme suffisent à l'indiquer nos points de comparaison, dans l'une des sections on aurait simplement continué à étudier les matières enseignées jusque-là. Elle aurait reçu la plus grande partie des élèves, celles qui, en quittant le lycée, auraient eu l'intention de rester dans leur famille ou de suivre une profession qui n'exige pas des connaissances savantes, — celles qui veulent simplement chercher, au lycée supérieur, une culture plus approfondie, — celles qui ont le dessein de suivre les cours de l'école normale, — celles enfin qui fréquenteront les Universités, mais y étudieront des matières pour lesquelles le latin n'est pas indispensable, comme les sciences naturelles. Quant aux autres jeunes filles, qui, plus tard, auront besoin du latin à l'Université, dès la troisième elles apprendraient cette langue, qui deviendrait la matière principale de l'enseignement. C'est naturellement au lycée supérieur que se seraient rattachées ces trois dernières, ou plutôt ces deux dernières années.

En effet, même en tenant compte de la constitution plus faible de la femme, même en se préoccupant d'éviter à la jeune fille l'ombre d'un surmenage, particulièrement à l'époque de la formation physique, les partisans de la bifurcation estimaient que la maturité d'intelligence acquise par les garçons en douze années (trois ans d'enseignement primaire et neuf d'enseignement secondaire), le sexe féminin peut bien y parvenir en treize ans, au lieu de quatorze, comme le voulait le gouvernement, d'autant que seules les écolières les mieux douées choisiraient les études qui exigent le passage par les Universités : aussi prétendaient-elles que les élèves du lycée, section latin, passent directement de la seconde au lycée supérieur, ayant ainsi à parcourir un cycle de treize années d'étude, neuf au lycée, quatre au lycée supérieur. Les hommes de la commission trouvaient, eux aussi, que treize ans suffisent. Mais comme, avec raison, semble-t-il, ils attachaient plus d'importance au lycée, par lequel passeront un grand nombre de jeunes filles, qu'au lycée supérieur, où n'entrerait que la minorité, comme ils jugeaient dangereux de favoriser cette minorité, qui, devant consacrer plusieurs heures par semaine au latin, sacrifierait forcément d'autres branches de grande valeur éducative, ils demandaient que le lycée supérieur comptât trois classes seulement, au lieu des quatre prévues dans le projet.

Finalement, chacun resta sur ses positions.

*
* *

Alors intervinrent les directeurs des établissements publics prussiens d'enseignement secondaire de jeunes filles : comme l'on ne reconnaît guère aux dames le talent de diriger des écoles publiques, alors que, par une contradiction singulière, on leur accorde, à la suite *d'un examen organisé par l'Etat,* le droit de diriger des écoles privées, généralement aussi bien tenues et parfois plus importantes que les autres, seule Mlle Heckenbach, directrice à Aix-la-Chapelle, représentait le sexe sur l'éducation duquel on allait délibérer. Aussi réussit-on, le 10 avril 1908, à tomber rapidement d'accord sur les points capitaux, que voici :

1° Les établissements principaux pour l'enseignement secondaire et l'éducation des jeunes filles, ceux qui doivent donner à la femme allemande cultivée ses connaissances, former son intelligence et son cœur, ce sont les lycées. L'enseignement y sera plus étendu et plus approfondi qu'auparavant. — C'est, en somme, ce qu'on répétait depuis 1895.

2° Le lycée est l'établissement fondamental pour l'enseignement secondaire et l'éducation des jeunes filles : toute organisation qui se propose de donner une culture plus développée doit prendre comme point de départ celle qui est inculquée par le lycée. Par suite, rien ne doit venir troubler la marche normale de l'enseignement vers le but fixé. Toutefois, pour les jeunes filles qui ont l'intention d'entrer au lycée supérieur, on organisera dans les deux dernières classes du lycée un cours de latin, à raison de quatre leçons par semaine ; les élèves qui le suivront seront dispensées de certaines autres leçons, sans toutefois que l'on puisse jamais toucher aux matières principales. Ces deux années de latin du lycée, jointes aux trois du lycée supérieur, permettront assurément à ces jeunes filles âgées de quatorze à vingt ans, qui ont choisi librement l'étude de cette langue, et dont l'esprit est formé par l'étude d'autres idiomes, d'arriver à des résultats satisfaisants. Mais les directeurs se sont refusés énergiquement à admettre la bifurcation, parce qu'elle détruit l'unité de l'établissement, — qu'elle oblige les parents à décider, dès le moment où leur fille passe en troisième, si, plus tard, elle suivra ou non les cours du lycée supérieur, — qu'elle interdit pour l'avenir l'accès du lycée supérieur aux jeunes filles qui n'ont pas suivi ces cours de latin, et que, par suite, elle restreint singulièrement la clientèle et la portée du lycée supérieur.

3° Or, selon les vœux des directeurs, ce lycée supérieur, où les cours dureront trois ans, doit être un établissement ayant son unité stricte, ne préparant pas uniquement à l'Université, mais servant aussi à la culture générale des jeunes filles qui, après le temps normal d'études, veulent encore acquérir des connaissances plus approfondies. Il dispensera donc désormais les parents de mettre leurs filles dans des établissements qui demandent souvent un prix élevé, et n'exercent pas toujours une influence très heureuse sur l'intelligence et le caractère.

Les résolutions prises furent communiquées au ministre.

Cette conception du lycée supérieur soulevait d'ailleurs deux grosses difficultés. La première, c'était la place qu'y tiendrait le latin. L'étude en est indispensable aux jeunes filles qui veulent passer par l'Université afin d'aborder certaines professions; d'autre part, si on le rend obligatoire, on sacrifiera la majorité à la minorité, et l'on semblera donner à l'établissement le rôle spécial de préparer aux Universités. Malgré l'importance, pratique et éducative, de cette langue, il faudra donc considérer comme facultatives les heures que l'on consacrera à l'enseigner.

Voici qui semblait plus grave. Un lycée supérieur, avec ses trois classes, même si chacune compte deux divisions, ne dépassera guère cent cinquante élèves. Et ce sera le cas pour les très grandes villes seulement! Que dire des moyennes ou des petites? Or, il ne faut pas oublier que, en Prusse, les établissements d'enseignement secondaire de jeunes filles sont municipaux. Beaucoup de villes ne trouveront pas l'argent nécessaire pour construire de nouveaux bâtiments, les meubler, acheter les livres des bibliothèques, se procurer les instruments de physique, constituer les collections d'histoire naturelle et payer les professeurs spéciaux, particulièrement instruits et particulièrement bons pédagogues, exigés par la création nouvelle. En outre, ces maîtres, il faudra les occuper.

Est-ce possible dans les trois classes d'un lycée supérieur? Et si la ville fait déjà les frais d'une école normale et que son budget ne lui permette pas de subvenir, en outre, aux dépenses d'un lycée supérieur? Sacrifiera-t-elle l'école normale, où viennent tant de jeunes filles de la région? Mais renoncera-t-elle à posséder un lycée supérieur, dont il faudra chercher les leçons peut-être assez loin et dont cinquante ou soixante pères de famille réclameront l'établissement?

Pour remédier à cette difficulté, les directeurs avaient émis le vœu que l'organisation des écoles normales fût réglée en même temps que celle des établissements d'enseignement secondaire de jeunes filles *et sur les mêmes bases que les lycées supérieurs*. En effet, les programmes des futurs lycées supérieurs et des écoles normales devaient se recouvrir presque exactement : la seule différence résidait en ce que les élèves du lycée supérieur *pouvaient* étudier le latin, non inscrit parmi les matières d'enseignement du séminaire, et que, pour les *Seminaristinnen*, s'ajoutait la pédagogie théorique et pratique; encore faisait-on valoir que cette matière ne serait superflue pour aucune femme ou jeune fille. Les programmes des futurs lycées supérieurs et des écoles normales pourraient donc se fondre aisément, le latin étant facultatif dans l'un, et dans l'autre la pédagogie, si bien que les villes même assez peu importantes pourraient posséder à la fois un lycée supérieur et une école normale, ce qui rendrait loisible aux familles de garder leurs enfants le plus longtemps possible. Cette considération a son importance. Elle a même, en Allemagne, comme nous l'avons dit[1], contribué à la fortune de certains systèmes pédagogiques.

1. *Cf.* p. 49.

*
* *

Que pensait l'opinion publique de ces projets : *lycée* autonome de dix classes, aux études plus vastes et plus approfondies que dans les écoles supérieures de jeunes filles, — *lycée supérieur* de trois classes, également autonome, supposant le lycée et ne préparant pas exclusivement ses élèves à l'Université, — programmes réservant une part plus large à l'allemand, — accès des Universités ouvert aux jeunes filles qui, après avoir traversé les treize classes, auraient subi avec succès l'examen de sortie?

Les hommes partageaient entièrement l'avis des directeurs. C'est ce qui ressort des débats qui ont eu lieu devant les Chambres prussiennes. A la Chambre des seigneurs, le 30 mars 1906, le cardinal Kopp prononçait un discours dont nous extrayons les phrases suivantes : « Le mouvement féministe est une question de vie ou de mort (*Brotfrage*). Les nécessités économiques pèsent sur les femmes, et nous ne pouvons nous soustraire au devoir d'élargir le champ de leur activité, afin de leur donner de l'air et de la lumière. Mais, pour cela, il est nécessaire de les rendre capables d'embrasser de nouvelles professions... L'établissement d'enseignement secondaire pour les jeunes filles doit former un tout, qui donnera une culture générale. Son devoir de fournir au peuple allemand de bonnes maîtresses de maison, de bonnes épouses, de bonnes mères, ses fondations mieux établies, ne lui permettront que de le mieux remplir. Sur ces fondations pourront s'élever des établissements destinés aux jeunes filles qui ont non seulement le goût des études supérieures, mais la force et l'intelligence nécessaires pour s'y livrer : après être sorties du lycée, elles trouveront l'occasion d'acquérir de nouvelles connaissances dans le lycée supérieur. Que les établissements d'enseignement secondaire de jeunes filles se consacrent, non à une culture générale, mais à une culture spéciale, serait un véritable danger, qu'il faut éviter. » Il ajoutait, d'après le docteur Langemann, de Kiel : « Affirmer que les hommes d'Allemagne craignent les femmes d'esprit cultivé, c'est une erreur; ce qu'ils craignent, ce sont les femmes émancipées (*emanzipierte*), qui à leur mari, à leurs enfants, à leur ménage, préfèrent la science ou l'art. Si notre éducation des jeunes filles devait tendre à produire cet idéal de la femme moderne, ce serait, dans la vie de la famille et de la société, la plus grande révolution que nous ayons vue depuis des siècles. »

Ce sont les mêmes idées à peu près qui, le 2 juillet, étaient exprimées à la Chambre des députés, où l'on s'occupait de pétitions, dont la plupart demandaient que la question de l'enseignement secondaire des jeunes filles fût réglée par une loi. Au cours de la discussion, l'un des membres soutenait les propositions des directeurs, avec cette différence qu'il demandait au lycée supérieur quatre classes au lieu de trois, et à ce propos il disait : « Cette assemblée a exprimé plus d'une fois son désir de ne pas voir la réforme de l'enseignement secondaire des jeunes filles tranchée dans un sens qu'elle ne saurait considérer comme rationnel et sain. Ce qui importe, ce n'est pas que le plus grand nombre possible de jeunes filles soient poussées aux études supérieures, mais que les lycées forment des personnalités, au sens intellectuel et moral, que les jeunes filles y reçoivent une culture équivalente à celle des hommes, que l'on y élève des femmes qui comprendront leur époque et les devoirs de leur époque, qui pourront collaborer au développement de la civilisation de leur temps. Naturellement, de bonnes maîtresses de maison, de bonnes mères, voilà, demain comme hier, ce que les établissements d'enseignement secondaire de jeunes filles doivent avant tout nous donner. Mais à celles qui ne pourront entrer dans le port du mariage (*die nicht in den Hafen der Ehe einlaufen können*), ou qui se sentiront portées vers de hautes études, nous voulons aplanir la route par la création des lycées supérieurs. Les féministes considèrent le lycée uniquement comme une sorte de *progymnase*[1], comme une préparation au lycée supérieur et, plus tard, à l'Université. Je tiens cette vue pour malsaine (*nicht für gesund*), car elle pousserait nos jeunes filles dans une voie où seule la minorité s'engagera. Je ne crains pas, en effet, qu'elles se précipitent en troupeau sur les études supérieures; la plupart, après comme avant, toutes les fois que cela leur sera possible, se sentiront la vocation de... maîtresses de maison. »

Et les femmes, dira-t-on? On a vu plus haut leurs desiderata en ce qui touche l'organisation du lycée et du lycée supérieur. De plus, elles souhaitaient voir s'améliorer la situation faite aux maîtresses dans les établissements d'enseignement secondaire de jeunes filles. Je ne parle pas de la disposition en vertu de laquelle un professeur femme qui se marie cesse d'appartenir au corps enseignant : c'est une mesure généralement acceptée et qui peut se défendre, bien qu'une femme mariée, tant qu'elle n'a pas d'enfants, ait le temps de s'occuper de ses élèves sans négliger son ménage. Mais le traitement des *Oberlehrerinnen* (agrégées) était très inférieur à celui des *Oberlehrer*. Indépendamment de l'indemnité de logement, il est de 1,800 à 3,000 M., alors que les dames professeurs d'école normale primaire à Berlin, qui n'ont pas fait de fortes études, reçoivent de 2,400 à 4,200 M. Si, pour la différence entre les *Oberlehrerinnen* et les *Oberlehrer*, on s'appuie sur ce que les *Oberlehrerinnen* doivent rester célibataires, pourquoi donner le plein

1. *Cf.* p. 7.

traitement aux *Oberlehrer* célibataires? Mais, à la tête des collèges de jeunes filles, on ne trouvait que des hommes, à deux ou trois exceptions près. Les dames ne pouvaient-elles souhaiter que le nouveau règlement leur fît, dans l'administration et l'enseignement, une part, sinon aussi considérable qu'en France, du moins plus large et plus digne de leurs talents? Telles étaient bien leurs secrètes pensées.

Ce qui le prouve, ce sont d'abord les articles de revues, comme la *Frauenbildung*, où elles invoquaient, à l'appui de leur thèse, un certain nombre de raisons que l'on devine; de plus, elles faisaient observer que, dans les écoles supérieures de jeunes filles, les professeurs hommes sont extrêmement inégaux, les uns excellents, sachant communiquer à leurs élèves, avec toute la force de leur intelligence, les connaissances approfondies qu'ils ont amassées, les autres ne comprenant rien à l'âme des jeunes filles, « se croyant obligés de tout délayer, de tout sacrifier, de rendre toutes les connaissances efféminées et superficielles, mi-galants, mi-paternels »; mon expérience personnelle, si on veut bien m'autoriser à l'invoquer, me permet d'affirmer qu'il y a, dans le passage, un peu d'exagération, mais assez peu. Enfin, comme on me l'a souvent confié dans la conversation, comme je l'ai constaté, comme c'est aussi le cas chez nous, la personnalité physique du professeur homme exerce une grande influence sur l'attention et le travail des jeunes filles, surtout lorsqu'elles dépassent la quinzième année. Les espérances féministes sont encore mieux révélées par un vœu unanime des directeurs réunis le 10 avril 1906. « Il semble nécessaire de continuer, pour la direction et l'enseignement des écoles de jeunes filles, de ne pas poser le principe de préférer les femmes aux hommes (*Es erscheint erförderlich, dasz eine grundsätzliche Bevorzugung der Frau als Lehrerin oder Leiterin der Mädchenschulen ausgeschlossen bleibt*), » ce qui signifie, d'après les explications publiées, que, dans les écoles de jeunes filles, l'homme ne doit pas jouer un rôle secondaire. Qu'on ne voie pas dans cette *thèse*, comme on dit là-bas, une application du *beati possidentes!* Les propositions faites pour l'organisation des *lycées* et des *lycées supérieurs* attestent la sagesse et la conscience des directeurs. La vérité, c'est qu'ils estiment, en toute conscience, que l'homme doit intervenir dans l'instruction de la femme, comme le père, à la maison, joue son rôle dans l'éducation du caractère de sa famille. Ils pensent même que l'influence de l'homme à l'école doit être la plus grande, pour contre-balancer l'action de la mère, une femme, pour communiquer à la femme certaines qualités proprement viriles, quelque chose de plus ferme dans l'intelligence, le raisonnement et le jugement. A cela s'ajoute l'influence des mœurs. La femme, en Allemagne, n'est pas encore vraiment la compagne de l'homme : elle demeure trop souvent, pour ne rien exagérer, la maîtresse de maison, la *Hausfrau*, comme on l'a répété à l'envi dans les discours que nous avons reproduits. Son rôle, m'a-t-on assuré maintes fois là-bas, est, dans le ménage, aussi important qu'en France; il est possible, mais ce n'est pas l'apparence. Faut-il s'en étonner chez un peuple profondément religieux, naturellement discipliné, et qui doit sa situation dans le monde à ses armées, à des hommes? Aussi bien l'admiration des femmes allemandes va-t-elle avant tout aux officiers; on cite les jeunes filles qui, demandées en mariage par des officiers, les refusent et leur préfèrent des professeurs ou des avocats. Pour les mêmes raisons, le mouvement féministe est encore peu développé en Allemagne; la grosse majorité des femmes se contente de la place qui lui est assignée dans la famille et dans la société.

*
* *

En résumé, au point de vue pédagogique, apparaissaient, avec mille nuances, deux partis nettement opposés. L'un, auquel appartenaient les chefs du mouvement féministe, disait : « Qu'on supprime toute différence entre la formation intellectuelle des garçons et des filles ; qu'on crée des gymnases, des réalgymnases et des écoles réales supérieures pour les filles comme pour les garçons ! » D'aucuns même allaient plus loin et proposaient d'élever les garçons en commun avec les filles, comme aux Etats-Unis et dans d'autres pays encore. — L'autre camp, plus nombreux, ripostait : « Quoi ! l'on va négliger la différence que la nature a mise entre le développement corporel et intellectuel de l'homme et de la femme ! Ce serait un crime que de donner aux jeunes filles une culture qui convient *peut-être* aux garçons. Respectez ce que la nature féminine a de spécial ! La culture des jeunes filles doit être équivalente à celle des garçons, mais non la même. »

Le ministère, lui, s'est montré éclectique ; il a emprunté aux suggestions des deux partis tout ce qu'elles comportaient de raisonnable, c'est-à-dire de facilement réalisable, de conforme à la nature féminine et aux exigences du temps présent. C'est peut-être pour cette raison que la nouvelle organisation est un peu compliquée.

C. — La réforme en elle-même.

Avant tout, les établissements d'enseignement secondaire de jeunes filles sont assimilés à ceux de garçons ; les écoles supérieures de jeunes filles (*höheren Mädchenschulen*), aux progymnases, aux proréalgymnases et aux écoles réales, qui comptent six ans d'études seulement ; les écoles supérieures de jeunes filles qui ont pour couronnement une quelconque des formes prévues (*Lyzeum* ou *Studienanstalt*) sur lesquelles nous reviendrons plus loin, aux gymnases, réalgymnases et écoles réales supérieures, qui comportent neuf classes. D'autre part, les *höheren Mädchenschulen* qui possèdent une *Studienanstalt* délivrent un certificat de maturité[1] qui donne accès à l'Université, sous la réserve que le ministre de l'instruction publique peut interdire aux femmes l'entrée de certains cours. Même avec ces restrictions, cette double mesure ne peut manquer de relever la situation matérielle et morale des maîtres et des maîtresses de l'enseignement secondaire des jeunes filles, et, par suite, d'en élever encore le niveau intellectuel, d'autant que les études exigées des futures maîtresses deviennent plus longues, plus complètes, et surtout plus approfondies[2].

*
* *

En ce qui touche l'organisation même, l'établissement par excellence destiné à l'enseignement secondaire des jeunes filles demeure l'*école supérieure de jeunes filles* (*höhere Mädchenschule*). Mais elle diffère sur plusieurs points de celle qu'avaient organisée les instructions du 31 mai 1894.

La première modification porte sur la durée des études. Elle avait été, en 1894, fixée à neuf ans; une dixième année pouvait, *exceptionnellement*, être ajoutée. Dorénavant, le cours d'études normal comprendra dix années, les trois premières constituant la division préparatoire (*Unterstufe, Vorschule*), les trois suivantes formant la division moyenne (*Mittelstufe*), et les quatre dernières la division supérieure (*Oberstufe*). On notera que, par une concession curieuse aux partisans de la co-éducation des sexes, les instructions

1. *Cf.* p. 112, sqq.
2. *Cf.* p. 284, n. 1.

officielles s'expriment ainsi (§ 9) : « Dans les endroits où les circonstances le conseillent, par exception et avec l'autorisation des autorités scolaires, les garçons peuvent être admis à suivre les cours des divisions élémentaire et moyenne de la *Höhere Mädchenschule*; ainsi, avec des leçons accessoires, ils pourront se préparer à entrer dans un établissement supérieur de garçons, en troisième inférieure. »

En second lieu, les plans d'études sont légèrement modifiés. Ils reçoivent la forme suivante :

MATIÈRES	X	IX	VIII	VII	VI	V	IV	III	II	I	TOTAL
Religion	3	3	3	3	3	3	2	2	2	2	26
Allemand	10	9	8	6[a]	5	5	4	4	4	4	59
Français				6	5	5	4	4	4	4	32
Anglais							4	4	4	4	16
Hist. et Hist. de l'Art				a	2	2	2	2	2	3	13
Géographie			2	2	2	2	2	2	2	2	16
Calcul et mathématiques	3	3	3	3	3	3	3	3	3	3	30
Histoire naturelle				2	2	2	3	3	3	2	17
Ecriture		3	2	1	1	1					8
Dessin	b	b	b	2	2	2	2	2	2	2	14
Travail à l'aiguille		2	2	2	2	2		c	c	c	10[d]
Chant	1	1	1	2	2	2	2	2	2	2	17
Gymnastique	1	1	1	2	2	2	3	3	3	3	21
Total	18	22	22	31	31	31	31[c]	31[c]	31[c]	31[c]	279[e]

a. Dans la classe VII, l'enseignement de l'allemand comprend des récits historiques.

b. Dans les classes X, IX, VIII, l'enseignement de l'allemand comprend à l'occasion des exercices très élémentaires de dessin.

c. Deux heures facultatives.

d. Plus huit heures facultatives.

e. Plus huit heures facultatives.

Le nombre total des heures a été augmenté de dix. L'augmentation porte sur toutes les classes, sauf X et VIII Légère presque toujours (une heure en VII, VI,

V, IV, III, II), elle est plus sensible pour les classes IX et I (deux heures). C'est que deux matières ont été ajoutées : l'histoire de l'art et les mathématiques. Parmi les autres, une seule a été réduite, les travaux manuels, rendus facultatifs dans la division supérieure. Un grand nombre ont reçu un plus grand nombre d'heures, l'allemand, le français, la gymnastique (une heure chaque), le calcul, l'histoire naturelle et le dessin (trois heures chaque).

Ces modifications correspondent à une transformation de l'esprit qui doit, pensent les Allemands, dominer l'enseignement secondaire des jeunes filles : la part de la mémoire est diminuée au profit de l'intelligence. Voilà pourquoi au calcul l'on a ajouté les mathématiques, pourquoi l'on a fortifié les sciences objectives. Pour les mêmes motifs, dans l'enseignement des langues on ne négligera pas la possession pratique du français et de l'anglais ou la connaissance des *Realien*; mais on insistera plus qu'auparavant sur la grammaire, en essayant d'aller jusqu'à l'explication psychologique des règles, et l'on verra dans l'étude des auteurs un moyen de former l'esprit.

Si nous comparons ce plan d'études au nôtre, nous constatons qu'il comporte une année de plus. Nous sommes frappés ensuite par le nombre d'heures de classe, infiniment plus considérable qu'en France : chez nous, 18 heures en moyenne, *avec* les heures facultatives; en Prusse 28, *sans* les heures facultatives. Il est vrai que les heures ne durent guère que 45 minutes, étant donné les récréations qui les séparent. En outre, sur les heures passées réellement au travail, le quart est consacré à des études qui exigent moins d'attention. Enfin, si l'on réfléchit que les vacances, autrement réparties que les nôtres[1], permettent aux élèves, sinon aux professeurs, de mieux se

1. *Cf.* p. 28 sqq.

reposer; que, presque toujours, les classes ont lieu le matin seulement; que l'instruction religieuse est donnée à l'école; qu'il n'y a pas de compositions à préparer; que les devoirs se rattachent étroitement aux exercices faits en classe; que les leçons ne sont pas très longues, et que, d'après les prescriptions des autorités supérieures, pour faire les uns et apprendre les autres, *une heure doit suffire dans les trois premières classes, une heure et demie dans les trois classes moyennes, et deux heures dans les plus élevées*, on se rendra compte que la jeune élève allemande n'est pas si à plaindre qu'on pourrait le croire au premier abord : il lui reste encore du temps pour les exercices physiques, la musique ou les travaux du ménage.

Portons maintenant notre attention sur les différentes branches de l'enseignement. Au premier coup d'œil, certaines différences sautent aux yeux. En France, la religion ne dispose d'aucune place; on sait pourquoi. Au contraire, en Allemagne, on se propose d'aiguiser et de développer l'intelligence par l'étude des langues, de l'histoire et de la géographie, des sciences, de former le caractère par la religion, et de fortifier le corps par les exercices physiques. De même, en France, on ne s'occupe pas de l'écriture, théoriquement; car il est certain que, dans la classe enfantine et les classes primaires, on ne néglige pas de redresser les élèves qui écrivent mal. En revanche, nos jeunes filles reçoivent des notions de morale ou de psychologie, sciences bannies des établissements d'enseignement secondaire allemand, même pour les garçons, et dont les Allemands ont pourtant reconnu la nécessité, puisqu'ils les font entrer dans le programme des cours complémentaires et des séminaires; nous leur donnons cette connaissance du droit usuel, recommandée par Fénelon, qui leur permet de défendre leurs intérêts; enfin, nous leur traçons un tableau sommaire des littératures anciennes et étrangères, parce que nous

nous proposons de former, non pas seulement des femmes de ménage, sachant tenir une maison et rendre un mari heureux, comme en Allemagne, mais aussi des femmes du monde, capables de suivre une conversation portée sur n'importe quel sujet : il convient de remarquer, à ce propos, que l'on ne verra guère, chez nos voisins, une jeune fille qui suit encore les cours du lycée accompagner sa mère en visite ou l'aider à recevoir, comme il arrive chez nous : encore moins manquera-t-elle la classe parce qu'une soirée ou un bal l'a conduite à se coucher tard la veille.

Si nous entrons dans le détail, nous verrons que, en France comme en Allemagne, l'on accorde à un certain nombre de matières une importance relative égale. Tel est le cas pour les travaux manuels et les mathématiques. De même pour les langues vivantes, si nos jeunes filles choisissent, parmi les matières facultatives, la deuxième langue : mais, dès leur entrée dans la classe enfantine, les petites Françaises étudient une langue vivante, tandis que les petites Allemandes n'en commencent l'étude que trois ans plus tard.

Certaines branches, au contraire, sont plus favorisées en Allemagne : d'abord le chant, qui est considéré comme un instrument d'éducation au triple point de vue esthétique, patriotique et religieux, car, s'il développe le sentiment du beau, il sert également à connaître les psaumes et les chansons patriotiques; puis la gymnastique, où l'on voit, plus encore qu'en France, un moyen de fortifier le corps et de donner au geste plus de naturel et de souplesse, aux mouvements plus de grâce; enfin l'histoire et la géographie, sciences éminemment utiles à qui veut connaître la vie d'aujourd'hui et se préparer aux devoirs que lui imposera l'avenir : c'est, on s'en souvient, l'idéal que l'on poursuit en Prusse dans la formation des jeunes filles.

En somme, les deux programmes présentent à peu près les mêmes matières et ne s'écartent pas beaucoup, dans les grandes lignes, du plan qu'a tracé Fénelon dans son *Traité de l'éducation des filles*. Naturellement nos voisins peuvent consacrer plus de temps aux diverses matières, ayant plus d'heures de classe, et doivent le faire, l'enseignement étant donné surtout à l'école; mais, relativement, l'importance accordée aux différentes branches communes est à peu près la même dans les deux pays, sauf pour la langue maternelle et l'histoire, que nos élèves connaissent plus solidement, plus complètement et plus à fond.

*
* *

Mais là ne sont pas les différences essentielles entre notre enseignement secondaire des jeunes fille et celui que vient d'inaugurer la Prusse. Là-bas, en effet, l'école supérieure de jeunes filles n'est que la fondation, ou, si l'on veut, l'étage inférieur d'un édifice plus élevé, plus complet et plus harmonieux. Avant 1908, au-dessus d'elle on ne trouvait que des écoles normales; dorénavant les jeunes filles qui fréquentent les écoles supérieures ou qui en sortent pourront choisir entre différentes sections, suivant qu'elles voudront simplement se préparer à mieux connaître et remplir leurs devoirs de mère et de maîtresse de maison (*Frauenschule* = école des femmes), qu'elles auront l'intention de former les jeunes filles de demain (*Lehrerinnenseminar*), ou enfin que leur ambition ou la nécessité les poussera vers les études de l'Université (*Studienanstalt* = établissement d'études) : ce sont là, en effet, les trois voies principales, sinon les seules, où peuvent s'engager les élèves des classes moyennes et supérieures, parmi lesquelles se recrutent les *höheren Mädchenschulen*. Ces différents organismes sont unis sous une même direction; ils font suite naturellement à l'enseignement donné dans certaines classes de l'école supérieure; il suffit donc d'avoir suivi avec succès les cours de cette école jusqu'au moment de la bifurcation, pour avoir le droit d'entrer, sans autre formalité, dans la subdivision choisie.

L'une d'elles existait déjà, le *Lehrerinnenseminar* : c'est donc de lui que je parlerai d'abord. Les modifications apportées à l'organisation de ces écoles normales sont de même ordre que celles qui ont été introduites dans les *höheren Mädchenschulen*. On a séparé nettement les futures maîtresses de l'enseignement secondaire ou primaire supérieur des futures institutrices, pour lesquelles seront créées ultérieurement des écoles spéciales. Les plans d'études ont été fixés. Pour ménager la santé des élèves, le séjour au séminaire a été porté à quatre ans; si les heures de classe ne sont pas moins nombreuses (au contraire), du moins les exercices pédagogiques, si longs à préparer, ont été reportés dans la quatrième année; enfin, l'examen a été scindé en deux parties, l'une, plus purement scientifique, à la fin de la troisième année, l'autre, essentiellement pratique, après la quatrième; d'ailleurs il est entendu que l'on attachera autant d'importance à l'intelligence qu'à la mémoire. C'est dans ce sens également que les programmes ont été modifiés : on le verra en comparant dans le tableau ci-dessous les nouveaux plans d'étude à ceux qui étaient généralement suivis et qui sont indiqués entre parenthèses. Je n'ai rapproché les unes des autres que les trois premières années, la quatrième étant essentiellement nouvelle, avec ses 26 heures de pédagogie théorique et pratique.

La diminution des heures de pédagogie théorique et pratique s'explique d'elle-même, après ce que nous avons eu l'occasion d'exposer plus haut; la réduction du nombre d'heures d'allemand est compensée par l'augmentation que nous avons signalée en parlant de la *höhere Mädchenschule;* l'enseignement religieux a été développé pour bien marquer le caractère moral-religieux (*sittlich-religiös*) de l'enseignement en général; en ce qui touche la place plus considérable donnée au français (1 heure de plus), à l'anglais (2 heures de plus), à l'histoire naturelle, au dessin, à la gymnastique (3 heures de plus), surtout aux mathématiques (7 heures de plus), nous n'avons qu'à renvoyer à

	3e ANNÉE	2e ANNÉE	1re ANNÉE	TOTAL
Religion	3 (2)	3 (2)	3 (2)	9 (6)
Pédagogie théorique	2 (3)	2 (2)	2 (2)	6 (7)
Pédagogie pratique[1]		(2)	(8)	(10)
Allemand	3 (4)	3 (4)	3 (3)	9 (11)
Français	4 (4)	4 (4)	4 (3)	12 (11)
Anglais	4 (4)	4 (3)	4 (3)	12 (10)
Histoire	2 (2)	2 (2)	2 (2)	6 (6)
Géographie	2 (2)	1 (1)	1 (1)	4 (4)
Mathématiques	4 (2)	4 (2)	4 (1)	12 (5)
Histoire naturelle	2 (2)	3 (2)	3 (1)	8 (5)
Dessin	2 (1)	2 (1)	1	5 (2)
Chant	1 (1)	1 (1)	1 (1)	3 (3)
Gymnastique	3 (2)	3 (2)	3 (2)	9 (6)
Total	32 (29)	32 (28)	31 (29)	95 (86)

ce que nous avons dit à propos des programmes de la *höhere Mädchenschule.* En sortant des nouvelles écoles normales, lorsqu'elles auront satisfait à l'examen, les jeunes filles pourront enseigner d'emblée dans les écoles primaires et primaires supérieures.

Mais, dans la pensée du ministère, le *Seminar* n'existera pas seul : il sera associé à une *école des femmes* (*Frauenschule*) et formera avec elle un lycée (*Ly-*

1. Au cours de l'enseignement de première année, on donne des notions de pédagogie pratique.

zeum) auquel sera jointe une école annexe (*Uebungschule*) pour les futures maîtresses, et une école maternelle (*Kindergarten*) pour les futures maîtresses de maison. En effet, les élèves de la *Frauenschule* pourront suivre certains cours du *Seminar*, à condition de s'astreindre à toutes les obligations qu'emporte la fréquentation régulière de ces leçons; il sera permis de créer pour elles, suivant les besoins, des cours de religion, de littérature allemande, de langues étrangères (français, anglais, latin, italien), d'histoire, d'histoire de l'art, de géographie, de sciences naturelles, de gymnastique, de dessin et peinture, de musique, à raison de 2 heures par semaine, sans que le nombre de ces leçons, laissées au choix des élèves de la *Frauenschule*, puisse dépasser 12 heures par semaine. Mais ce qui constitue l'originalité de cet organisme, —originalité relative, car, dans les programmes de nos lycées et collèges de jeunes filles, on pourrait relever la présence de presque toutes les matières, — c'est que l'on veut, tout en préservant les élèves du superficiel, tout en développant leur connaissance des langues, leur sens esthétique ou littéraire, compléter leur formation en les préparant au rôle d'une femme allemande, en leur faisant connaître les devoirs d'une maîtresse de maison et ceux de la vie, par suite en leur enseignant les éléments de la puériculture, l'économie domestique, les principes de la médecine, enfin — et ceci est tout à fait nouveau et vraiment d'une inspiration admirable — la science de la charité et de la pitié. Aussi, pendant les deux ans que durent les cours de la *Frauenschule*, les matières les plus importantes sont-elles les suivantes : économie domestique, y compris les exercices de comptabilité domestique et de cuisine[1] (5 heures par semaine), connais-

1. Voici, par curiosité, la traduction du programme de ces cours. Sur les cinq heures par semaine, trois ou quatre doivent être consacrées à des exercices pratiques de cuisine et de tenue de mé-

sance théorique et pratique des écoles maternelles (4 heures par semaine); puériculture, y compris la fréquentation des crèches, salles d'asile, etc. (4 heures par semaine), devoirs de charité, théoriques et pratiques (2 heures par semaine), travaux à l'aiguille (*id.*), pédagogie (*id.*), éléments du droit civil et d'économie politique. Les *Seminaristinnen* pourront d'ailleurs, suivant leurs dispositions, être autorisées, par l'assemblée des professeurs, à écouter certaines leçons de la *Frauenschule*.

La *Frauenschule* et le *Lehrerinnenseminar* forment donc un tout, le *Lyzeum* : leur union s'impose plutôt pour des motifs budgétaires (communauté des maîtres, des bibliothèques, etc.) que par des raisons objectives. Le ministère reconnaît lui-même que, pour les mêmes matières, il serait préférable de créer des cours différents dans les deux organismes, les aptitudes des élèves et le but qu'elles se proposent n'étant pas le même; on prévoit le cas où, dans le *Lyzeum*, la *Frauenschule* ou le *Lehrerinnenseminar* existerait seul; mais les autorités supérieures savent bien que l'école normale se recrutera plus sûrement que l'école de maîtresses de maison. Dans telle grande ville riche de la Baltique, où l'on compte plus de 250,000 habitants, une seule

nage : faire le feu et autres préparatifs pour la cuisine; préparation des différents plats pour adultes et enfants; cuisine des malades; nettoyage des ustensiles utilisés et façon de tenir en état la cuisine et la salle à manger; mettre la table; nettoyer et fourbir les casseroles; le linge.

Enseignement théorique : organiser un budget, façon de le calculer : nourriture, habillement, arrangement et ornement de la maison, service, relations de société, fêtes intimes, distractions simples. Comptabilité pratique du ménage. L'épargne, l'administration de la fortune. Lettres d'affaire et mémoires.

Nourriture : valeur nutritive des mets, les commander, les préparer, les dresser, les conserver, les utiliser. Le livre de cuisine. Préparer et orner la table.

L'ordre et la propreté de la maison : comment ces qualités aident à conserver ce que l'on possède. Façon d'orner la maison. La direction des domestiques; leur rôle et leurs fonctions dans la maison.

Les formes de la vie de société.

jeune fille s'est présentée pour la *Frauenschule*. On peut bien y entrer sans sortir de l'école de jeunes filles, il est vrai. Mais, sans parler de la défiance que les nouveautés inspirent aux Allemands, l'*école des femmes* ne forme pas un tout nettement constitué. Le programme est plus idéal que pratique, plus facile à énoncer qu'à réaliser. Enfin, aucune sanction n'est encore attachée au diplôme que pourront conquérir les jeunes filles. L'administration prussienne de l'instruction publique ne s'y est point trompée. Pour faciliter l'organisation du *Lyzeum*, le règlement ne va-t-il pas jusqu'à permettre à cet établissement de s'associer à d'autres pour former des maîtresses de langues vivantes, d'économie ménagère, de travaux manuels ou de gymnastique?

*
* *

C'est que, en tout état de cause, la *Studienanstalt* ne peut être créée que s'il existe un *Lyzeum*, pour qu'on ne cède pas à la tentation de fonder cet établissement s'il ne répond pas à un besoin vraiment urgent. Mais, dira-t-on, pourquoi créer cet organisme? Voici les raisons qui en ont amené l'institution. Les hommes sont, naturellement, moins nombreux que les femmes; en outre, dans les classes moyennes et supérieures, un grand nombre d'entre eux ne se marient pas. On a donc voulu permettre aux jeunes filles qui ne peuvent être épouses et mères d'entrer à l'Université, soit pour y devenir *Oberlehrerinnen* (agrégées[1]), soit pour y acquérir les connaissances nécessaires à l'exercice

1. Il y a deux voies pour devenir Oberlehrerin : *Studienanstalt*, examen final, études à l'Université, examen *pro facultate docendi*, année pédagogique et stage dans une höhere Mädchenschule, ou bien séminaire, examen d'institutrice pour écoles primaires supérieures et secondaires, deux ans d'enseignement dans une höhere Mädchenschule, à raison de douze heures au moins par semaine, trois ans d'études préparatoires et examen. Mais la seconde voie n'existera plus en 1914.

d'autres professions. Depuis plusieurs années, dans un certain nombre de grandes villes avaient été créés des cours qui suivaient les programmes des gymnases, des écoles réales et surtout des réalgymnases. Les résultats obtenus ont encouragé à généraliser l'expérience : la *Studienanstalt* comprend, en effet, des cours qui donnent la même culture, non seulement que les *réalgymnases,* mais aussi que les *écoles réales supérieures* et les *gymnases.* Il a paru toutefois, et avec raison, qu'il y avait avantage à laisser les élèves suivre le plus longtemps possible des cours de la *höhere Mädchenschule :* elles abordent ainsi des études difficiles avec une maturité d'esprit plus assurée, et surtout l'on retarde d'un ou deux ans la décision qui engage les jeunes filles dans une voie nouvelle. C'est seulement après la classe IV de la *höhere Mädchenschule* qu'elles entrent dans les *Gymnasiale* et *Realgymnasiale Kurse,* après la classe III dans l'*Oberrealschulkurse :* ce dernier comporte cinq ans, et les autres six ans d'études. Aussi bien toutes les matières fondamentales de l'*Oberrealschule,* allemand, français, mathématiques et histoire, ont déjà été étudiées; il ne reste qu'à les approfondir. Au contraire, pour les jeunes filles qui fréquentent les cours correspondant au réalgymnase, s'ajoute le latin (six heures par semaine durant six années d'études), pour celles qui abordent les *Gymnasiale Kurse* le latin (même observation), et de plus le grec (huit heures par semaine durant les quatre dernières années) : pour ces langues, les programmes sont les mêmes à peu près que dans les écoles de réforme, où, l'on s'en souvient, tous les jeunes gens étudient le français dès la classe inférieure, la VIe. Pour bien marquer le parallélisme de la *Studienanstalt* aux gymnases, réalgymnases et écoles réales supérieures, on a emprunté à ces établissements les noms de leurs classes, troisième inférieure et supérieure, seconde inférieure et supérieure, première inférieure et supérieure; c'est en sortant de la première supérieure qu'est subi, dans les mêmes conditions que pour les garçons, l'examen de maturité, qui ouvre les portes de l'Université.

Ces cours seront-ils fréquentés? Assurément, puisque les institutions privées qu'ils sont destinés à remplacer avaient des élèves, et que, de plus, il y aura, pour les futures agrégées, intérêt à en suivre les cours[1]. Dans tous les cas, l'administration a pris ses mesures pour s'éviter d'avoir à payer de trop nombreux professeurs. L'enseignement en religion, histoire, géographie, dessin et gymnastique peut être commun aux élèves des trois groupes; les programmes des cours correspondant au gymnase et au réalgymnase coïncident exactement pour les deux premières années, et, pour les quatre suivantes, ne se séparent qu'en ce qui touche le grec, les langues vivantes, les mathématiques et l'histoire naturelle. On s'est ainsi ménagé la possibilité, dans les villes de moyenne importance, de créer sans trop de frais toutes les sections de la *Studienanstalt;* d'ailleurs on s'est réservé le droitd e se borner à une ou deux.

Il est vraisemblable, en effet, que les trois sections de la *Studienanstalt* coexisteront rarement. Le plus souvent, on se bornera à créer un réalgymnase : c'est, en effet, une forme moyenne qui ouvrira aux jeunes filles un très grand nombre de carrières. Quant aux gymnases, la question est discutable... et discutée : certains directeurs croient que l'idéalisme fondé sur la culture de l'esprit par les langues anciennes convient mieux à l'âme féminine. Suivant d'autres, les matières que comporterait le programme introduisent dans un monde mort ou sont d'une nature trop idéale ou transcendante pour permettre aux jeunes filles, comme

1. En sortant de la *Studienanstalt;* elles peuvent entrer dans l'année pratique d'un séminaire, à condition de passer un examen spécial de pédagogie.

on le désire, de s'élever à un jugement indépendant et personnel de la réalité. L'avenir répondra.

*
* *

On voit, par cet exposé, la souplesse, mais aussi la complication relative du nouvel organisme. Il repose, en effet, sur des fondations communes, si bien que les parents n'ont pas besoin de décider avant la treizième, ou même généralement avant la seizième année, dans quelle voie ils engageront leurs filles. Mais il comprend parfois, parallèlement, cinq sections, comme le montrera le tableau ci-dessous ; car c'est exceptionnellement que le *Lyzeum* et la *Studienanstalt* existeront indépendamment de la *höhere Mädchenschule*. Le trait d'union est formé, je le rappelle, par le directeur et le corps des professeurs.

AGE MINIMUM AU DÉBUT DE L'ANNÉE SCOLAIRE	HÖHERE MÄDCHENSCHULE	LYZEUM		STUDIENANSTALT		
		École normale.	Frauenschule.	École Réale supérieure.	Réalgymnase.	Gymnase.
6 ans.	X					
7 —	IX					
8 —	VIII					
9 —	VII					
10 —	VI					
11 —	V					
12 —	IV Anglais.					
13 —	III				VI Latin.	VI Latin.
14 —	II			V	V	V
15 —	I			IV	IV	IV Grec.
16 —		III	II	III	III	III
17 —		II	I	II	II	II
18 —		I		I	I	I
19 —		Année pratique.				

Nul doute que la mise sur pied de l'horaire ne soit

une source de difficultés peut-être inextricables pour les directeurs allemands, si l'on se souvient que divers cours sont communs à plusieurs sections de la *Studienanstalt*, et que les élèves de l'école normale doivent avoir la possibilité de suivre certaines leçons à la *Frauenschule* et inversement.

*
* *

Dans les établissements ainsi organisés, l'enseignement continuera à être donné, comme par le passé, à la fois par des professeurs hommes et par des professeurs femmes. L'assemblée des directeurs des *höheren Mädchenschulen*, réunie en 1906, avait, on s'en souvient, émis le vœu suivant : « Il semble nécessaire de continuer, pour la direction des écoles de jeunes filles et l'enseignement dans les mêmes écoles, à ne pas poser le principe de préférer les femmes aux hommes. » C'est à cet avis que s'est rangé nettement le ministère : il estime que les deux sexes doivent, autant que possible, être représentés par portions égales dans le corps enseignant, et prescrit que jamais l'un des deux sexes n'occupe plus des deux tiers des places. Ce n'est pas là une victoire du féminisme, au contraire, et il est permis de le regretter[1]. Les maîtresses allemandes ont donné assez de preuves de leur science, de leur conscience et de leurs aptitudes pédagogiques pour se voir confier plus qu'à moitié la formation de leur sexe. De plus, il y a là une grosse difficulté pour les établissements libres, fort nombreux en ce qui touche l'enseignement secondaire des jeunes filles :

1. On a été plus loin. Un décret récent a décidé que seules pourraient enseigner dans les établissements secondaires de garçons les personnes qui auraient subi leur année de stage dans un de ces établissements. Comme le même décret prescrit que les femmes ne feront leur stage que dans les höheren Mädchenschulen, on leur ferme la porte des établissements d'enseignement secondaire de garçons.

comment se procureront-ils le cadre nécessaire de professeurs hommes, ayant passé les examens requis, d'autant que les agrégés allemands, *par amour-propre masculin*, acceptent malaisément d'être dirigés par une femme? N'avaient-ils pas parlé de s'entendre pour refuser d'enseigner dans les collèges de jeunes filles dirigés par une dame? Dorénavant, en effet, ils pourront avoir à leur tête une dame, ce qui, jusqu'à présent, était une exception; les règlements ont même prévu le titre officiel des directrices : *Frau Direktorin*. Mais que sert aux femmes de pouvoir être directrices, si la mauvaise volonté manifeste des professeurs hommes empêche les municipalités de choisir, pour diriger les collèges de jeunes filles, des représentants du sexe qui doit y être élevé?

*
* *

C'est d'ailleurs le seul point où l'administration supérieure de l'instruction publique prussienne ne se soit pas montrée féministe. Pour le reste, elle semble plutôt — et on ne saurait l'en blâmer — avoir prêté l'oreille aux vœux exprimés par les représentantes du sexe féminin dans la commission réunie à Berlin en janvier 1906. Comme celles-ci le souhaitaient, la *höhere Mädchenschule* ne constitue que les fondations de l'édifice; comme elles le demandaient, une bifurcation a lieu après la IVe, alors que la conférence des directeurs se refusait à admettre la bifurcation et voulait que les cours de latin fussent accessoires. On a même été plus loin que les dames ne le proposaient : elles se seraient contentées de voir créer, après la IVe, deux sections correspondant aux *réalgymnases* et aux *écoles réales supérieures;* on en a institué une troisième, qui fournit la même culture que les *gymnases*.

Aussi, malgré la part trop considérable laissée aux hommes dans le corps enseignant, cette réforme ne peut-elle manquer de donner satisfaction, en Allemagne, aux aspirations des femmes, et d'être approuvée par le sexe dont elle règle la formation intellectuelle et morale. Comme elle confère à l'enseignement des jeunes filles plus de souplesse et plus de force, qu'elle prépare en même temps des maîtresses capables de satisfaire aux exigences des nouveaux programmes, il est certain que les représentants du sexe fort dans l'enseignement des jeunes filles ressentiront une égale satisfaction. Ils verront peut-être quelques difficultés de détail : l'établissement des horaires, comme nous l'avons indiqué, coûtera bien des veilles aux directeurs; sans doute aussi, pour les cours de la *Frauenschule,* d'une inspiration si noble, il est plus aisé d'en tracer le programme que d'en réaliser l'application. Mais directeurs et professeurs sauront triompher de ces obstacles, se disant que la réforme marque un progrès considérable dans la vie du peuple allemand, vie de famille, vie de société et même vie politique, et se répétant le mot du président Stein : « Celui qui a la mère de la génération qui va naître, celui-là est maître de l'avenir. »

Ce qui est incontestable, c'est que, pour l'organisation de l'enseignement secondaire des jeunes filles, la Prusse est actuellement au premier rang des nations, très en avance sur nous et, si cela peut nous consoler, sur son alliée et voisine l'Autriche, comme le montrera l'étude suivante.

CHAPITRE II

L'ENSEIGNEMENT SECONDAIRE DES JEUNES FILLES EN AUTRICHE

L'enseignement secondaire des jeunes filles en Autriche ne date officiellement que du 11 décembre 1900 : c'est à cette date que les écoles antérieurement créées ont été réduites à l'unité. De plus, l'enseignement secondaire des jeunes filles, en Autriche, est généralement aux mains de sociétés privées ou même de particuliers; aussi les frais d'études sont-ils relativement élevés. Ces raisons expliquent qu'il y ait, en Autriche, moins d'établissements d'enseignement secondaire de jeunes filles que de garçons, et que la population scolaire n'y soit pas très élevée. En outre, les écoles normales d'institutrices (*Lehrerinnenbildungsanstalten*) sont classées parmi les établissements d'enseignement secondaire, et un certain nombre de jeunes filles préfèrent l'enseignement plus immédiatement pratique qu'on y reçoit; les langues vivantes, en effet, n'y sont pas obligatoires. D'autres se contentent du cours d'études des écoles primaires et primaires supérieures. Mais les élèves des établissements secondaires de jeunes filles en Autriche appartiennent d'habitude aux meilleures familles, ce qui ne contribue pas médiocrement aux résultats obtenus.

Les études normales durent six ans[1] au lycée de

1. Le lycée de réforme dont nous avons parlé (p. 53 sqq.) se propose d'organiser des cours qui permettent de parcourir plus rapidement ce cycle d'études; ils ne me semblent pas répondre à un besoin très urgent.

jeunes filles (*Mädchenlyzeum*[1]) : les enfants n'y sont reçues qu'à dix ans et doivent prouver qu'elles possèdent les connaissances nécessaires pour suivre les cours avec succès. En réalité, elles n'y entrent guère avant onze ans.

Le programme est le suivant[2] :

	I	II	III	IV	V	VI	TOTAL
Religion	2	2	2	2	1[3]	1[3]	10 [6,7 0/0]
Allemand	5	4	4	4	4	4	25 [16,9 0/0]
Français	5	5	5	4	4	4	27 [18,2 0/0]
Anglais				3	4	4	11 [7,4 0/0]
Histoire et géographie	2	4	4	4	4	4	22 [14,9 0/0]
Arithmétique et géométrie	4	4	3	3	3	4	21 [14,2 0/0]
Sciences naturelles	2	2	4	3	4	2	17 [11,5 0/0]
Dessin	2	2	2	2	2	2	12 [8,1 0/0]
Ecriture	2	1					3 [1,1 0/0]
Total	24	24	24	25	26	25	148

Il faut ajouter, comme enseignements facultatifs, toujours le chant ou musique, la gymnastique, les travaux à l'aiguille (2 heures chaque semaine), presque toujours la sténographie (dans les quatre dernières classes), souvent le latin (dans les deux, trois ou quatre dernières années).

Si l'on se reporte au tableau donné à propos de l'enseignement secondaire des jeunes filles en Alle-

1. Les établissements autrichiens appelés *höhere Mädchenschule* représentent un niveau moins élevé.

2. Lorsque la langue d'enseignement n'est pas l'allemand, le programme est modifié de la façon suivante : le tchèque, par exemple, a 5 heures dans les trois premières années, et 4 dans les trois autres; l'allemand n'est pas touché; le français n'est enseigné que dans les trois dernières années, à raison de 4 heures par semaine; l'anglais est supprimé. Le nombre d'heures total s'élève à 152.

3. Eventuellement deux.

magne[1], on constatera que le nombre d'heures obligatoires pour chaque classe est un peu inférieur à celui que fixent les programmes allemands, très supérieur à celui que nous imposons à nos élèves. Les matières obligatoires d'enseignement sont, en gros, les mêmes que chez nous, avec la religion en plus, les travaux à l'aiguille, la musique et la gymnastique en moins. L'importance relative qui leur est accordée n'est pas du tout la même qu'en France et en Allemagne : pour nous borner aux plus importantes parmi celles qui, dans les trois pays, figurent au programme, seule la langue maternelle (16,9 p. 100) est moins bien traitée que par la Prusse (21 p. 100), et surtout que par nous (27,4 p. 100); toutes les autres branches reçoivent une place plus large, en particulier les langues vivantes (25,6 p. 100 contre 17,8 p. 100 en France et 17,2 p. 100 en Prusse). Il n'y aurait, je crois, aucun inconvénient à augmenter d'une heure par semaine la part de la langue maternelle, sans toucher au reste.

Le couronnement des études est l'examen de maturité, auquel on ne peut se présenter que deux fois; les épreuves écrites comprennent : une dissertation dans la langue d'enseignement (trois sujets sont proposés et cinq heures accordées), une composition française de caractère narratif ou descriptif, ou bien un thème français, d'après la force des élèves (quatre heures sont accordées pour la composition et trois pour le thème; l'usage du dictionnaire est permis), une version anglaise, avec dictionnaire (trois heures). L'oral porte sur la langue de l'enseignement, sur celle des autres langues la mieux possédée par la candidate, sur l'histoire, la géographie, la physique et la chimie. *Pour l'admission ou l'ajournement, le jury se règle sur l'impression générale et sur les notes de la dernière année.* Le diplôme offre un certain nombre d'avanta-

1. *Cf.* p. 275

ges : il permet, entre autres, d'étudier à l'Université comme « auditrice extraordinaire », d'entrer de plain-pied en troisième année des écoles normales, de se présenter à l'examen de professeur (*Lehramtsprüfung für das Lyzeallehramt*) et de passer dans un gymnase l'examen qui permet d'obtenir le certificat de maturité de cet établissement.

En résumé, sauf la réserve formulée plus haut pour la langue maternelle, le plan d'études nous paraît bien conçu; les programmes des différentes matières sont fort ingénieusement tracés : ils sont très complets pour le français[1], vont assez loin pour les sciences; cependant les jeunes filles ont encore du temps libre pour les exercices du corps ou pour travailler avec leur mère à la maison. Le recrutement des maîtresses est excellent, les débouchés n'étant pas encore nombreux : d'ailleurs on exige d'elles au moins six semestres d'Université; elles doivent prouver qu'elles y ont suivi les leçons de pédagogie et les cours qui se rapportent à la langue parlée dans le pays et qui sert pour l'enseignement. Elles peuvent passer l'examen, soit pour l'allemand et une langue vivante, soit pour l'histoire et la géographie, soit pour les sciences, soit enfin pour le dessin (ordinaire et géométrique) : ce seraient les différentes agrégations. Comme pour les messieurs, l'examen comprend trois parties : deux travaux faits à la maison, chacun en trois mois, comprenant de 16 à 48 pages, portant sur la spécialité de la candidate et permettant de voir dans quelle mesure elle l'a étudiée; ces travaux sont éliminatoires. Puis viennent les épreuves écrites, une sur chaque matière présentée, sauf la langue d'enseignement; elles doivent prouver que la candidate possède bien à sa dis-

1. A l'oral de l'examen final, la candidate doit être en état d'expliquer, sans grosse faute, un passage pas trop difficile d'un auteur déjà connu, et de répondre en français avec une certaine souplesse aux questions posées sur le passage.

position les connaissances nécessaires. Ces épreuves, elles aussi, sont éliminatoires. Viennent alors les épreuves orales, qui portent sur toutes les matières présentées, plus la langue maternelle. L'examen subi avec succès est suivi d'une année de stage, qui se déroule dans les mêmes conditions que pour les professeurs hommes. A vrai dire, quelques maîtresses ne sont pas encore pourvues de ce diplôme, mais elles sont chaque année moins nombreuses, et d'ailleurs j'ai pu constater qu'elles valaient les autres. Si l'on se souvient que les élèves appartiennent généralement à la société la plus cultivée, on comprendra que les résultats soient très satisfaisants : pour les langues vivantes, ils sont assurément supérieurs à ceux que nous obtenons.

*
* *

Le *Mädchenlyzeum* autrichien peut donc soutenir la comparaison avec la *höhere Mädchenschule* allemande. Ce qui manque, c'est l'étage supérieur. Pas de *Lehrerinnenseminar* ni de *Frauenschule* se superposant au *Lyzeum*, et, officiellement du moins, pas de *Gymnasiale Kurse*, etc., s'y juxtaposant. A vrai dire, les jeunes filles sont admises à l'examen de maturité des gymnases ; quelques gymnases de jeunes filles le délivrent, à Vienne et à Prague par exemple. Il y a de plus un certain nombre de gymnases, généralement un par province, spécialement désignés pour leur faire subir les épreuves ; le diplôme obtenu par les jeunes filles leur donne droit aux mêmes prérogatives que les hommes, « pour autant, dit la pièce, que ces prérogatives ne sont pas contraires aux prescriptions antérieures relatives aux femmes », ce qui signifie qu'elles ne peuvent être étudiants ordinaires ni à l'Université ni dans les Ecoles polytechniques.

Pour se préparer à cet examen, deux moyens s'offrent à elles. Elles peuvent demander à suivre les cours d'un gymnase ordinaire. Mais l'autorisation n'est pas de droit. De plus, durant les récréations, elles sont obligées de se réfugier dans une pièce spéciale. Aussi préfèrent-elles les *gymnases de jeunes filles*, qu'ils comprennent toute la série des classes ou qu'ils se composent uniquement de quatre années. Malheureusement ces gymnases sont encore très rares et n'ont été créés que dans de grandes villes : d'où la nécessité pour les jeunes filles d'avoir recours à la première combinaison. Ces « gymnases de jeunes filles », tout comme les « lycées de jeunes filles », sont des entreprises absolument privées; bien que certains, comme nous l'avons dit, aient reçu le droit de faire passer l'examen de maturité, l'Etat n'a pas à vérifier les programmes, et, s'il envoie des inspecteurs, c'est par curiosité. D'ailleurs les gymnases complets ont le même programme à peu près que ceux de garçons. Les autres méritent de retenir notre attention, car ils seraient dignes d'être imités.

Ils sont généralement unis à un *Mädchen-lyzeum*. Les jeunes filles y sont admises à quatorze ans, après avoir parcouru avec succès les trois premières classes du *lycée*, ou bien après avoir subi les cours d'une école primaire supérieure, en complétant les connaissances en français que possèdent leurs camarades sorties du *lycée* et sur lesquelles le maître pourra s'appuyer à l'occasion pour le latin. Le programme des quatre années revêt généralement la forme indiquée par le tableau de la page suivante.

Pour l'enseignement des langues anciennes, on ne suit pas du tout les méthodes « classiques », on s'efforce de mettre rapidement les élèves en présence des textes[1]. Au bout d'un semestre de latin, les jeunes

1. Au contraire, dans presque tous les cours complémentaires de latin pour jeunes filles, on n'aborde les auteurs que dans le quatrième semestre, où l'on voit Cornélius Népos. César et Ovide ne sont étudiés que dans le cinquième semestre. Il est vrai que le

filles expliquent la *Guerre des Gaules*, des extraits des *Métamorphoses* et la *Première Catilinaire*; au bout d'un semestre de grec, elles sont en état de lire Esope. La deuxième année de latin, elles voient la suite des *Catilinaires*, le *Jugurtha*, continuent Ovide et abordent Virgile (*Bucoliques*, I, choix des *Géorgiques*, *Enéide*, I); dès la deuxième année de grec, elles s'attaquent à Platon (*Phédon*), Démosthène (*1re Olynthienne*), Aristote (*République des Athéniens*) et Sophocle (*Antigone*). Je ne saurais rien affirmer touchant

	I	II	III	IV
Allemand	3	2	2	2
Latin	10	5	5	5
Grec		6	5	5
Histoire et géographie	3	3	3	3
Philosophie		2	1	
Mathématiques	6	3	3	2
Sciences physiques et naturelles		4	4	2
Total	22	25	23	19

la façon dont les jeunes filles ainsi formées traduisent le grec; mais j'ai, au mois de mai dernier, assisté à une classe où, après neuf mois de latin, elles expliquaient César, *Guerre des Gaules*, I, 20. Elles se tiraient très bien d'affaire et répondaient imperturbablement aux questions sur la grammaire ou les *Realien*. J'ai eu sous les yeux, également, des thèmes faits au bout de la première année, quelques-uns au bout de quinze jours; ils témoignent d'une connaissance réelle et sûre de la morphologie régulière et de la syntaxe

nombre d'heures de latin ne s'élève pas à 10, ni même à 5. Cependant il serait possible d'arriver aux textes dès le troisième semestre.

élémentaire. Bien que, dans l'établissement auquel je fais allusion, les maîtres, sinon les élèves, soient choisis, il semble que, dans le plan d'études de ces gymnases à quatre classes, surtout dans la méthode suivie, il y ait pour nous quelque chose à imiter. C'est l'organisation qui, l'on s'en souvient, a été calquée pour les hommes dans l'école de réforme de Vienne, à laquelle j'ai ci-dessus consacré quelques lignes.

FIN

INDEX ALPHABÉTIQUE

R

TABLE DES MATIÈRES

DEUXIÈME PARTIE

L'ENISEGNEMENT SECONDAIRE DES JEUNES FILLES

12-09

SOCIÉTÉ ANONYME D'IMPRIMERIE DE VILLEFRANCHE-DE-ROUERGUE

www.ingramcontent.com/pod-product-compliance
Ingram Content Group UK Ltd.
Pitfield, Milton Keynes, MK11 3LW, UK
UKHW020309230726
13925UKWH00001B/303

9 782013 544450